株価チャートのすごコツ80

TOMIO SUGIMURA
杉村富生

すばる舎

◎はじめに

株式投資は「難しい」と経験豊富な人（投資家）ほどタメ息まじりに語っています。そう、株式投資は奥が深いのです。筆者は株式講演会、ラジオ番組などを通じ、多くの投資家の皆さんと接する（話を聞く）機会があります。

その場合、多数を占めるのが「買うと下がる」し、「売ると上がる」のはなぜだろうとか、プロは「安いところを買って高いところを売れ」というが、「どこが安値か高値なのか分からない」などというものです。

読者の皆さんも経験がおありでしょう。大損を避け、コンスタントに〝利〟を確保するのは大変です。そのためには相場の動き（トレンド）はもちろんのこと、株価の水準、位置、方向を正確に見極めなければいけません。

なぜか、「買うと（結果的に）素っ高値」と嘆く人は仕掛けのタイミングが遅いか、株価が伸び切った場面を買っています。逆に「売ると、その直後に急騰」のケースは上がり端《はな》（上がり始めたところ）を売ってしまったのです。株式投資は、ひたすら安いところを買えば「良」とはなりません。急騰直前、ないしはその直後を狙うのが肝心です。資金効率が違います。

本章でも触れますが、「売りの3悪」はその筆頭に「やれやれの売り」を挙げています。これはと思った銘柄を買ったもののすぐ下げてしまい、底値を確認後反発に転じて、ようやく「買い値に届いた」とき、「やれやれ」と安堵《あんど》して売るパターンです。これはいけません。ここからが上げ本番なのです。

本書はそのような失敗をしないために、「80のコツ」をすべてチャートと図版入りで分かりやすく紹介しています。すなわち、投資力アップのための指南書です。相場格言の「恩株を残せ。その思いやりの心が大幅利食いを可能にする」は、大天井を打ったあとの利食いを勧めています。恩株とはコストゼロの株式のこと（巻末の《索引&相場用語ミニ解説》を参照）ですが、大天井が「どこか分からない」では話になりません。

少子高齢化社会の進展とともに、老後の備え（自分年金の構築）、趣味と生きがい（頭の体操）づくりなどとして株式投資の重要性は高まるばかりです。しかし、資産（投資資金）を減らしてしまっては何にもなりません。だからこそ、「投資家の杖《つえ》」としてのチャートが必要になるのです。

要するに、チャート分析によって、売り買いのタイミングをつかむのです。「闇夜《やみよ》に鉄砲」では困ります。買う前に、売る前に、本書を参考にしてチェックを行なう——そんな習慣をつけてください。投資成績が上昇するのは間違いないでしょう。読者の皆さんの投資力が向上すれば、これ以上の喜びはありません。

２０２３年2月　　　杉村　富生

株価チャートのすごコツ80 ◉……目次

第1章

30分で分かるチャートの基本

第2章
ローソク足の基本形と組み合わせ

第3章 トレンドの読み方

第4章 移動平均線が教える売買タイミング

第2部〈実戦編〉

第5章 買い場到来・大底確認サイン

第7章 売り場到来・天井確認サイン

第8章 急落銘柄のチャートパターンを覚える

第9章
チャートのダマシと対処法

最終章 実戦！ 注目銘柄の買いと売りのタイミング

コラム　相場格言&先人の知恵に学ぶ

（注）本書に掲載した内容は、情報の提供のみを目的としております。
投資、運用における判断は、読者各位の責任にてお願いします。

第1部〈入門編〉

序章

失敗だらけの株式投資よ、サヨウナラ!

トレンドに逆らった投資が損失を生む

■「どこで買ってどこで売るか」は株価の方向性を見極めて判断する

株式投資の世界では、俗に勝者1割、敗者9割といわれています。いや、筆者の感覚では勝者の割合はもっと少ないように思います。もちろん、ビギナーズラックのようなものがまれに訪れるかもしれませんが、毎年、利益を出し続けるのは簡単ではありません。

株式投資で成功するか否かは、銘柄選びと売買タイミングが握っています。つまり、「何を買って何を売るか」、「どこで買ってどこで売るか」です。銘柄選びのコツは別の機会に譲るとして、どこで買ってどこで売るかを判断するとき、まず**トレンド**を読むことが重要になります。トレンドとは方向性のことです。

トレンドをないがしろにした投資は労多くして実りが少ないばかりでなく、ほぼ間違いなく大ヤケド（大損）をします。次ページのチャートは**Zホールディングス**（**4689**）の値動きを示したもので、上げ下げのトレンドがはっきり見てとれます。

用語解説&メモ

●**トレンド**
トレンドは「水路」、すなわち「流れ」を意味する。水が水路を沿って流れるように、株式も流れに沿った投資を行なうことがセオリーとなる。

●**Zホールディングス**
傘下にヤフー、LINE、ZOZO、アスクルなどを有する国内ネットサービスの先駆け的存在。電子決済サービスのPayPayも連結子会社である。

●Zホールディングス（4689）の週足

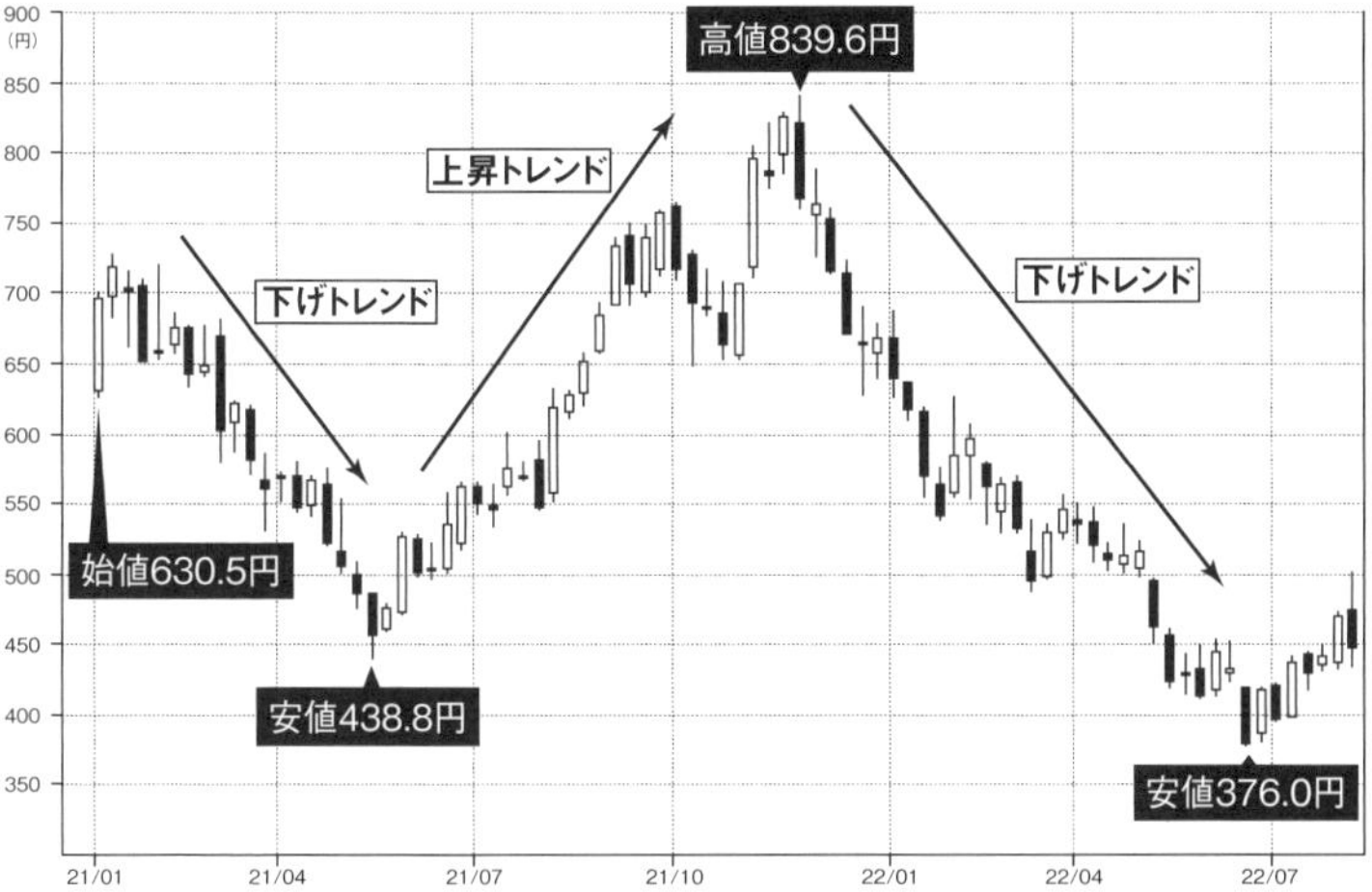

Zホールディングス（4689）の月間4本値（円）

年・月	始値	高値	安値	終値
2021年 1月	630.5	727.2	624.7	650.4
2021年 5月	498.8	528.8	438.8	514.6
2021年11月	718.0	839.6	711.0	752.0
2022年 1月	667.0	685.9	537.9	577.1
2022年 6月	425.0	452.8	376.0	396.4
2022年 7月	399.9	471.0	393.4	469.1

POINT

トレンドを無視した投資は絶対にしてはいけない。
特に、安くなったという理由だけで買うのは厳禁。

落ちる短剣をつかんではいけない

■値ぼれ買い、引かれ腰は大ケガの元

株式投資の買いで失敗するのは、トレンドを無視し、天井形成↓下げトレンド過程にある銘柄を買ってしまうことにあります。このような〝値ぼれ買い〟をすると大変です。例えば、しばらく2000円台をキープしていた注目銘柄が、市場環境の変化、業績の急変などによって1500円↓1000円割れとなったとき、買いの好機と判断して**ナンピン買い**を続けると、結果的に大きな損失が生じることとなります。

次ページのチャートは、東京大学発のバイオベンチャーとして知られる創薬研究企業、**ペプチドリーム（4587）**の週足です。2014年の5月に640円台だった株価が、2021年2月には6540円まで人気化し、株価10倍株としてもてはやされました。しかし、高値をつけたあとは下げトレンドが続き、2022年の6月には1204円まで売られてしまいました。古来、「**引かれ腰**は大ケガの元」といわれています。買うのは底打ちを確認してからです。

用語解説&メモ

●ナンピン買い
買った銘柄の株価が下がった場合、購入コストを引き下げるため、さらに下値で買い増すことをいう。ナンピン（難平）には、損（難）を平均するという意味がある。

●引かれ腰
買った銘柄の株価が下がり続け、損失が拡大していく状態のこと。逆に、含み益が生じた状態が利食い腰である。「利食い腰は強く、引かれ腰は弱く」ともいわれる。

●ペプチドリーム（4587）の週足

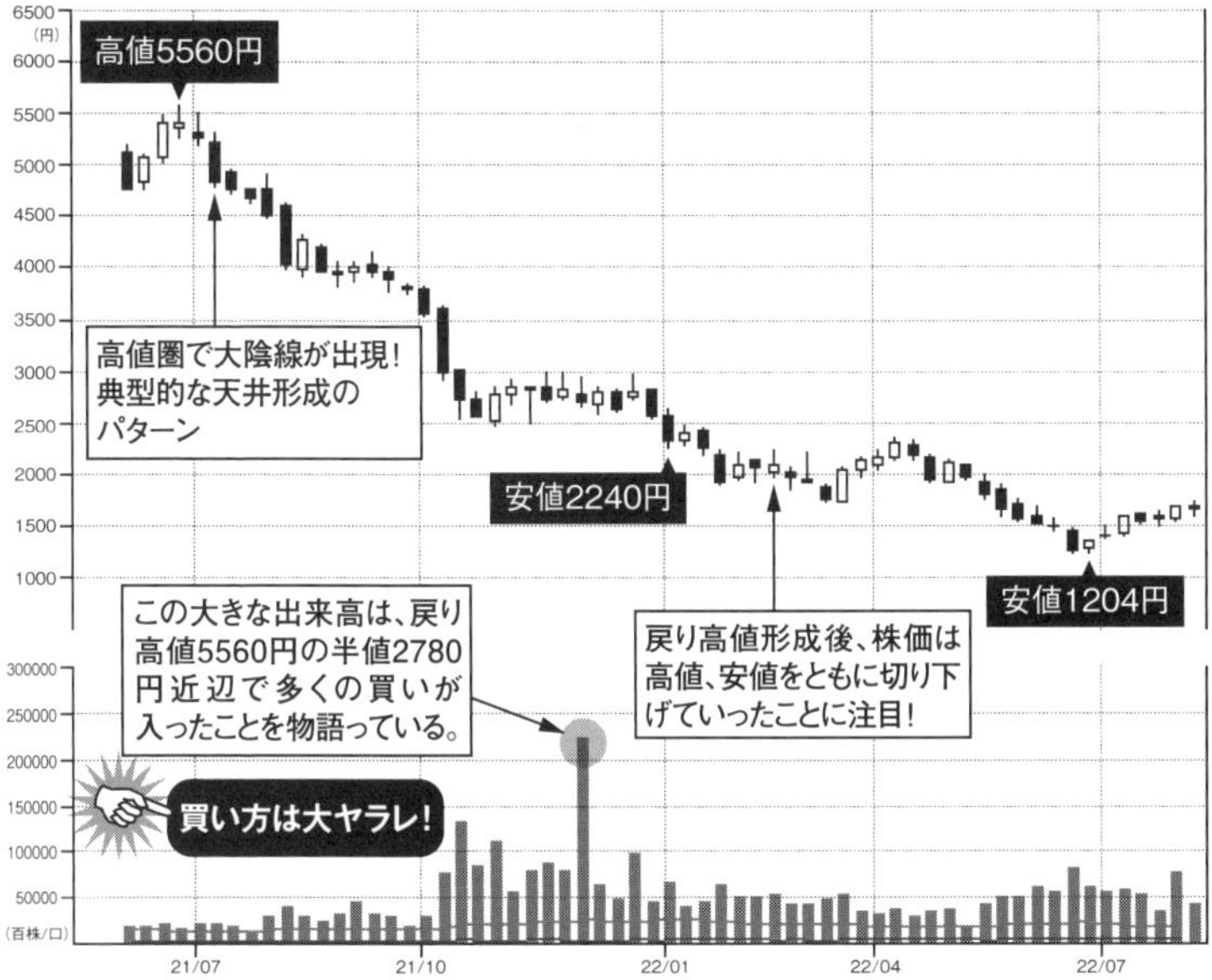
高値5560円
高値圏で大陰線が出現！典型的な天井形成のパターン
安値2240円
安値1204円
この大きな出来高は、戻り高値5560円の半値2780円近辺で多くの買いが入ったことを物語っている。
戻り高値形成後、株価は高値、安値をともに切り下げていったことに注目！
買い方は大ヤラレ！
(円)
(百株/口)
21/07
21/10
22/01
22/04
22/07

やられた！
困ったあ！

POINT

本来損切りすべき「天井形成→下げトレンドの銘柄」を買い向かってはいけない。

チャートを羅針盤として活用する

■「投資家の杖」を使って株価の天底、潮目を読む

どんなに将来性が明るく業績が好調でも、**素っ高値**を買ってしまってはどうにもなりません。相場の世界では、よく「漁師は潮目を見る！」といわれます。

これはトレンドを読むことの大切さを示す格言ですが、株式投資では株価の位置、水準、方向をしっかり確認して売買を行なわなければいけません。

「これだ！」と思う有望銘柄を見つけても、ムード買いで高値をつかんでしまったり、せっかく長い間持ち続けたのに本格反騰の目前で手仕舞いしてしまえば、後悔ばかり。地団太《じだんだ》を踏むことになります。

筆者は、講演会などで「この銘柄のどこが天底なのかが分からない」という質問をよく受けます。大事なお金を投資するのにこんなことでは困るのですが、そのためにチャート分析が必要なのです。古来、「チャートは投資家の杖！」というではありませんか。

用語解説&ワンメモ

●羅針盤
船舶、航空機などが方位を正確につかむため設置した装置（磁気コンパス）のこと。古来、中国で地相占いに使用されていた羅盤がルーツともいわれている。

●素っ高値
水準的に異常に値上がりした株価のこと。人気が過熱すると行きすぎた価格をつけることがあるが、高値づかみには注意が必要である。

● 三菱自動車工業(7211)の週足

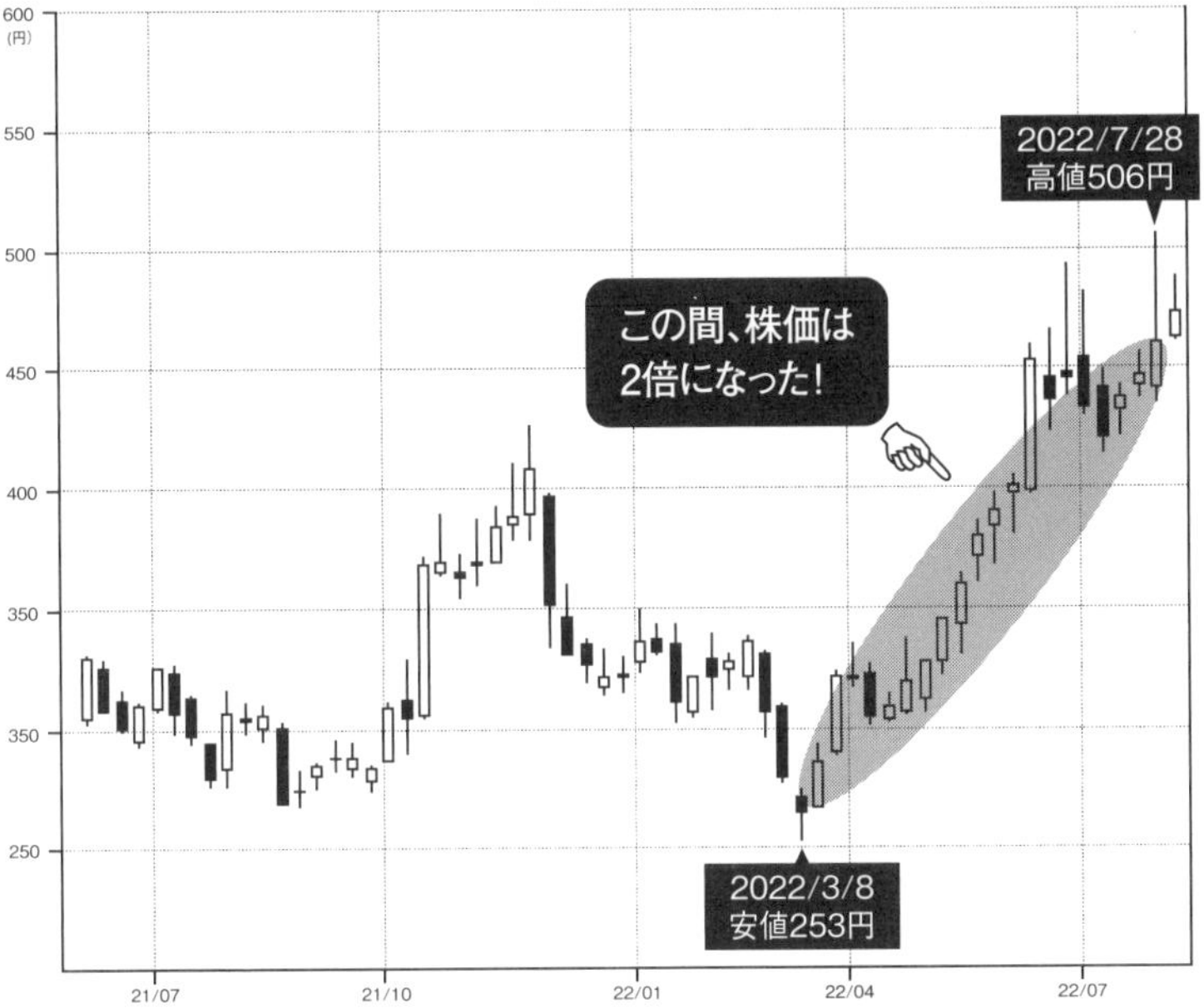

潮目をつかめば大きく儲けられる!

漁師は潮の流れを見て漁場を決めるといわれるが、株式投資も潮目(相場の転換期)を的確につかめば、大幅利食いが可能となる。

2014年の9月に1353円だった三菱自動車工業の株価は、2020年12月に187円まで売り込まれた。

しかし、2022年の3月に253円を見たあと潮目が変わり、同年7月末には506円まで戻している。

POINT

株価チャートは、潮目(相場の転換期)を的確につかむために必要不可欠なツールであり、投資家の身を守る杖となる。

株式投資は仕掛けのタイミングが命

■相場巧者に学ぶ「株を買うより時を買え！」

株式投資は仕掛けのタイミングがとても大切です。相場格言には「株を買うより時を買え！」というものもあります。これは前項で述べた「漁師は潮目を見る」と同様、売り買いのタイミングの重要性を教えています。

株式投資で失敗するには、それ相応の理由があります。トレンドを考えず、株価水準を無視して急騰直後の高値を一気買いすれば、誰でも苦労します。

このような失敗、苦労をすることなく着実に儲けるためには、チャートを正しく読む必要があります。基本をきちんと理解し、適切に活用すれば、これほど頼もしくありがたい投資ツールはないのです。

相場の世界で財を築いた投資家の多くはチャートに造詣《ぞうけい》が深く、最近は証券会社の投資ツールが普及したこともあって、**チャーチスト**ばりの個人投資家が大活躍しています。

用語解説&メモ

●チャーチスト
グラフ化したさまざまなチャートをもとに、株価の将来的な動きを分析・予測する専門家。テクニカル・アナリストなどとも呼ばれるが、近年はプロも顔負けの分析力を武器に、大きな利益をあげる個人投資家が急増しているといわれている。

●アインホールディングス（9627）の日足

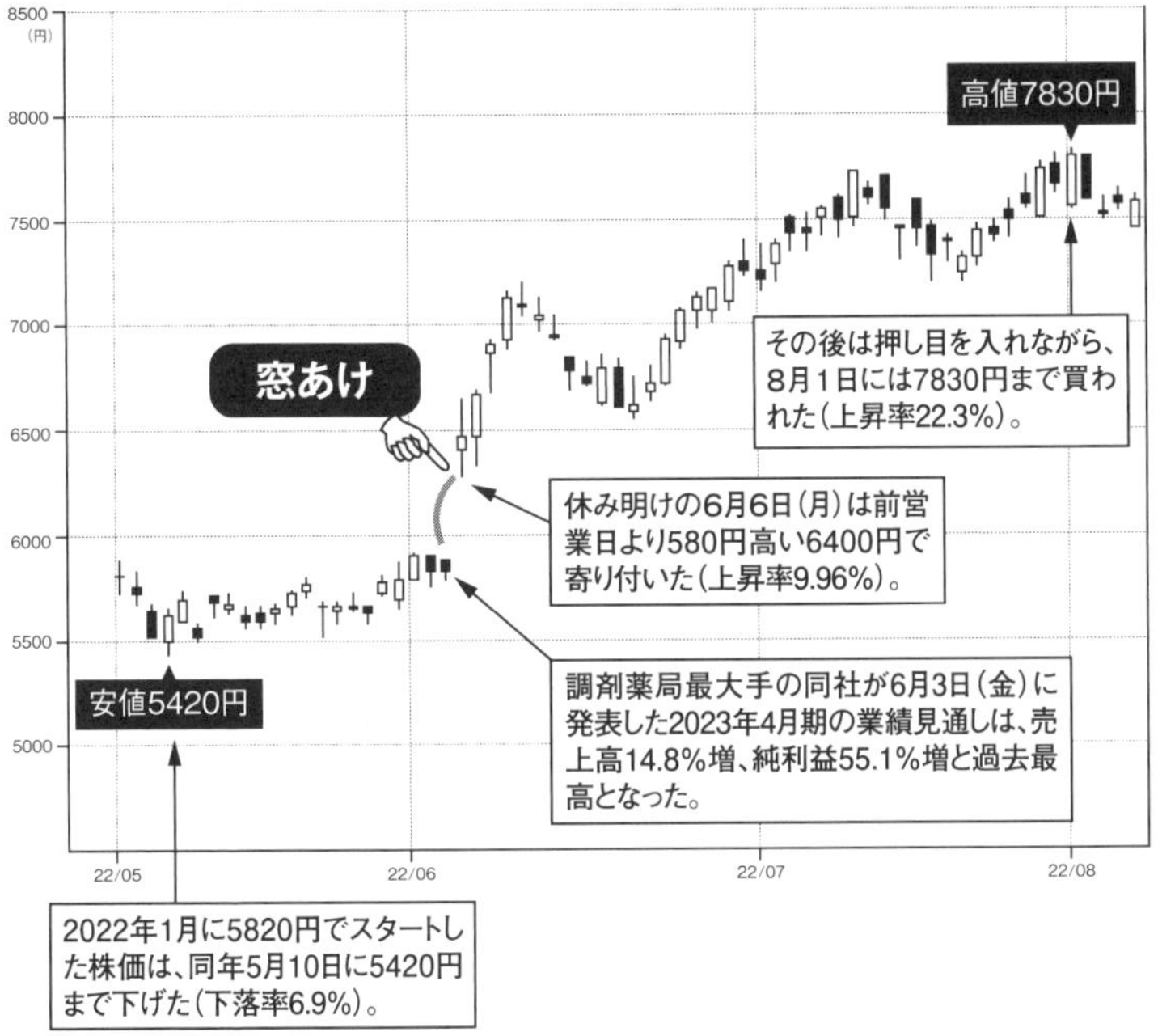

8500
(円)
8000
7500
7000
6500
6000
5500
5000
22/05
22/06
22/07
22/08
高値7830円
窓あけ
安値5420円
その後は押し目を入れながら、8月1日には7830円まで買われた（上昇率22.3%）。
休み明けの6月6日（月）は前営業日より580円高い6400円で寄り付いた（上昇率9.96%）。
調剤薬局最大手の同社が6月3日（金）に発表した2023年4月期の業績見通しは、売上高14.8%増、純利益55.1%増と過去最高となった。
2022年1月に5820円でスタートした株価は、同年5月10日に5420円まで下げた（下落率6.9%）。

好材料が出たあとの窓あけ（62〜63ページ参照）は、絶好の買い場となります

POINT

業績発表など材料が出た直後のチャートはかならず確認すること。セオリーに従えば、売り買いの判断を迷わず行なうことができる。

《Column》 相場格言&先人の知恵に学ぶ ……01

続く流れに逆らうな。ついていくのが儲けの道！

株式投資においては、トレンド（流れ）を読むことが重要です。古来、「世相にカネを乗せよ！」というではありませんか。

2024年前半には新札が発行されます。すでに、旧札（1万円札は福沢諭吉、5千円札は樋口一葉、千円札は野口英世）は2022年9月に印刷作業が終了しています。

今度の新札は1万円が渋沢栄一、5千円札が津田梅子、千円札が北里柴三郎です。旧札の〝顔〟はすべて貧乏な家の出身（立身出世物語の主人公？）でしたが、新札は違います。そろって良家（父親は豪農、士族、学者）の生まれ、お金持ちです。

日本、および国民は徐々に貧しくなっています。ここでの新札は何を意味しているのでしょうか。それはグローバルニッチ企業の見直しに、つながるのではありませんか。

第1部〈入門編〉

第1章

30分で分かるチャートの基本

チャートの意味とねらい

■過去の推移、現在の水準、将来的な予測などを知るためのグラフ

チャートとは、数値（価格）の動きをひと目で分かるように図表化したグラフのことです。私たちが普段よく目にする新聞、雑誌、レポート類、調査資料などには数多くのグラフが掲載されています。

私たちは、数字だけを時系列に見せられても数値の動きをなかなかイメージできませんが、形にして示されると上げ下げの状況を瞬時につかむことができます。例えば、次ページのチャート（グラフ）はともに日本に関するものですが、上は経常利益に対する設備投資の比率、下は平均寿命の予測を示しています。

これを見ると、経常利益に対する設備投資の比率は2009年頃をピークに減少に転じたことが分かります。また、日本の**平均寿命**は男女ともに伸び続け、2050年には女性が90歳を超えることが示されています。このようにチャートは過去の推移、現在の水準、将来的な状況予測などを数値的に素早く伝えてくれるのです。

用語解説&ーロメモ

●チャートの語源
チャートは英語のchartをカタカナ表記したもので、その語源は諸説あるが、紙を表すラテン語のchartaとする説が有力である。なお、chartには海図、温度などの動きを図表化したものという意味もある。

●平均寿命
平均寿命はある年の死亡者年齢を平均したものではなく、その年の0歳児における平均余命のことを指す。

● 数値の推移をグラフ化したチャート(例)

◉日本の設備投資と経常利益の比率

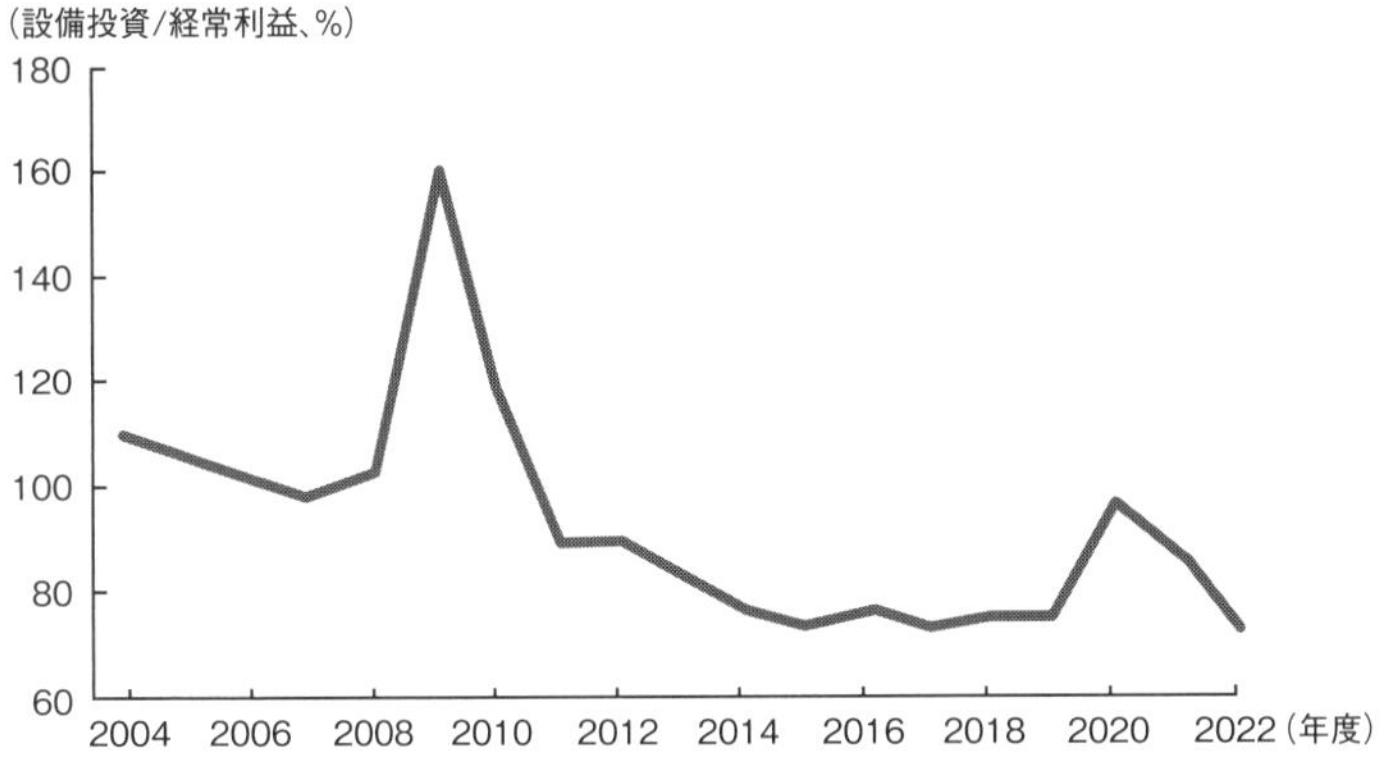

(出所)みずほリサーチ&テクノロジーズ

◉日本の平均寿命の予測

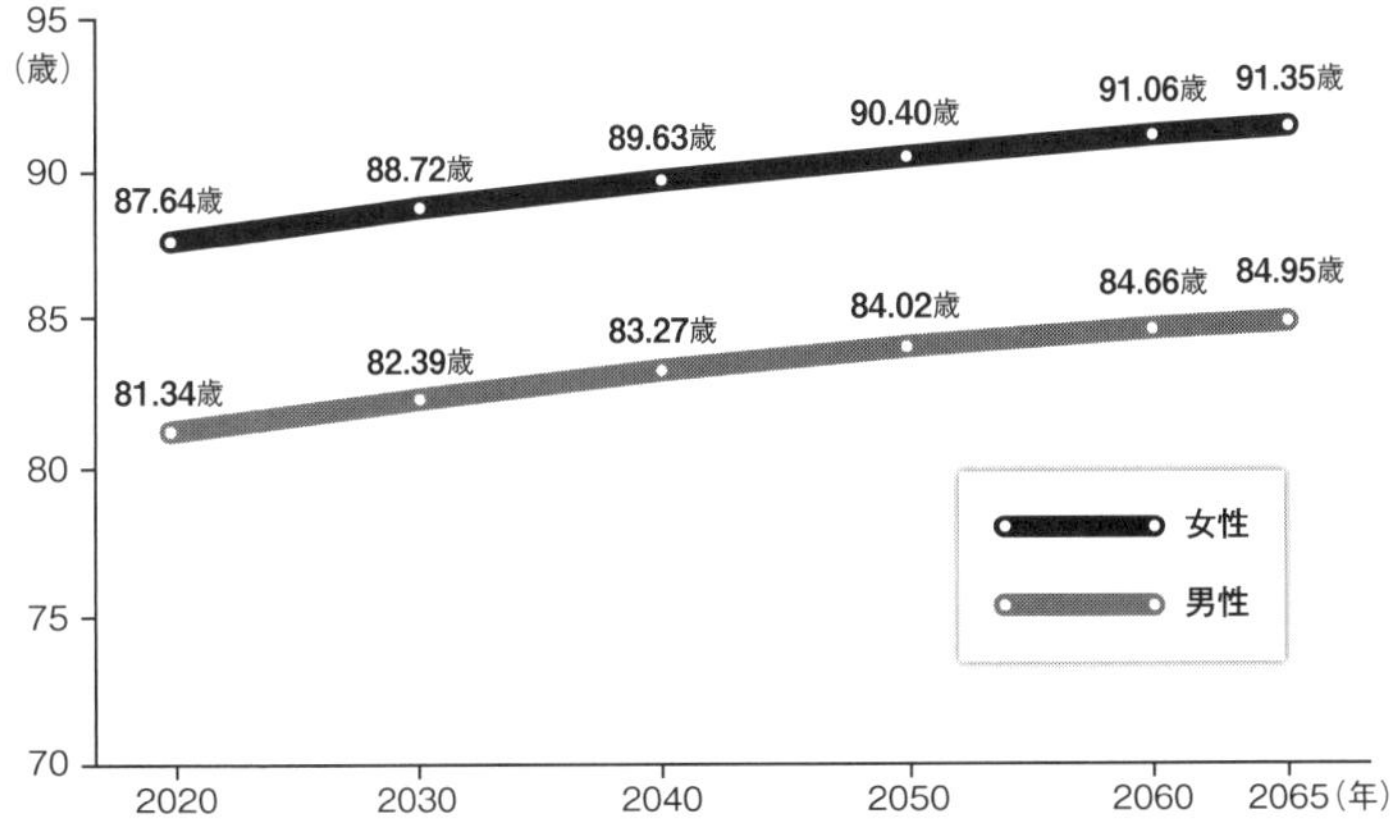

(出所)国立社会保障・人口問題研究所

POINT

過去、現在までの数値の推移をつかみ、
将来的な予測に役立てる。

株価チャートにはいろいろな種類がある

■日本でよく使われているのは罫線《けいせん》とも呼ばれるローソク足

株価の動きをグラフ化した株価チャートには、さまざまな種類があります。代表的なものとして①ローソク足、②棒足、③止め足、④ホシ足、⑤イカリ足、⑥**バーチャート**などが知られています。

最もなじみが深いローソク足は、「**罫線**」とも呼ばれています。棒足は、形のとおり棒の上が高値、下が安値を示します。止め足は終値だけをグラフで示したチャートです。始値、高値、安値が表示されないため、トレンドをつかみやすいという利点があります。ホシ足も止め足と同じく終値をつないだものですが、黒い丸（●）を星に模して示している点が特徴的です。

イカリ足は棒足の進化系といわれ、終値の表記に錨《いかり》のマークが使われています。始値より終値が安い場合は「↓」、高い場合は「↑」で示されますので、上げ下げの状況がわかりやすいという利点があります。

用語解説&ロモメ

●バーチャート
ローソク足と同じように、相場の大勢的な推移を見るために用いられる。高値、安値、始値、終値の4本値で示す場合と、高値、安値、終値の3本値で表す場合がある。4本値で示す場合は、高値と安値を結んだ棒足に枝（始値は左側、終値は右側）を加えて表示する。

●罫線
ローソク足は江戸時代の米相場に起源があるとされている。このため、日本では現在でも当時に即し、罫線と呼ぶ人も多い。

●さまざまなチャートの形と特徴

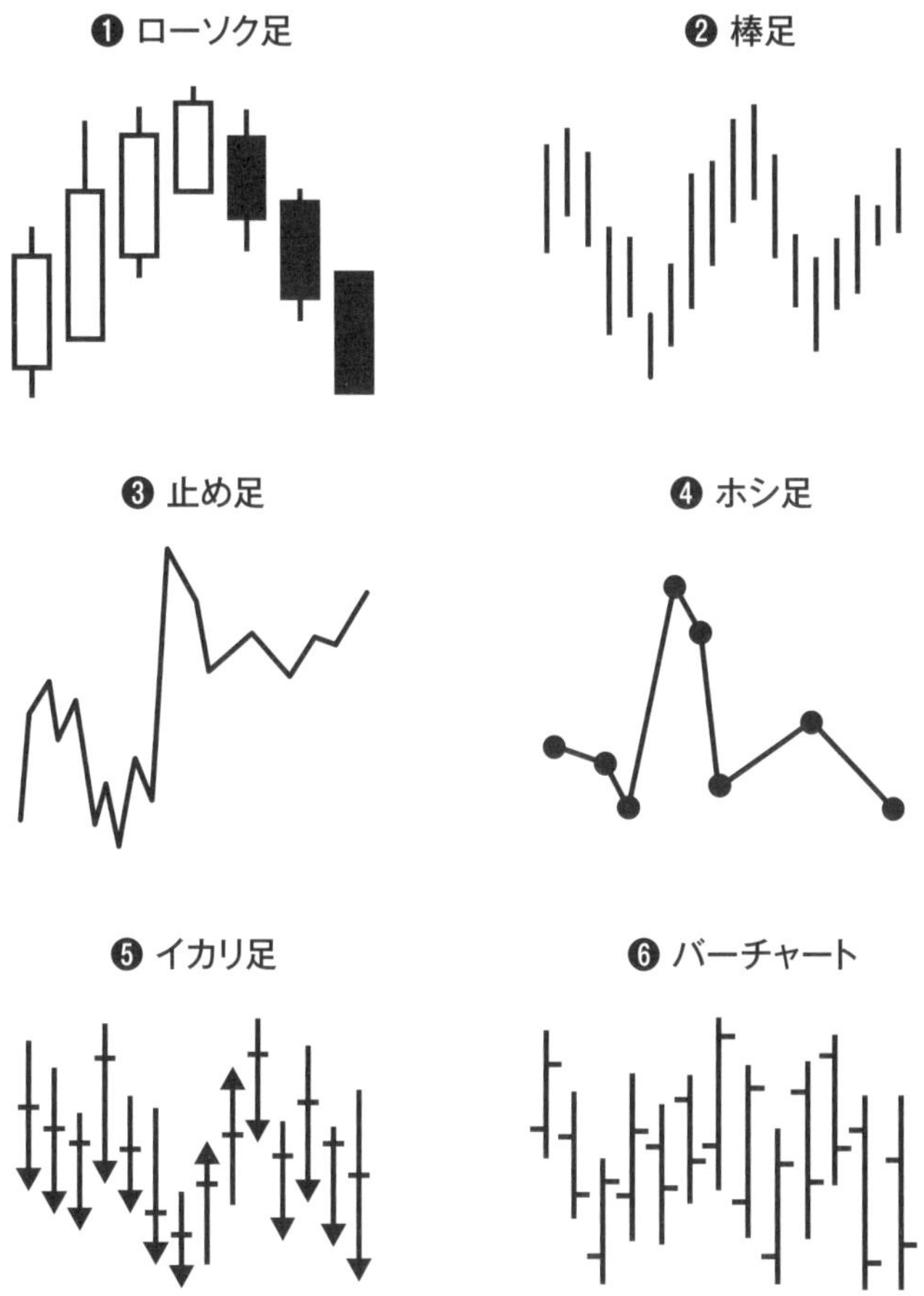

POINT

株価の動きをつかむためには
さまざまなチャートが使われていること
を知り、それぞれの特徴を押さえておく。

株価チャートの特長と利点

■ 株価チャートの縦軸は株価、横軸は時間を示す

株価は時系列に並べた数字を単に眺めるのと、グラフにしてその推移を確かめるのとでは、視覚的に受ける印象がまったく異なります。なお、株価チャートには縦軸と横軸があり、縦軸は株価を、横軸は時間を示します。すなわち、時間の経過とともに株価が上がればチャートは上に伸び、下がればその位置は下になります。

次ページは、**三越伊勢丹ホールディングス（3099）**の1日ごとの値動きを示したローソク足（ローソク足については次項以降に詳述）です。これを見ると、チャート左側の950円を安値に1156円まで買われていますが、その後は1140円→1090円と上値を切り下げていることがよく分かります。

これは目先的に**上値**が重いことを示しています。ただ、安値もいちばん左側の950円を下回っていないので、**下値**も限定的であることが分かります。このように、チャートには今後の値動きを予測できる大切な情報がたくさん盛り込まれているのです。

用語解説&メモ

●三越伊勢丹ホールディングス
百貨店国内最大手。1673年（延宝元年）創業の三越と1886年（明治19年）創業の伊勢丹が2011年4月に経営統合して誕生した。長期的には非百貨店事業の拡大が課題となっている。

●上値、下値
上値は現在の価格よりさらに上の価格のことで、上昇を続けていくさまを「上値を追う」という。上値の逆が下値である。

●三越伊勢丹ホールディングス(3099)の株価データ

2022年	始値(円)	高値(円)	安値(円)	終値(円)	前日比
5/12	956	967	950	956	▲4
6/10	1123	1156	1114	1146	+26
6/17	1032	1077	1027	1063	+6
7/1	1106	1140	1099	1108	+8
7/7	1011	1013	971	986	▲20
8/1	1066	1090	1051	1084	+23
8/5	999	1018	998	1008	▲7

前日比のプラスマイナスは分かっても株価の方向性は分かりにくい

●三越伊勢丹ホールディングス(3099)の日足

POINT

**株価はあらゆる情報を織り込んで形成される。
株価チャートをよく見れば、
売り買いの判断がしやすくなる。**

ローソク足とはどんな足？

■ローソク足の柱は始値と終値、ヒゲは高値と安値を示す

正式には「**陰陽足**」といわれるローソク足は4本値のうち、始値と終値を表す柱（実体部分）と上下に伸びた線で構成されます。

ローソク足はその期間によって、分足、日足、週足、月足などがあります。まず、始値と終値を表す柱の部分については、モノクロの場合、終値が始値より高ければ「白」で表示され、逆に終値が始値より安ければ「黒」で表示されます。柱の部分が白であれば陽線、黒のときは陰線と呼びます。したがって、次ページのケースでは、左側が陽線（始値500円→終値600円＝100円高）、右側が陰線（始値600円→終値500円＝100円安）となります。

また、上下に伸びた線のうち、上に伸びた線は上ヒゲまたは上影、下に伸びた線は下ヒゲまたは下影と呼ばれます。次ページのケースでは、両方とも上ヒゲは50円（650円－600円）、下ヒゲは40円（500円－460円）となります。

用語解説＆一口メモ

●柱とヒゲ
ローソク足は、柱（実体部分）の長さが長いほどその勢いが強いことを示し、柱の上下に伸びるヒゲは、それが長いほど抵抗する力が強いことを表す。

●陰陽足
ある期間の陰線（終値が始値よりも安い線）と陽線（終値が始値より高い線）を相場に即して表示し、その方向性と勢いを見る指標（グラフ）のこと。

●ローソク足は4つの値段でつくられる

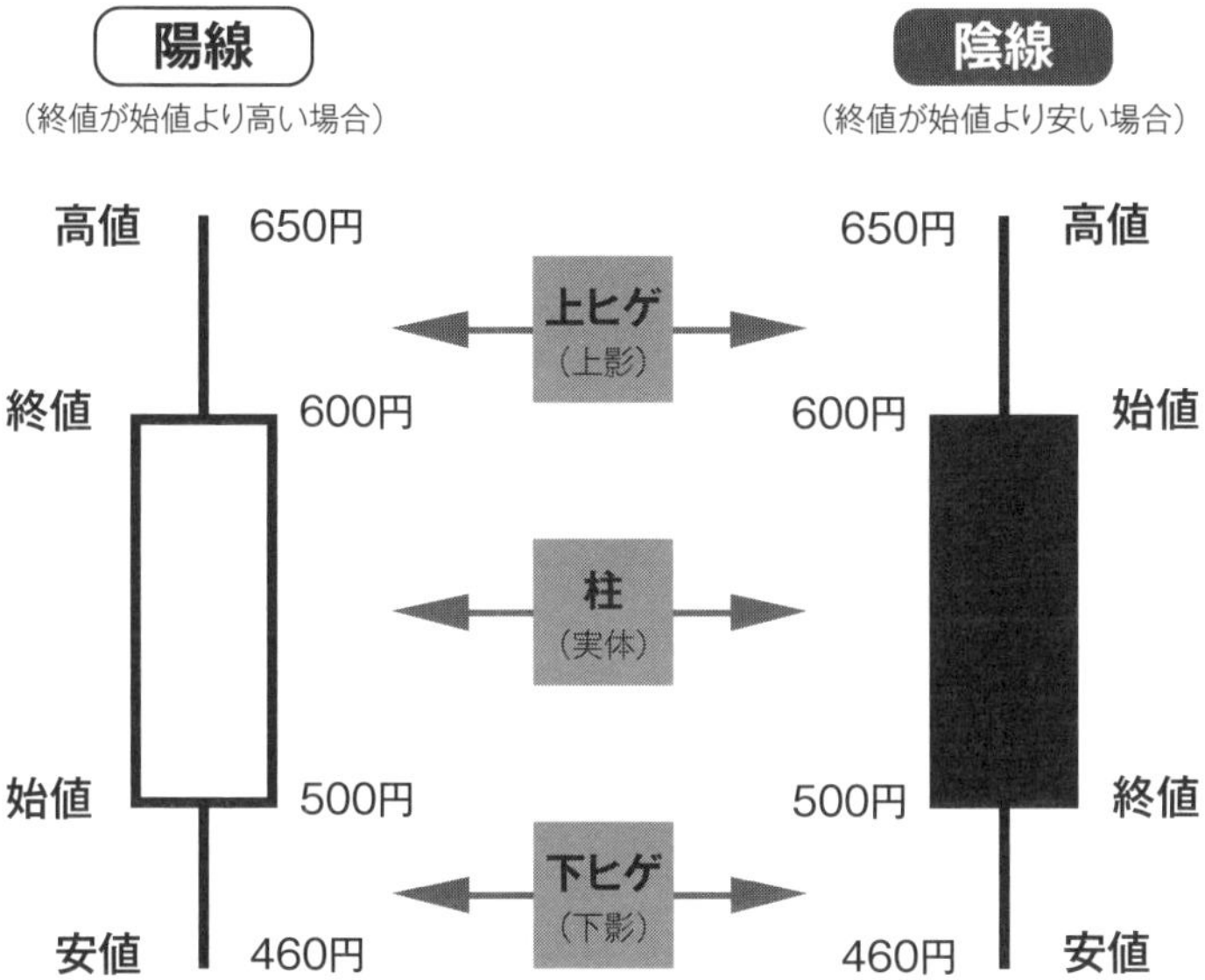

4本値

始値 ＝ 対象とする期間で最初についた値段

高値 ＝ 対象とする期間でいちばん高くついた値段

安値 ＝ 対象とする期間でいちばん安くついた値段

終値 ＝ 対象とする期間で最後についた値段

POINT

ローソク足について、陽線と陰線の違い、柱（実体部分）とヒゲ（影）の違いを理解する。

分足でデイトレードにチャレンジする

■分足は超目先指向の投資になくてはならない投資ツール

ローソク足には、その期間によって分足、日足、週足、月足、年足がありますが、その考え方は前項で説明したとおり、すべて同じです。まず、最初に取り上げる分足は文字どおり分単位の値動きを示します。分足には短い順に1分足、2分足、3分足、4分足、5分足、10分足、15分足、30分足、60分足などがあり、1分足は1本の足が1分の値動きを示します。

分足は、今や**デイトレード**、**スイングトレード**をする投資家にとって不可欠のツールとなりました。ネット証券を中心に証券各社が分足を活用できるようにしたことで、個人投資家もデイトレードを手がけやすくなり、デイトレーダーと呼ばれる超短期指向の投資家が激増したのです。

分足の中で最も人気があり、多く使われているのは5分足だといわれています。次ページのチャートは、**横浜ゴム（5101）**の5分足の1日の動きを示しています。

用語解説&ワンメモ

●デイトレード
手がけた銘柄をその日に反対売買（決済）させて、損益を確定させる取引方法。日計り商いともいう。大きな値幅取りは望めないが、持ち株を翌日に持ち越さないため、その分リスクを抑えることができる。

●スイングトレード
2日から数日の間に決済して損益を確定させる取引方法。デイトレードよりリスクは増すが、うまくいけばそのときの利益も大きくなる。

● 横浜ゴム(5101)の5分足

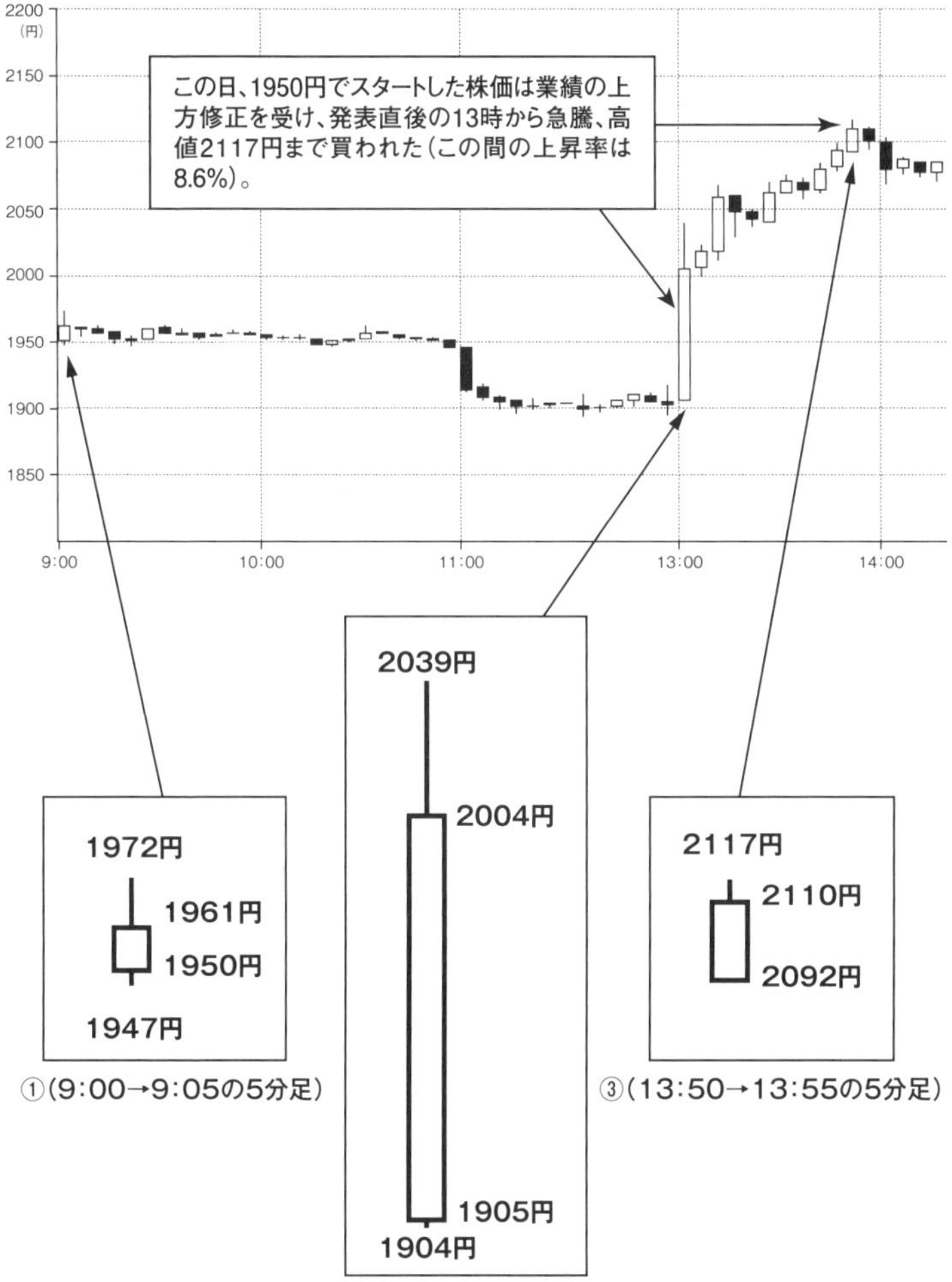

①(9:00→9:05の5分足)
②(13:00→13:05の5分足)
③(13:50→13:55の5分足)

POINT

分足には時間に応じていろいろな種類があり、それぞれに特徴があることを理解する。

10

日足で短期的な値動きを予測する

■日足は1日の始値、高値、安値、終値を表す

日足は1日の値動きを示します。したがって、始値はその日の寄り付き値、高値はその日の最も高い値段、安値はその日の最も安い値段、終値はその日の**大引け**、ないしは最後の値段になります。

通常、日足は短期的な値動きをつかむために使われます。次ページのチャートは、**日本電産（６５９４）**の日足ですが、７８３０円を底に上値を切り上げていることが分かります。

２週間ほどで９１４０円まで買われ（底値７８３０円に対する上昇率は16・７％）、押し目を入れながら上値を切り上げています。その後、先の高値９６３５円を上抜く９８２７円まで買われました（直近の押し目８９２５円に対する上昇率は10・１％）。

日足の場合、直近の高値と安値の位置を頭に入れておくと、高値追いの途中なのか、安値更新中なのかをひと目でつかむことができます。

用語解説&メモ

●**大引け**
株式市場（東京証券取引所）では、前場（午前9時～11時30分）と後場（午後12時30分～15時）に取引（立ち合い）が行なわれるが、前場の最後の取引を前引け、後場の最後の取引を大引けという。そして、そのときに成立した値段をそれぞれ前引け値、大引け値という。

●日本電産(6594)の日足

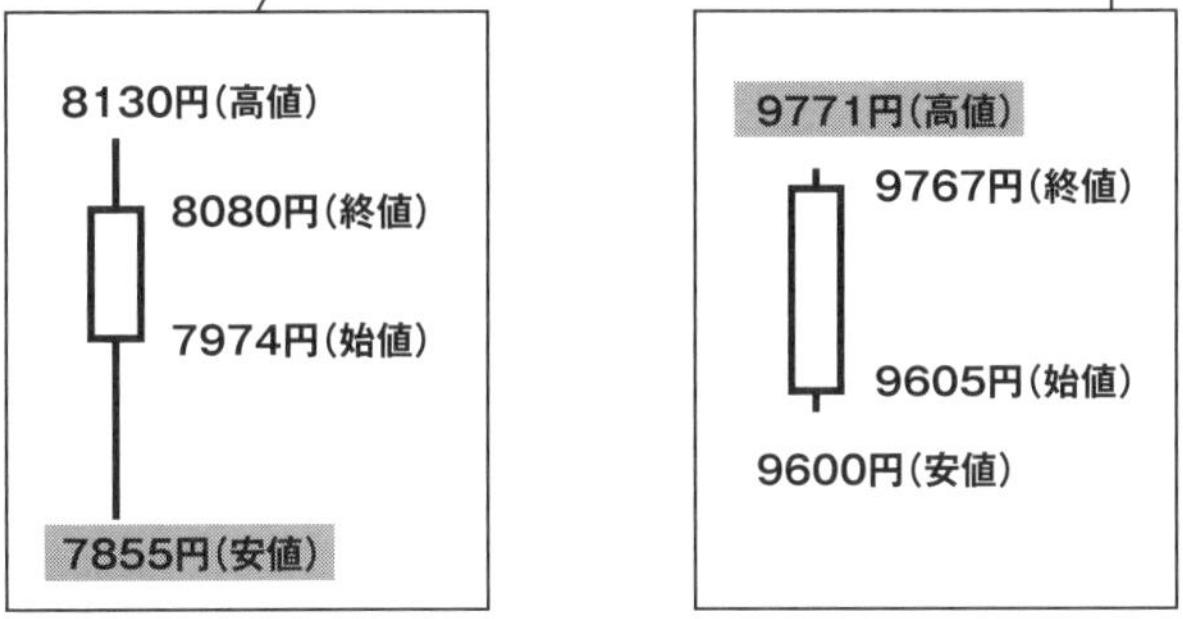

直近の安値を下回ったときの日足

直近の高値を上回ったときの日足

POINT

1日の値動きを表す日足は直近の高値、安値の位置に注目し、短期的な値動きとトレンドをつかむ。

週足で中期的な方向性をつかむ

■最も活用の度合いが高いとされるローソク足

週足は1週間の値動きを表します。その週の最初の株価（通常は月曜日の寄り付き値）が始値となり、その週の最後の日（通常は金曜日の大引け値）が終値となります。したがって、通常は月曜日～金曜日の日足5本分が1本の週足で表示されることになります。週足は中期的な株価の方向性、トレンドを読むときによく使われるため、多くの投資家が最も重視しているローソク足ともいわれています。

次ページのチャートは、**商船三井（９１０４）**の週足です。1593・3円を起点に、下値、上値をともに切り上げています。ただ時折、高値圏で大きな陰線が出現しており、**ボラティリティ**の高い相場が続いていることが分かります。

これは、海運大手の同社がこの時期、定期的に業績上方修正と大幅増配（2023年3月期の年間配当は550円予想）を発表し、投資家の高い関心を集めたことを物語っています。

用語解説&メモ

●**ボラティリティ**
価格変動の度合いのことで、株式市場では株価変動率を指す。通常、ある銘柄に材料が出て人気化するとボラティリティが高くなるが、そのような銘柄には収益チャンスの拡大と同時にリスクも生じる。

●商船三井（9104）の週足

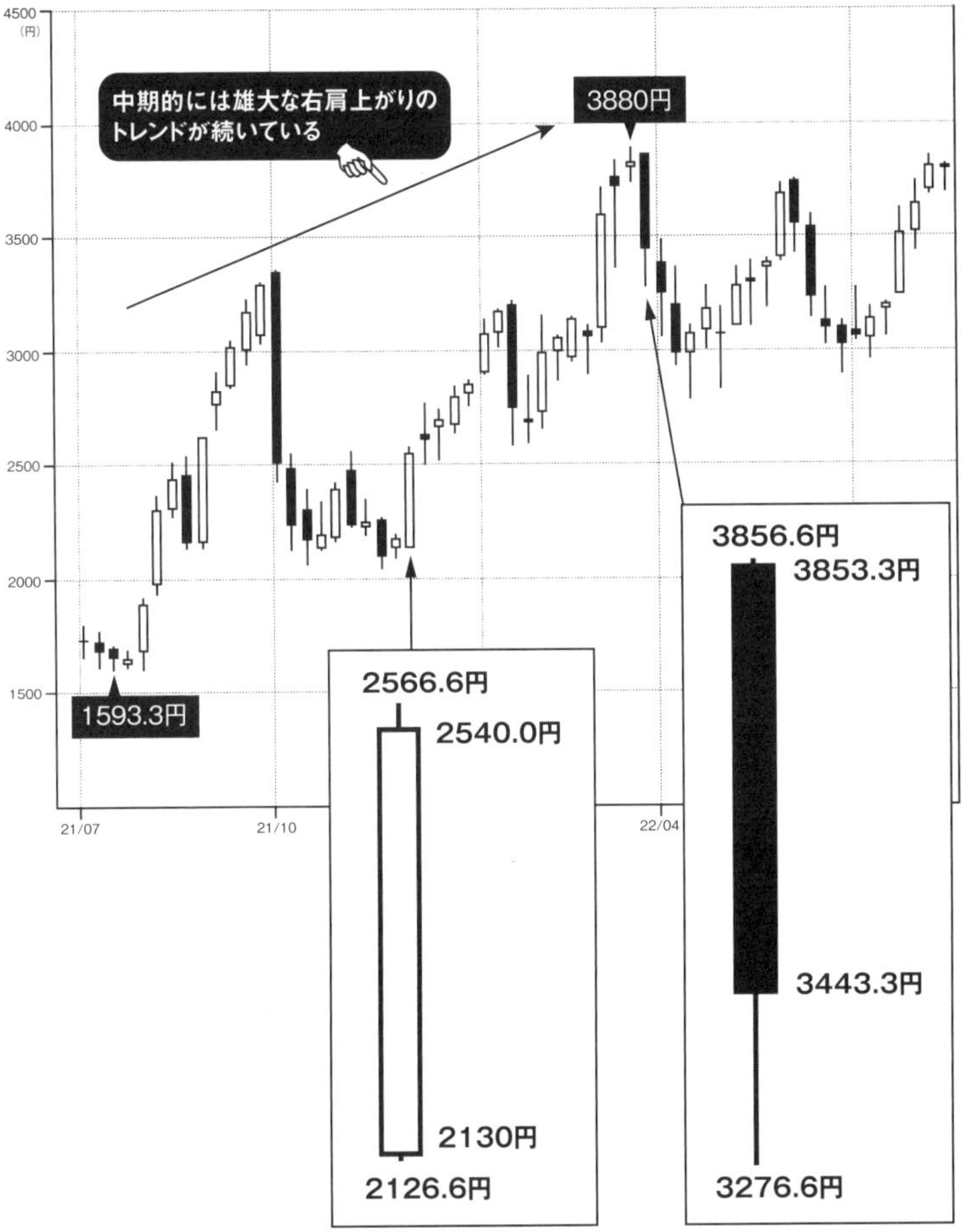

下値圏で出現した
大陽線

高値圏で出現した
大陰線

POINT

中期的な投資スタンスであれば、週足をよく見て売り買いの判断をする。

月足で長期的なトレンドを読む

■月足には他の種類の足ではつかめないよさがある

月足は1カ月間の株価を対象にしています。したがって、その月の最初の営業日に寄り付いた値段が始値、月末の最後の値段が終値になります。また、他の種類のローソク足と同じように、通常、月の高値は**上ヒゲ**、安値は**下ヒゲ**で示されます。

月足は長期的な株価の方向性をつかむために使われます。近年は、ネットトレードの影響で短期スタンスの投資家が多くなっているようです。そのため、「月足など見る必要がない」という人も増えていますが、それは間違った考え方だと思います。1年の相場を12本のローソク足で示す月足には、分足、日足、週足では分からない長期的な目線と発想をつかめるよさ、利点があるのです。

次ページのチャートは、**三菱ＵＦＪフィナンシャル・グループ（８３０６）**の月足です。最初の足はかなり前のものですが、それ以降の株価推移、**配当利回り**などを振り返れば、長期的な目線で今後の投資方針を立てることが可能となるのです。

用語解説＆一口メモ

●上ヒゲ、下ヒゲ
上ヒゲ（上影ともいう）は、そのローソク足の高値を表し、下ヒゲ（下影ともいう）は安値を表す（35ページ参照）。

●配当利回り
配当利回りは、1株当たりの年間配当金（総額）をその時点の株価で割って算出する。株式投資は、「配当利回りに始まり配当利回りに終わる」といわれるほど重要な指標である。

●三菱UFJフィナンシャル・グループ(8306)の月足

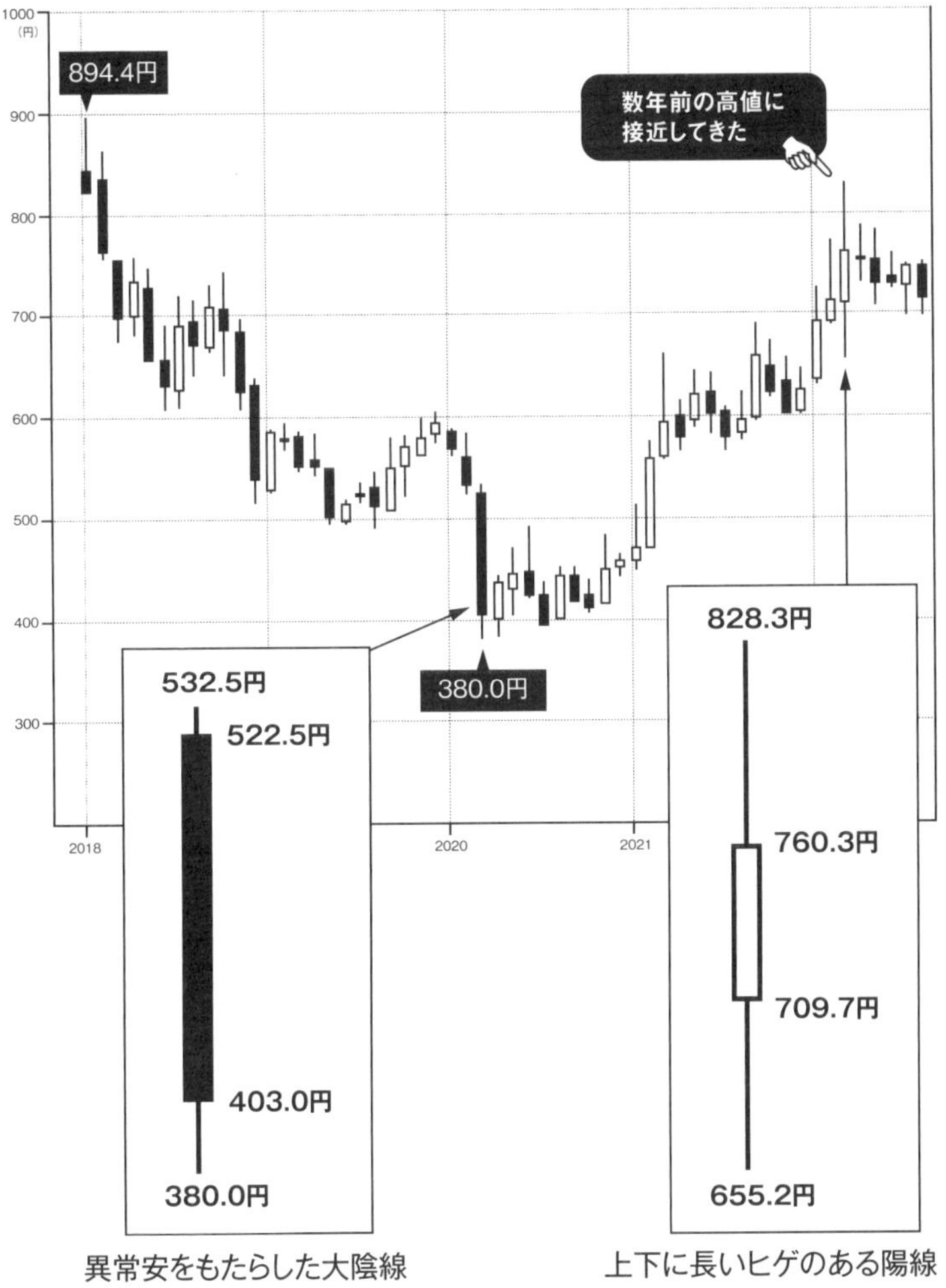

POINT

月足のよさを理解し、その利点を生かして長期投資に役立てる。

株価チャート すごコツ 13

年足で超長期的な目線を養う

■月足ではつかめない2年以上のトレンドが読める

2年程度の長期トレンドを読むには月足でも可能だと思いますが、それ以上の超長期トレンドを見るためには、年足を使うことも有効です。

年足は、年間の値動きを1本のローソク足に表したものです。したがって、1年足であれば年初（**大発会**）の寄り付き値が始値、年末（**大納会**）につけた最後の株価が終値となります。この始値と終値によってローソクの実体部分が示され、通常1年間の高値が上ヒゲ、1年間の安値が下ヒゲで示されるのは、日足、週足などと同じです。

ちなみに、最近はあまり使われませんが、対象期間が2年であれば「2年足」、5年であれば「5年足」と呼ばれます。

次ページのチャートは、**東京電力ホールディングス（９５０１）**の1年足です。同社は厳しい経営環境が続いていますが、何といっても社会生活の維持に不可欠な電力供給会社のトップであり、その動向は超長期的に注視していく必要があると思います。

用語解説&メモ

●**大発会、大納会**

日本では、その年の最初に取引が行なわれる日のことを大発会、1年の最後の取引が行なわれる日のことを大納会と呼んでいる。なお、証券取引所ではその両日、慣行として催事が行なわれる。

●**東京電力ホールディングス**

国内電力首位。原発事故による賠償、廃炉費用が重荷だが、持ち株会社（連結子会社23社）に移行し経営改革を進めている。株価は、原発再稼働問題が大きな材料となる。

● 東京電力ホールディングス(9501)の1年足データ

対象期間(年)	始値(円)	高値(円)	安値(円)	終値(円)	始値→終値(円)
2015	499	939	442	699	+ 200
2016	689	700	343	472	▲ 217
2017	482	506	400	446	▲ 36
2018	451	767	378	653	+ 202
2019	652	765	462	467	▲ 185
2020	462	466	266	272	▲ 190
2021	275	444	270	297	+ 22
2022	301	664	285	512	+ 211

(注)2022年の終値は12月15日時点の株価

● 東京電力ホールディングス(9501)の1年足

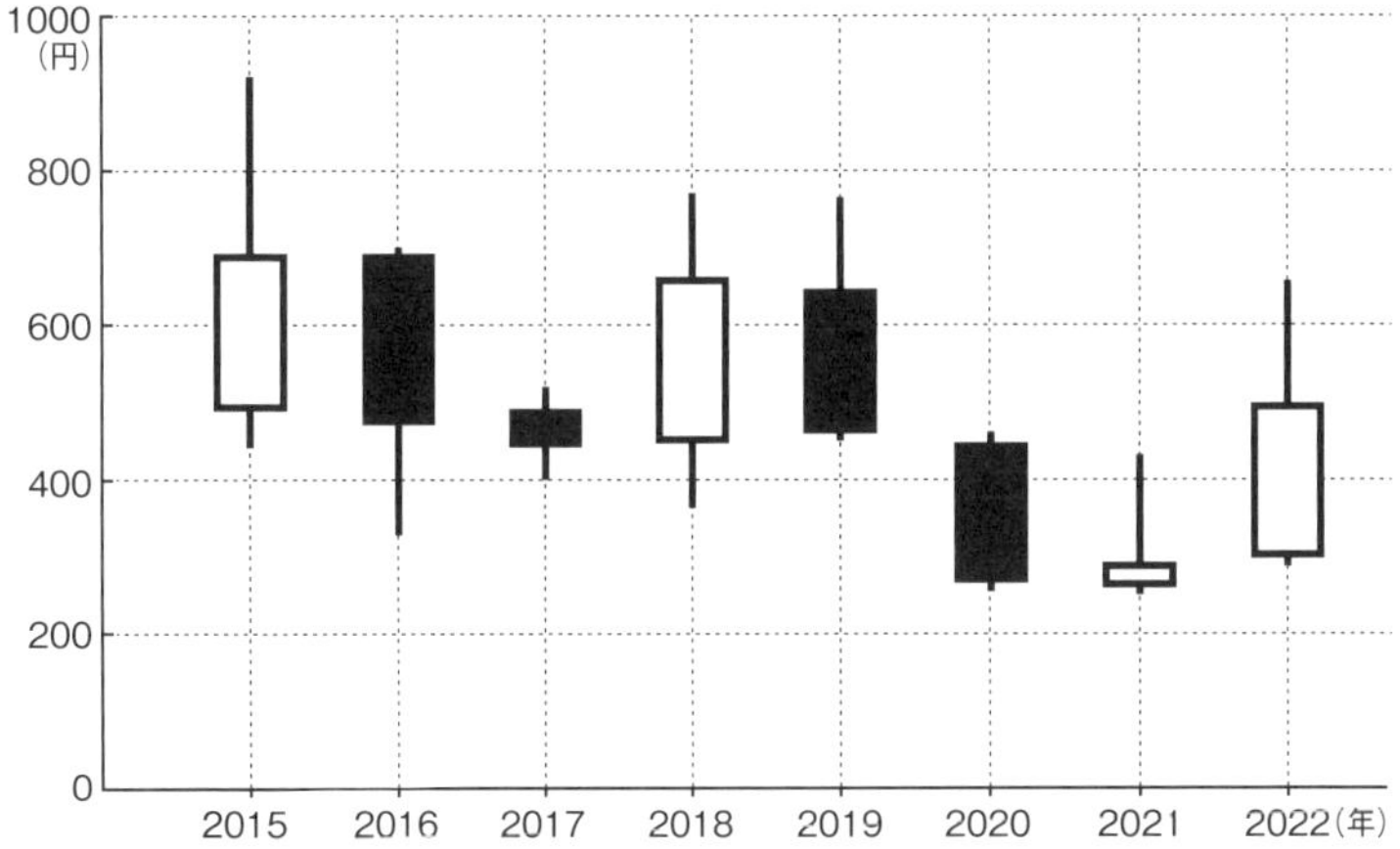

POINT

数年単位で持続する方針の銘柄、関心の高い銘柄については、年足の推移もチェックする。

《Column》　相場格言&先人の知恵に学ぶ ……02

頭とシッポはネコにやれ！

常に、「天井（最高値）を売りたい」「大底（最安値）を買いたい」と願望している人（投資家）がいます。しかし、これでは高値圏では売り損なったり、安値圏での買いに失敗します。せっかくのチャンスを逃す結果となるのです。

やはり、売り上がり、買い下がり戦術が必要ではないでしょうか。山登りと同様に、頂上はなかなか見えにくいものです。だからこそ、先人は「頭とシッポはネコにやれ！」と教えています。

株式市場では、長らく**南都銀行（8367）**など地方銀行株の多くがPBR（株価純資産倍率）0.1～0.2倍前後に放置されてきました。**高知銀行（8416）**は0.09倍だったことがあります。これは、解散価値の「10分の1以下」ということです。

これがまさしく「シッポ」でしょう。「国策に売りなし」という相場格言はよく知られていますが、地銀救済（新しい地方創生？）の動きは紛れもなく国策の1つです。

第2章

ローソク足の基本形と組み合わせ

転換点に出る9つの基本形を覚える

■大陽線、大陰線はトレンドの転換点に出現する

ローソク足は、実体部分を表す柱の大きさ、上ヒゲ、下ヒゲの長さなどによって、多くの種類が生じます。このうち、基本形とされるものは9パターンあります。さらに、その応用形とされるものは16のパターンに分けられ、これらを組み合わせたパターンも複数あります。

もちろん、このすべてをマスターする必要はないと思いますが、基本的なポイントを理解しておけば、投資成績が着実にアップするはずです。

チャートを見ると真っ先に目につくのが、長いローソク足です。株価の大きな上昇を表すのは白で描かれた「大陽線」であり、逆に株価の大きな下落を表すのは黒で示された「大陰線」です。大陽線と大陰線は、トレンドの転換点によく出るため、極めて重要です。すなわち、底値圏で大陽線が出ると**大底**確認、天井圏で大陰線が出現すると**大天井**確認のパターンになるのです。

用語解説&メモ

●大底
株価が下がるときは数度の下げと戻りを繰り返しながら下げていくが、この下降相場の最安値を大底という。大底を買って大天井で売るのは理想だが、これらはその値をつけたあとに確認サインが出るため、実際にそれを行なうのは難しい。

●大天井
大底とは反対に、株価が上がるときは数度の上げと下げを繰り返しながら上昇していくが、この上昇相場の最高値を大天井という。

重要なローソク足の9つの基本形

	呼び名	基本形	性質
①	大陽線		・勢いが強く、大幅上昇 ・底値圏で出れば、信頼性の高い大底確認サインとなる
②	大陰線		・大きく売られ、大幅下落 ・天井圏で出ると、信頼性の高い大天井確認サインとなる
③	小陽線		・強いもち合い ・小幅な上げで動きが小さい
④	小陰線		・弱いもち合い ・小幅な下げで動きが小さい
⑤	上影陽線		・上ヒゲの長い陽線 ・高値圏では下落転換サインとなる
⑥	上影陰線		・上ヒゲの長い陰線 ・高値圏では下落転換サインとなる
⑦	下影陽線		・下ヒゲの長い陽線 ・安値圏では上昇転換サインとなる
⑧	下影陰線		・下ヒゲの長い陰線 ・安値圏では上昇転換サインとなる
⑨	寄引同時線（十字線）	＋	・始値と終値が同値 ・相場の転換点を暗示する

POINT

それぞれの基本形の特徴と強弱パターンを理解し、実戦投資に役立てる。

ローソク足の応用形で相場の強弱を知る

■陽線の「丸坊主」は買い、陰線の「丸坊主」は売り

ローソク足には、相場の強弱を示すヒゲがないパターンもありますが、上ヒゲ、下ヒゲ両方ともない形を「**丸坊主**」と称しています。また、下ヒゲのない形は「寄り付き坊主」、上ヒゲのない形は「大引け坊主」と呼ばれています。

大陽線（前ページの基本形①）の応用形には、次ページにあるように「陽の丸坊主」（応用形①）、「陽の寄り付き坊主」（同③）、「陽の大引け坊主」（同⑤）があり、いずれも強いパターンです。なかでも、陽の丸坊主は始値が安値、終値が高値（高値引け）であったことを示しており、買い方の一方的な勝利を物語っています。

これとは反対に、大陰線（基本形②）の応用形には「陰の丸坊主」（応用形②）、「陰の寄り付き坊主」（同④）、「陰の大引け坊主」（同⑥）があり、いずれも弱いパターンです。なかでも、陰の丸坊主は始値が高値、終値が安値（安値引け）であったことを表しており、売り方の大勝利を示しています。

用語解説＆ワンメモ

●**丸坊主**
一般的には人の頭部や山林などが禿げ上がった状態を示すが、これをローソク足に当てはめてこのように呼んでいる。丸坊主のローソク足は長いほど買い方、売り方の勢力が強いことを示しており、重要な売買サインとなる。

●**上値を暗示**
現在つけている株価より、さらに高い値段（上値）まで買われることが予想される状態のこと。これは買い勢力の強さを示し、出来高が増える。

ローソク足の応用形 その1（①〜⑧）

	呼び名	応用形	性質
①	陽の丸坊主		・非常に強い ・一段高を示唆
②	陰の丸坊主		・非常に弱い ・一段安を示唆
③	陽の 寄り付き坊主		・強い ・高値圏では天井接近
④	陰の 寄り付き坊主		・弱い ・下値を暗示
⑤	陽の 大引け坊主		・強い ・上値を暗示
⑥	陰の 大引け坊主		・弱い ・下値を暗示
⑦	陽のコマ		・もみ合い ・上昇途上での気迷い商状
⑧	陰のコマ		・もみ合い ・下落途上での気迷い商状

POINT

ヒゲのないローソク足、柱とヒゲが短いローソク足について、陽線と陰線ごとにその性質を理解する。

■柱の大小は相場の勢い、ヒゲの長短は相場の迷いを示す

小陽線（49ページ参照）の応用形である「陽のコマ」、小陰線の応用形である「陰のコマ」は、いずれも実体部分の柱、ヒゲがともに短いローソク足です。これらはいずれも売り買いが交錯する**気迷い商状**にあることを暗示しており、陽のコマは小幅な上昇途上でのもみ合い、陰のコマは小幅な下落途上での売り買い交錯状態を示しています。

このほかの応用形としては、次ページの図にあるようなユニークな呼び名がついたものもあります。寄引同時線（基本形⑨）の応用形の1つであるトンボは、始値と終値が同じで下ヒゲが長く上ヒゲがないパターンと、下ヒゲが長く上ヒゲが短いパターンがあり、いずれも相場転換のサインといわれています。

トウバはトンボと真逆のパターンですが、これも転換期に出現しやすいため、とても重要な形となります。また、**カラカサ**は、寄り付きから大きく売られたものの、買い戻されて引けたことを示します。これは陽線、陰線とも下値圏で出れば買い優勢となります。トンカチはカラカサと逆で、寄り付きから大きく買われたものの、売り込まれて引けた形です。これは高値圏で出れば下げに転じることが多いため、注意が必要となります。

●気迷い商状
相場の見通しがはっきりしないため、買っていいのか売っていいのか、投資家の迷いが商い（出来高）に現れること。このため、短い足のコマ、足長同時線などは「気迷い線」とも呼ばれる。

●カラカサ
次ページにあるように、カラカサは下値圏で出れば重要な買い転換サインとなるが、高値圏で出れば「首つり線」と呼ばれて下げに転じることがよくある。このため、出現する位置が重要となる。

ローソク足の応用形 その2(⑨〜⑯)

	呼び名	応用形	性質
⑨	トンボ ①		・始値と終値が同値で上ヒゲがなく下ヒゲが長い ・相場の転換を暗示
⑩	トンボ ②		・始値と終値が同値で上ヒゲが短く下ヒゲが長い ・相場の転換を暗示
⑪	トウバ ①		・始値と終値が同値で下ヒゲがなく上ヒゲが長い ・相場の転換、もち合いを暗示
⑫	トウバ ②		・始値と終値が同値で下ヒゲが短く上ヒゲが長い ・相場の転換、もち合いを暗示
⑬	陽のカラカサ		・下ヒゲが長く柱が短い陽線 ・下値圏で出れば買い
⑭	陰のカラカサ		下ヒゲが長く柱が短い陰線 ・下値圏で出れば買い
⑮	陽のトンカチ		・上ヒゲが長く柱が短い陽線 ・高値圏で出れば売り
⑯	陰のトンカチ		・上ヒゲが長く柱が短い陰線 ・高値圏で出れば売り

POINT

柱のないローソク足、柱が短くヒゲが長いローソ足について、陽線と陰線ごとにその性質を理解する。

株価チャート
すごコツ
16

「抱き線」で相場の転換期をつかむ

■ 基本パターンを覚えれば売買タイミングを迷わず判断できる

これまで述べたように、ローソク足は1本でも十分相場の強弱を判定できますが、2本以上のローソク足を組み合わせると、その精度がより高まります。

この組み合わせは20ほどあるといわれていますが、ここでは信頼性が高いとされる7つのパターンについて説明したいと思います。

最初は「抱き線」です。これは「包み線」と呼ばれることも多いようですが、小さな陰線の次にそれより大きな陽線、逆に小さな陽線の次にそれより大きな陰線が出現し、前の足を次の足が抱き込んだ状態の組み合わせです。

前者の小さな陰線→大きな陽線（抱き陽線）の場合は大量の買いが入ったことを示すため、**強気**のサインとなります。逆に、後者の小さな陽線→大きな陰線（抱き陰線）の場合は、大量の売りが一気に出たことを示しますので、上昇相場の終わり→**弱気**のサインとなります。

用語解説&メモ

●**強気、弱気**
強気はこれから株価が上昇していくだろうという見方のことで、逆に下落すると見るのが弱気である。相場は常に強気派の買い、弱気派の売りによって価格が形成される。

ローソク足の組み合わせ①…抱き線(包み線)

抱き陽線

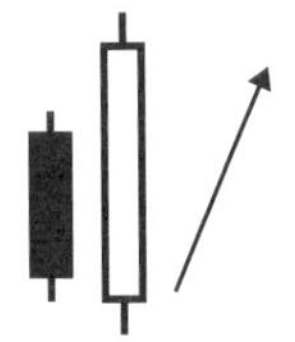

前の短い陰線を次の長い陽線が抱き(包み)込んだ形→下げが続いたあとに出れば**買いサイン**

抱き陰線

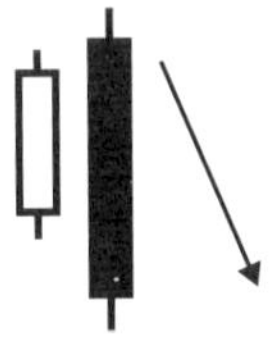

前の短い陽線を次の長い陰線が抱き(包み)込んだ形→上昇が続いたあとに出れば**売りサイン**

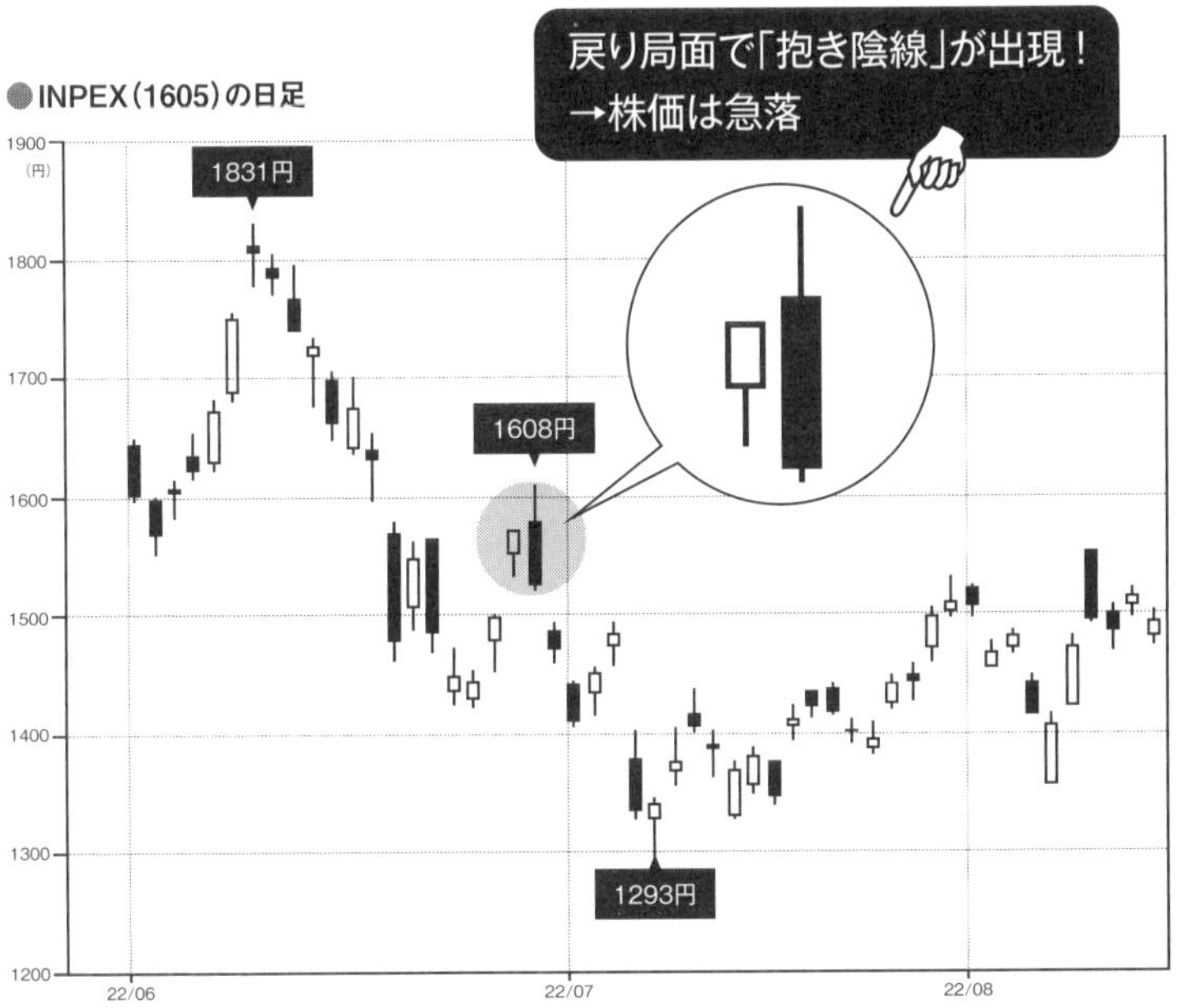

POINT

下げのあとの抱き陽線は上昇転換、
上昇のあとの抱き陰線は下降転換を暗示する。

株価チャート
すごコツ
17

「はらみ線」でトレンド転換を先読みする

■ 新しい相場展開、トレンドの転換を予兆させる「はらみ線」

「**はらみ線**」は、前項の抱き線（包み線）とは反対に、連続する前の長いローソク足が次の短いローソク足を包み込んだ組み合わせです。これは日足の場合、前日の足が翌日の足の値幅を超えない値動きに終始したことを示しており、売り方、買い方のせめぎ合いを物語っています。

長い陽線の次にそれより短い陰線が現れたパターンが「陽の陰はらみ」で、高値圏に出れば売りサインとなります。逆に、大きな陰線のあとにそれより小さな陽線が現れたパターンが「陰の陽はらみ」で、安値圏に出れば買いサインとなります。

次ページのチャートは、**高島屋（８２３３）**の月足です。拡大図を見ると、長期にわたる下げ相場が続いたあと、前の陰線（高値９０８円→安値６９９円＝値幅２０９円）が次の陽線（安値７０６円→高値８５２円＝値幅１４６円）をすっぽり包み込み、はらんだ形となっています。株価はその後、上値追いに転じました。

用語解説&ひとロメモ

●**はらみ線**

はらみ線は「はらみ足」ともいうが、はらむの本来の意味は身ごもる、子を宿すことであり、前の足を母親、次の足をおなかの子どもに見立てて、このように表現している。すなわち、はらみ線は、相場にも新しい命が誕生しつつあり、相場の流れが変わる前兆ということができる。

ローソク足の組み合わせ②…はらみ線

陽の陰はらみ

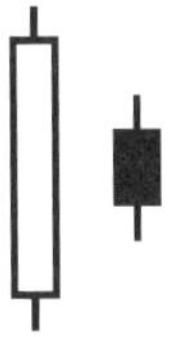

前の長い陽線が次の短い陰線をはらんだ形→上昇が続いたあとに出れば**売りサイン**

陰の陽はらみ

前の長い陰線が次の短い陽線をはらんだ形→下落が続いたあとに出れば**買いサイン**

● 高島屋(8233)の月足

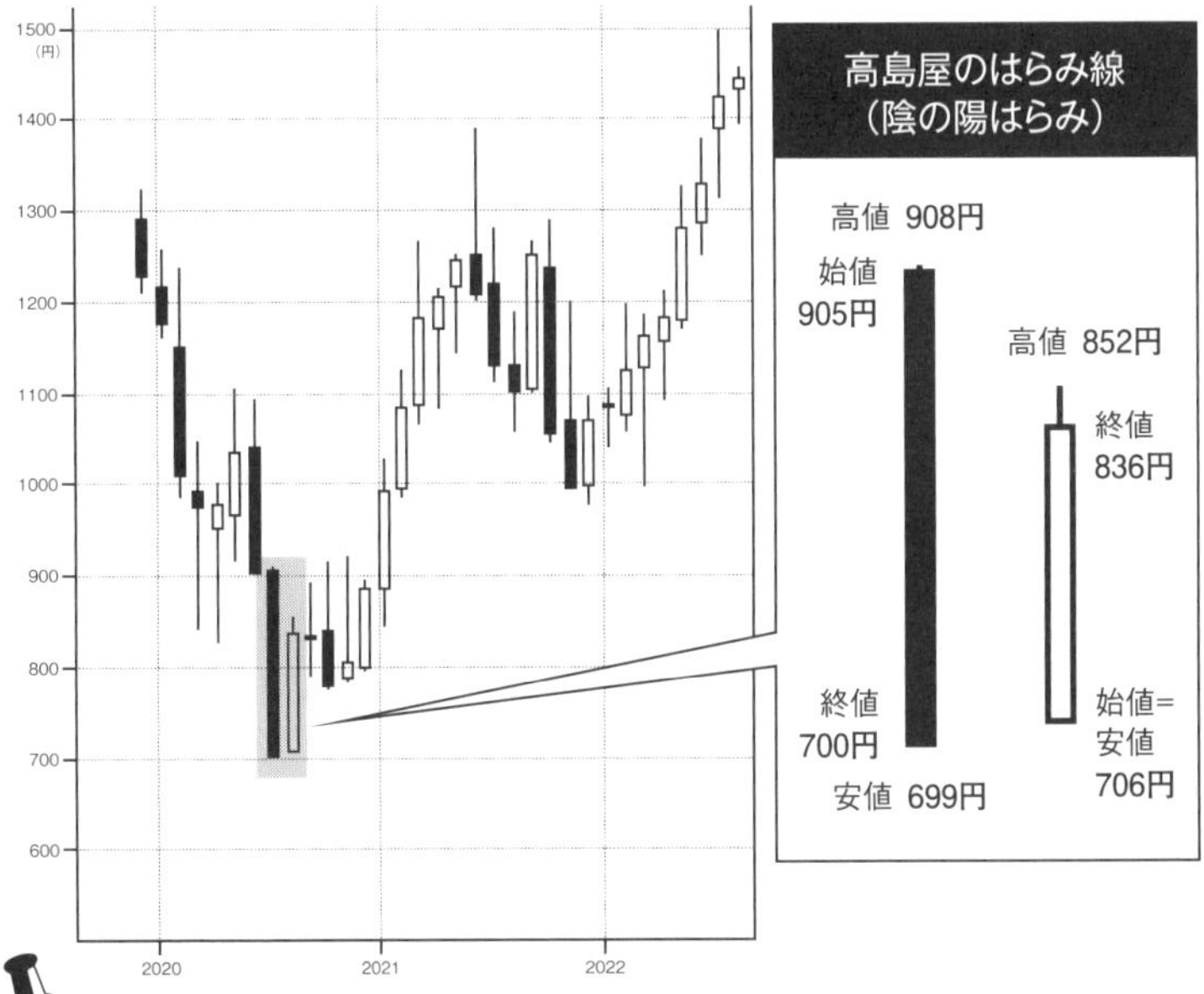

POINT

上昇のあとのはらみ線(陽の陰はらみ)は下降転換、下げのあとのはらみ線(陰の陽はらみ)は上昇転換を暗示する。

「かぶせ線」は絶好の売り場となる

■前の陽線より高く始まり、陰線がかぶさる形になるパターン

陽線が出た次に、陰線が上からかぶさるように出現した状態を「かぶせ線」といいます。これは信頼性の高い売りのサインであり、特に高値圏で現れると**大崩れ**になりやすいので、注意が必要です。もちろん、持ち株があれば即、売りが正解です。

このパターンでは、日足の場合、前日の終値より翌日の始値が高く寄り付くことが条件となります。また、前日の陽線と翌日の陰線は長いほどよく、翌日の終値は前日の陽線（実体部分）の半値以下で引ければ、その信頼度が増すといわれています。

次ページのチャートは、アメリカのフィラデルフィア半導体指数の影響を強く受ける**イビデン（４０６２）**の日足です。拡大図を見ると、前日の4本値は始値５４６０円、高値５５８０円、安値５４２０円、終値５５６０円です。これに対し、翌日の4本値は始値５６４０円、高値５６５０円、安値５４４０円、終値５４９０円となっています。これは典型的な「かぶせ線」の出現であり、株価はその後、急落しました。

用語解説&メモ

●大崩れ
高値圏にあった株価が何らかの悪材料によって大きく値を下げる状態を指す。なお、下落相場の課程で相場が一段安となり、下に放れた状態は「崩れる」という。

●イビデン
PC向けICパッケージ基板などを手がける電子部品メーカー。米国企業との関係が深く、世界トップレベルの技術力を背景に業容を拡大している。本社は岐阜県大垣市にある。

ローソク足の組み合わせ③…かぶせ線

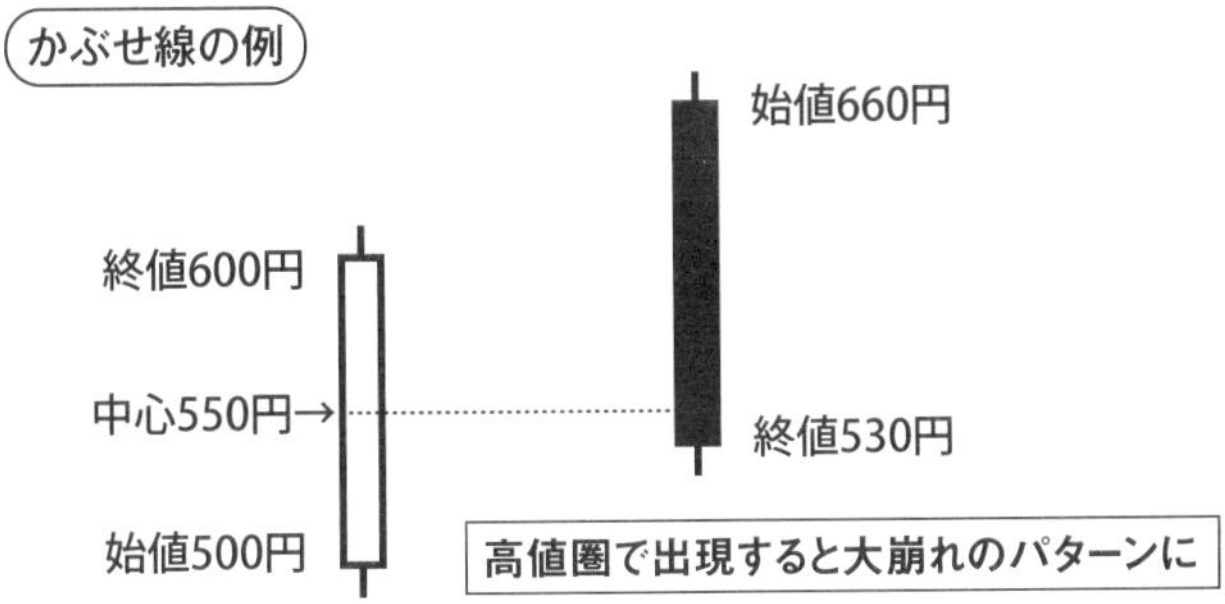

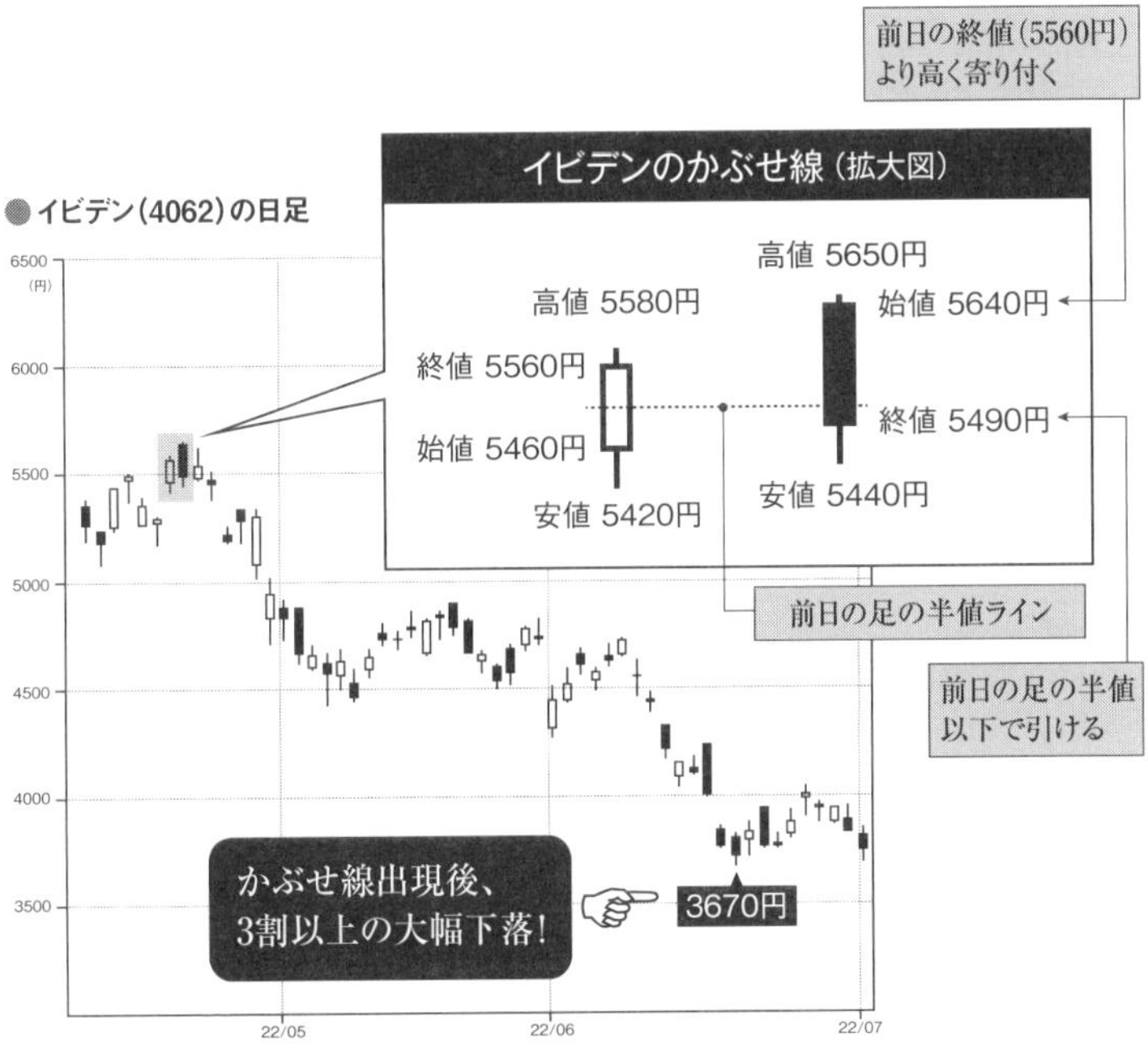

POINT

陽線と陰線がどのような組み合わせになれば「かぶせ線」となるのかを理解し、売りの判断材料とする。

「出合い線」は相場の転換を示す

■2本のローソク足の終値がほぼ同値になる組み合わせ

次ページ上段の図のように、2本のローソク足の下部と上部が同じような位置にある組み合わせを「出合い線」といいます。Ⓐのケースは陰線のあとに陽線が現れ、陰線の終値と陽線の終値が同値になっていますす。これは売りの力が強く陰線となったものの、買いの圧力に押され始めたことを示しており、相場が**出直る**サインとなります。

反対にⒷのケースは陽線のあとに陰線が現れ、陽線の終値と陰線の終値が同値になっています。これは、買いの力が優勢で陽線となったものの、売りの圧力に押され始めたことを示しており、株価下落のサインとなります。

次ページ中段のチャートは、**日本郵船（9101）**の5分足です。これは株式分割前のものですが、拡大図①を見ると、終値1万380円の陰線に対し、次の陽線は同じ1万380円で引けています。拡大図②も同様に、前の陰線と次の陽線の終値はともに1万460円となっています。両方とも典型的な出合い線です。

用語解説＆ワンポイントメモ

●**出直る**
それまで売られていた株価が底入れし、反発に転じること。また、株価の押し下げ要因となっていた悪材料がなくなり、勢いを取り戻した相場を「出直り相場」という。

●**日本郵船**
海運国内最大手。世界的なコンテナ船の運賃高騰→大幅増配を受け、株式市場の主役的存在となった。配当利回りの増減が強く意識される銘柄である。

ローソク足の組み合わせ④…出合い線

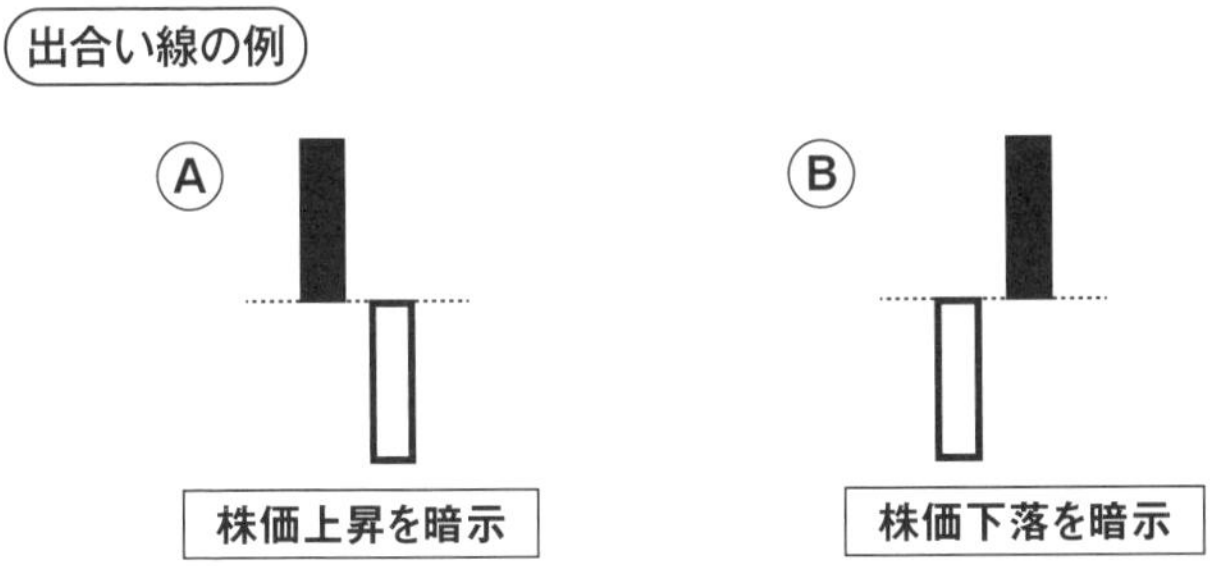

●日本郵船（9101）の5分足

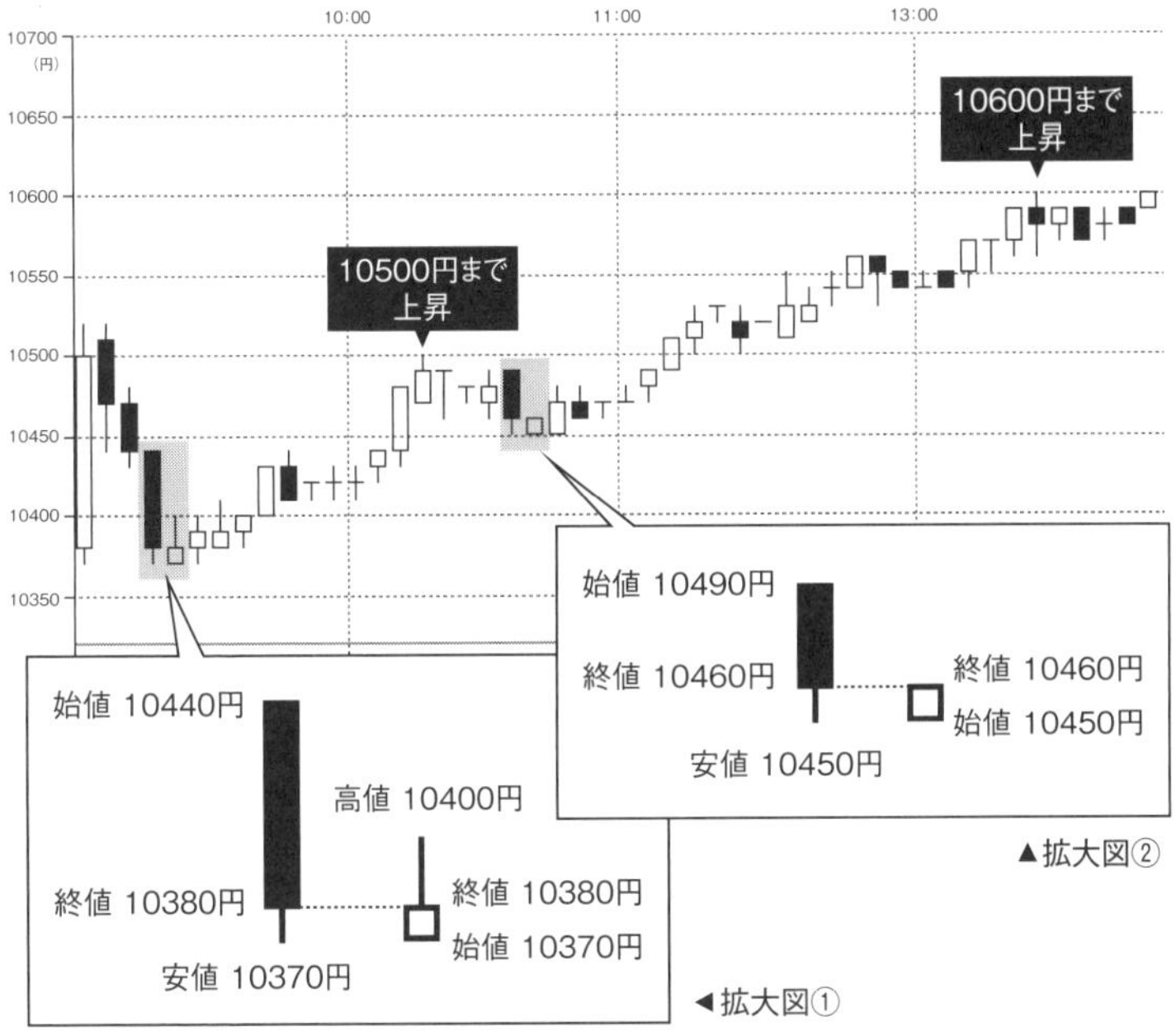

POINT

株価上昇のサインとなる出合い線と、
株価下落のサインとなる出合い線の違いを理解する。

「窓」は急騰・急落後の動きを暗示する

■トレンドが生じやすく、投資妙味の大きい組み合わせ

前のローソク足の終値に対し、次の足の始値がかい離して寄り付くパターンもあります。これは、業績発表などの材料、突発的な出来事が起きたときに生じる現象で、買い物が殺到すれば上に向かって窓ができ（上窓）、売り物が殺到すれば下に向かって窓ができます（下窓）。窓は空ともいいますが、上窓ができることを**ギャップアップ**、下窓ができることをギャップダウンと呼ぶこともあります。

相場的には、大きな上窓があくと株価は続伸、下窓があけば続落することが多いため、重要な売買サインとなります。ただし、窓が出たあと、その空間を埋めにいくケース（急騰後の**一服**、急落後のアヤ戻し）もよくあるので、注意が必要です。

次ページのチャートは、**サッポロホールディングス（２５０１）**の日足です。連続して小さな窓（拡大図①）と大きな窓（拡大図②）をあけ、その後、株価は急騰しました。

用語解説&ロ―メモ

●ギャップアップ
当日の始値が前日の終値より高く寄り付くこと。大量の買い注文が出て、売り注文を大きく上回ることで起きる。ギャップダウンはその反対で、当日の始値が前日の終値より安く寄り付くことをいう。

●一服
上げ相場が続くなかで、少しだけ株価が下がること。上昇相場であっても、利食いに押されることはよく起きる。

ローソク足の組み合わせ⑤…窓

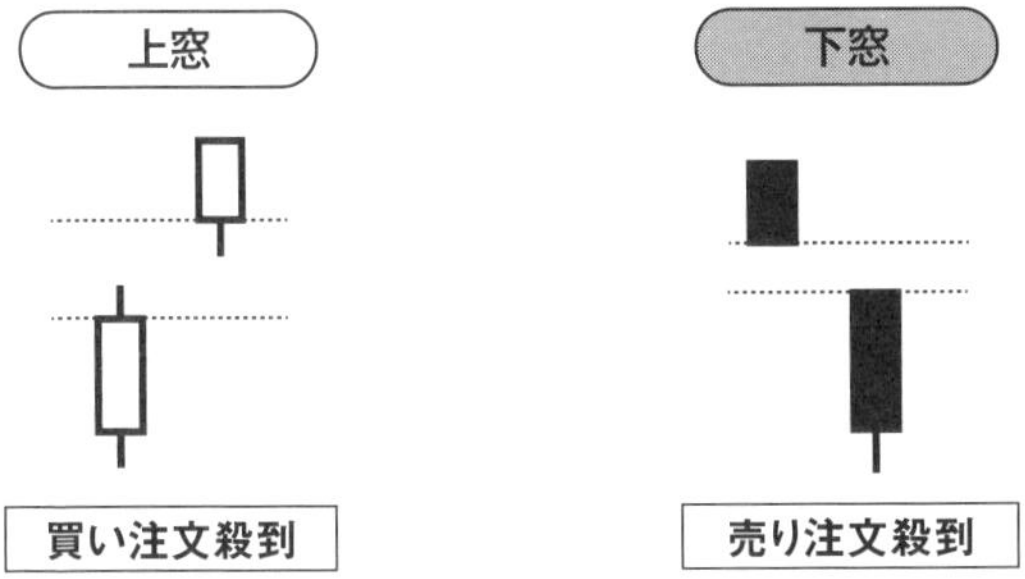

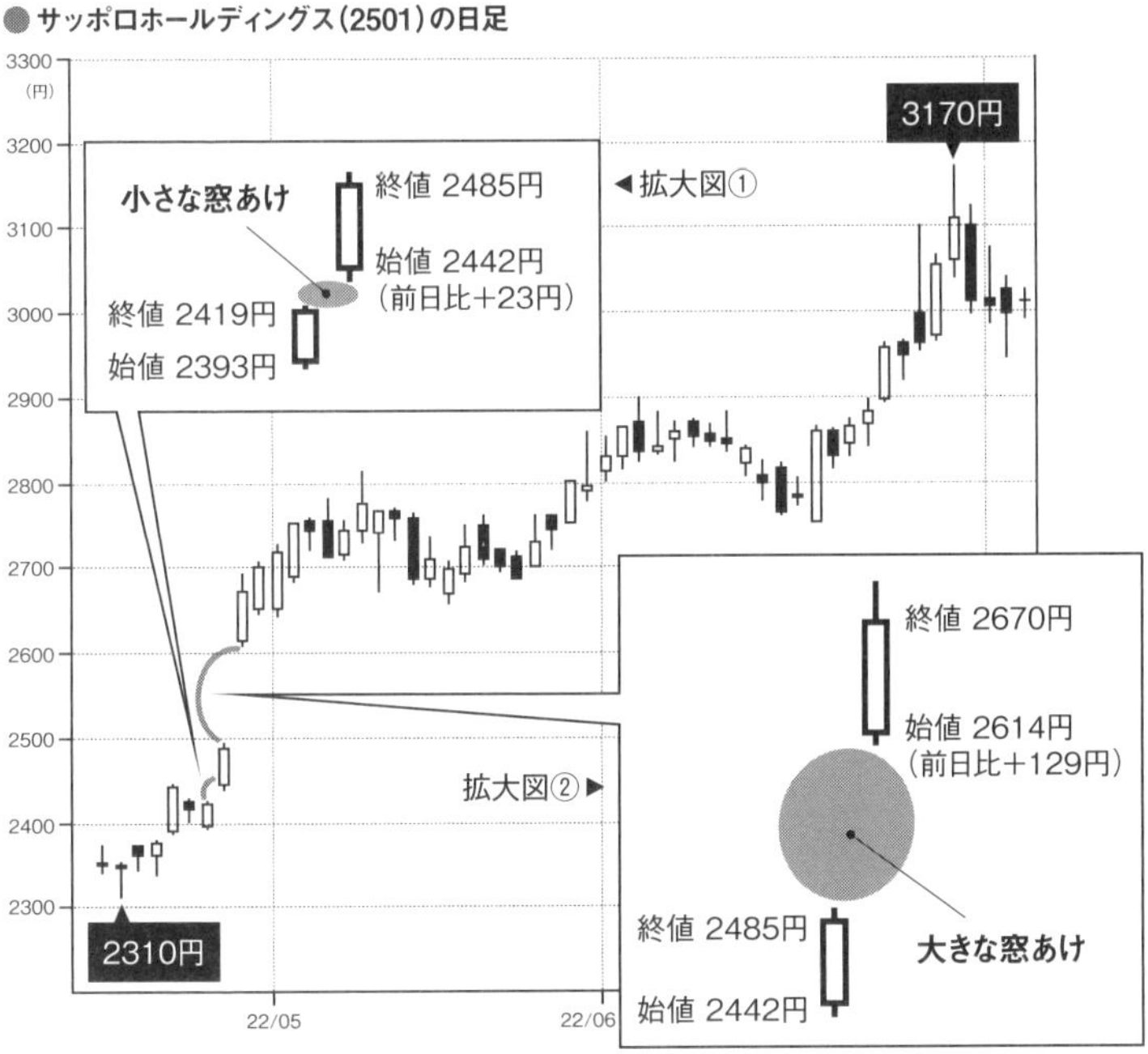

POINT

上窓と下窓の違いを見極め、窓が埋められるケースについても理解する。

下値圏の「赤三兵」は上昇相場入りを示唆する

■高値圏で出た赤三兵には要注意、急反落のサインとなる

酒田五法の1つとして知られる三兵には、「赤三兵」と「黒三兵」と呼ばれるものがあります。この組み合わせは、分かりやすいという利点があり、信奉者も多いといわれています。

ここで先に取り上げる赤三兵は、ローソク足の陽線が3本連続して出現し、終値を切り上げている状態を指します。下値圏で出現した赤三兵は一段高を示唆しますが、高値圏で現れた場合は天井接近を暗示するサインにもなるので、注意が必要です。

次ページのチャート①は、**住友林業（1911）**の週足です。1175円まで売られたあと赤三兵が出現し、もみ合いを経て2363円まで上昇しました。

一方、チャート②は**リクルートホールディングス（6098）**の週足ですが、こちらは高値圏で赤三兵が出現しています。このあと、8180円まで買われましたが、その後は下降トレンド入りが明確となり、3708円まで下げてしまいました。

用語解説&メモ

●酒田五法
江戸時代、米商人だった本間宗久が考案したとされるローソク足の分析方法で、これによって売り場、買い場を読む。三兵のほか三山、三川、三空、三法の5つがあり、現在でも多くの投資家に愛用されている。

ローソク足の組み合わせ⑥…赤三兵

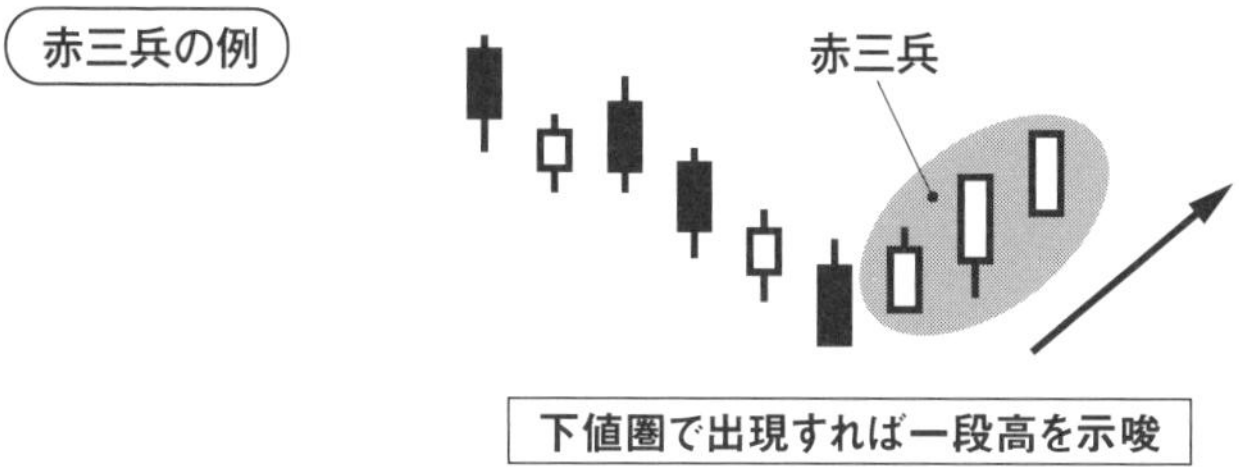

① 住友林業（1911）の週足

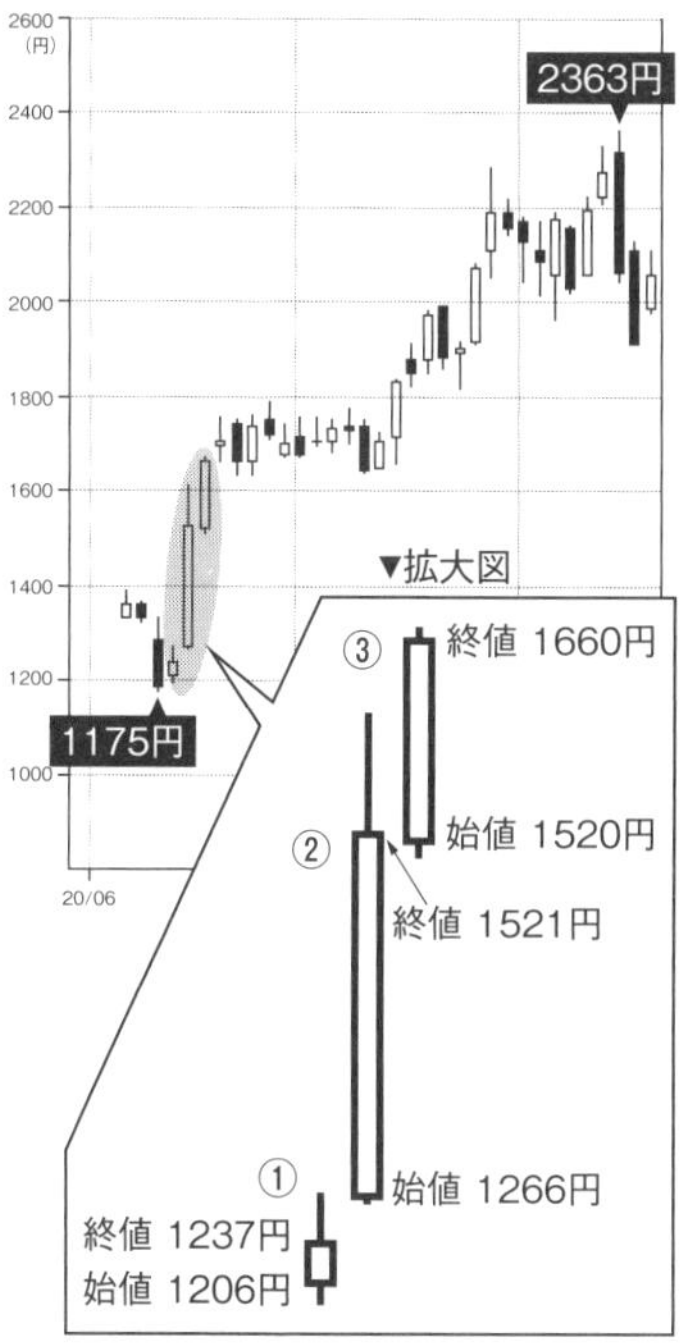

② リクルートホールディングス（6098）の週足

POINT

陽線が３本連続するパターンに注目し、下値圏で出た場合と高値圏で現れた場合の違いを理解する。

高値圏の「黒三兵」は下降相場入りを示唆する

■下値圏で現れた黒三兵は反転→上昇に転じることがある

黒三兵はローソク足の陰線が3本連続して出現し、終値を切り下げている状態を指します。このため、「三羽烏《さんばがらす》」とも呼ばれます。高値圏で現れた黒三兵は一段安を示唆しますが、下値圏で出現すると下げ続けていた相場が反転することがありますので、**売り方**は注意が必要です。

特に、黒三兵が出現しても、3本目の陰線の下ヒゲが長い場合は反転→上昇に転じる可能性が高いとされています。このようなケースは、「黒三兵の先詰まり」と呼ばれています。ちなみに、前ページのチャート②の赤三兵が高値圏で出現し、3本目の陽線の上ヒゲがついているケースは、「赤三兵の先詰まり」と呼ばれています。

次ページのチャート①は**日本電産（６５９４）**の週足です。黒三兵が高値圏で現れたあと、株価は7830円まで急落しました。これに対し、チャート②の**ソフトバンクグループ（９９８４）**は、下値圏で黒三兵が出たあと、急反発に転じています。

用語解説&ワンポイントメモ

●**売り方**
株式を買う側の「買い方」に対する呼び方で、株式市場においては、信用取引を利用して売り建てる（カラ売りをする）人のことをいう。この場合、売り建てた株価より下がったところで手仕舞い（決済）すれば利益になるが、思惑に反して株価が上がれば損失となる。

ローソク足の組み合わせ⑦…黒三兵

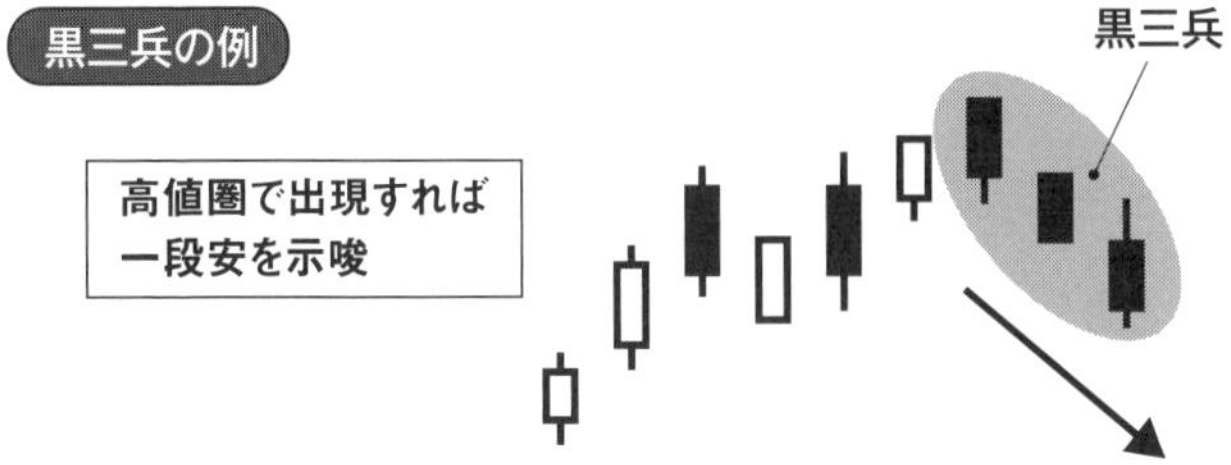

① 日本電産（6594）の週足

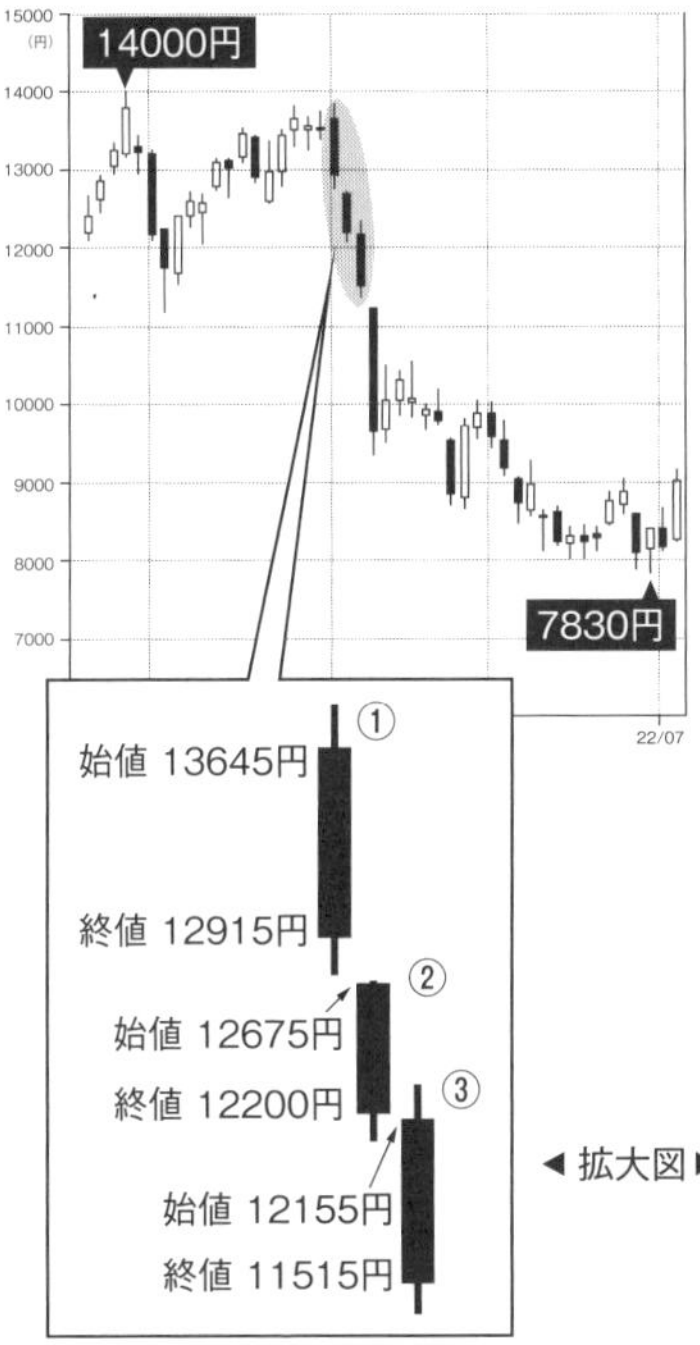

◀拡大図▶

② ソフトバンクグループ（9984）の週足

POINT

陰線が３本連続する組み合わせに注目し、高値圏で出た場合と下値圏で現れた場合の違いを理解する。

《Column》 相場格言&先人の知恵に学ぶ ……03

高値圏では悪材料を探せ。安値圏では好材料を探せ！

先人は「シーズン物は高くつく」と諭《さと》しています。「麦わら帽子は冬に買え」ともいいますね。いわゆる、逆張りのすすめです。要するに、高値圏では好材料だらけになります。そこは「売りなさい」と。反面、安値圏では悪材料が続出します。こんな局面は勇気を奮って「買いだ」と教えているのです。しかし、これはなかなかできるものではありません。例えば、先のコラムで取り上げた地銀株を買えますか。

「いや〜、それができないから苦労しているんだよ」といわれそうですね。もちろん、短期・順張りは違います。**INPEX（1605）**は、天然ガス開発では国内最大手であり、天然ガスの価格高騰、争奪戦が続く間は、このような銘柄を攻める作戦が有効です。一方、長期・逆張りでは**TOWA（6315）**などに注目できます。

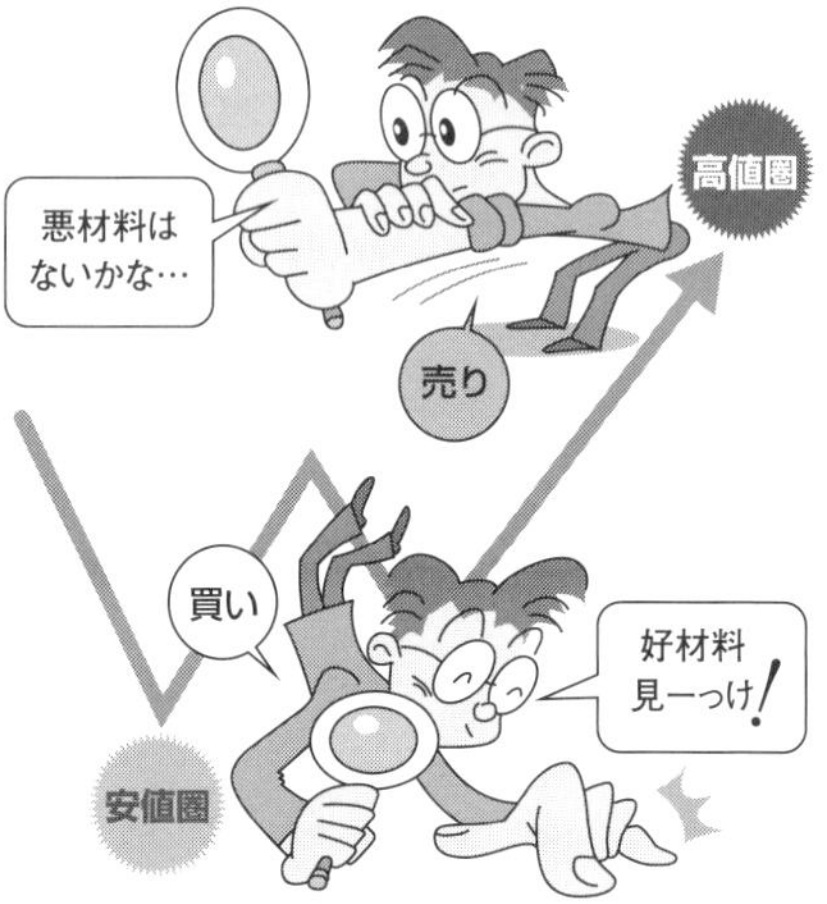

第3章

トレンドの読み方

トレンドの基本パターンを理解する

■株価は小さな山と谷を描きながらトレンドを形成する

株価のトレンドパターンは、①上昇、②下降、③横ばいの3つに大きく分けることができます。強気相場ではチャートが右肩上がりの**波動**を描き（上昇トレンド）、弱気相場では右肩下がりの波動を形成（下降トレンド）します。

これに対し、投資家心理が強気と弱気で拮抗したり、投資家の関心が薄い銘柄は、大きな上昇も下降もすることなく横ばい（ボックス圏）で推移します。

よく、「トレンドは価格によって形成される」といわれますが、この前提に立てば上昇トレンド、下降トレンド、横ばいトレンドは、一定期間継続すると考えることができます。

すなわち、次ページの図にあるように、上昇、下降、横ばいのパターンは、いずれも小さな山と谷を描きながら、それぞれの方向に向かっています。この大きな波動がトレンドを形成するのです。

用語解説&ワンメモ

●波動

株価の動き、うねりのこと。通常、相場のトレンドが定まらないとき波動は小さくなるが、どちらかに方向が決まれば波動は大きくなる。株式投資では、トレンドの波に乗って利益を出すこと、すなわち「波動取り」が重要となる。

トレンドの基本パターン

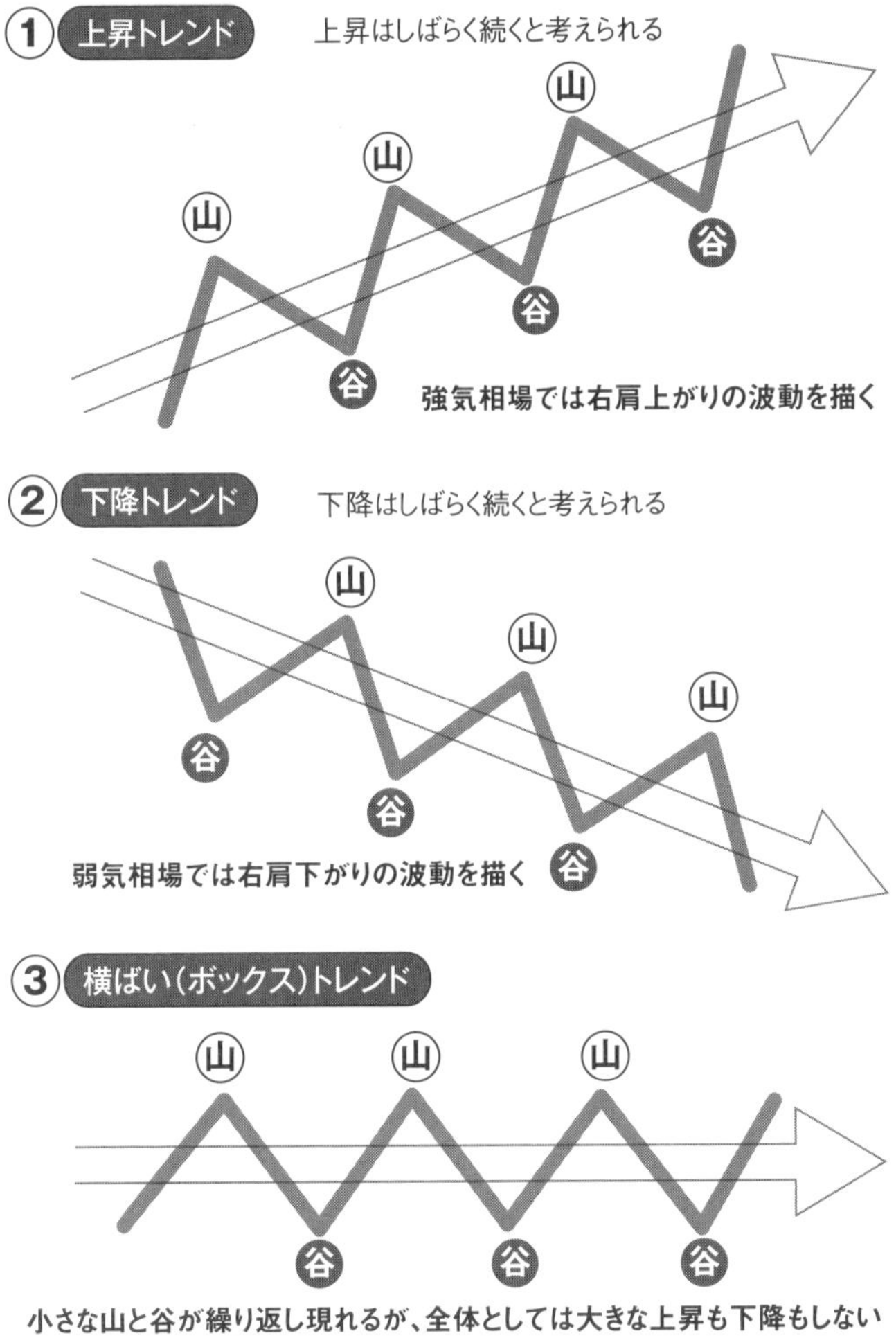
① 上昇トレンド
上昇はしばらく続くと考えられる
山
山
山
谷
谷
谷
強気相場では右肩上がりの波動を描く
② 下降トレンド
下降はしばらく続くと考えられる
山
山
山
谷
谷
谷
弱気相場では右肩下がりの波動を描く
③ 横ばい(ボックス)トレンド
山
山
山
谷
谷
谷
小さな山と谷が繰り返し現れるが、全体としては大きな上昇も下降もしない

POINT

トレンドは大きく分けて上昇、下降、横ばいの3つがあり、一定期間継続することを理解する。

トレンドラインを活用する

■サポートトラインで押し目を買い、レジスタンスラインで吹き値を売る

トレンドラインを活用すると、相場の大きな流れ、大勢観をつかみやすくなります。トレンドラインとは、チャートに表示された高値と高値、安値と安値を結んだ線のことです。トレンドラインは、トレンドによって、その名称と意味合いが異なります。

次ページの図にあるように、上昇トレンドの場合は、高値と高値を結んだ線が上昇アウトライン、安値と安値を結んだ線がサポートトライン（上昇トレンドライン）となります。一方、下降トレンドの場合は、高値と高値を結んだ線がレジスタンスライン（下降トレンドライン）、安値と安値を結んだ線が下降アウトラインとなります。

短期売買ではトレンドラインを使った投資戦略が有効です。すなわち、上昇トレンドの場合は、一時的に株価が下がったときサポートトラインが押し目買いのメド、上昇アウトラインが利食いのメドとなります。一方、下降トレンドの場合は、下降アウトラインが**突っ込み買い**のメド、レジスタンスラインが**吹き値売り**のメドとなります。

用語解説&ワンポイントメモ

●突っ込み買い
「突っ込み」とは、決算発表の数字が悪かったり、突発的な悪材料が出て株価が急落することをいう。突っ込み買いは、このような株価急落後の反発を期待して買いに出ることを指すが、思惑に反して一段安となるケースも多い。

●吹き値売り
ある銘柄に人気が集まり、株価が一時的に吹き上がったような高値をつけることがある。このようなタイミングですかさず売ることを吹き値売りという。

トレンドラインを使った売買戦略

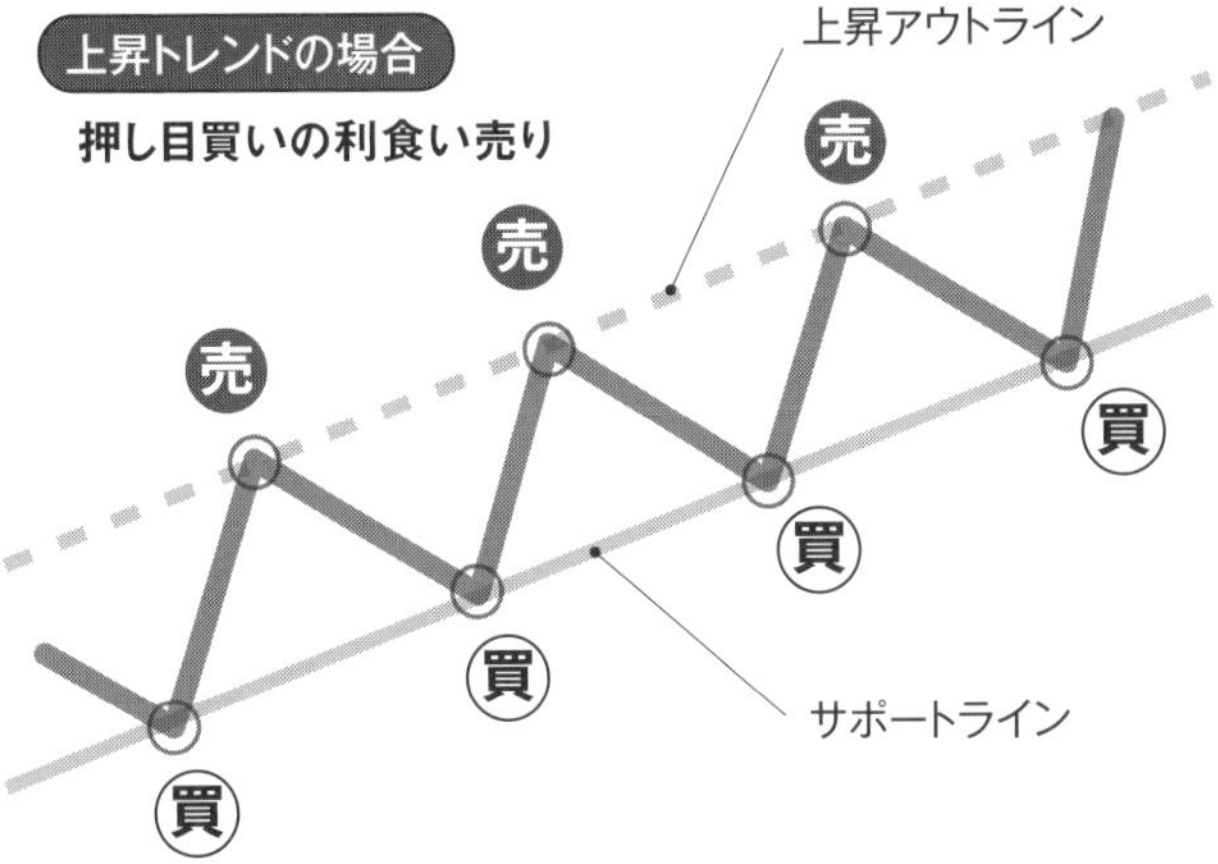

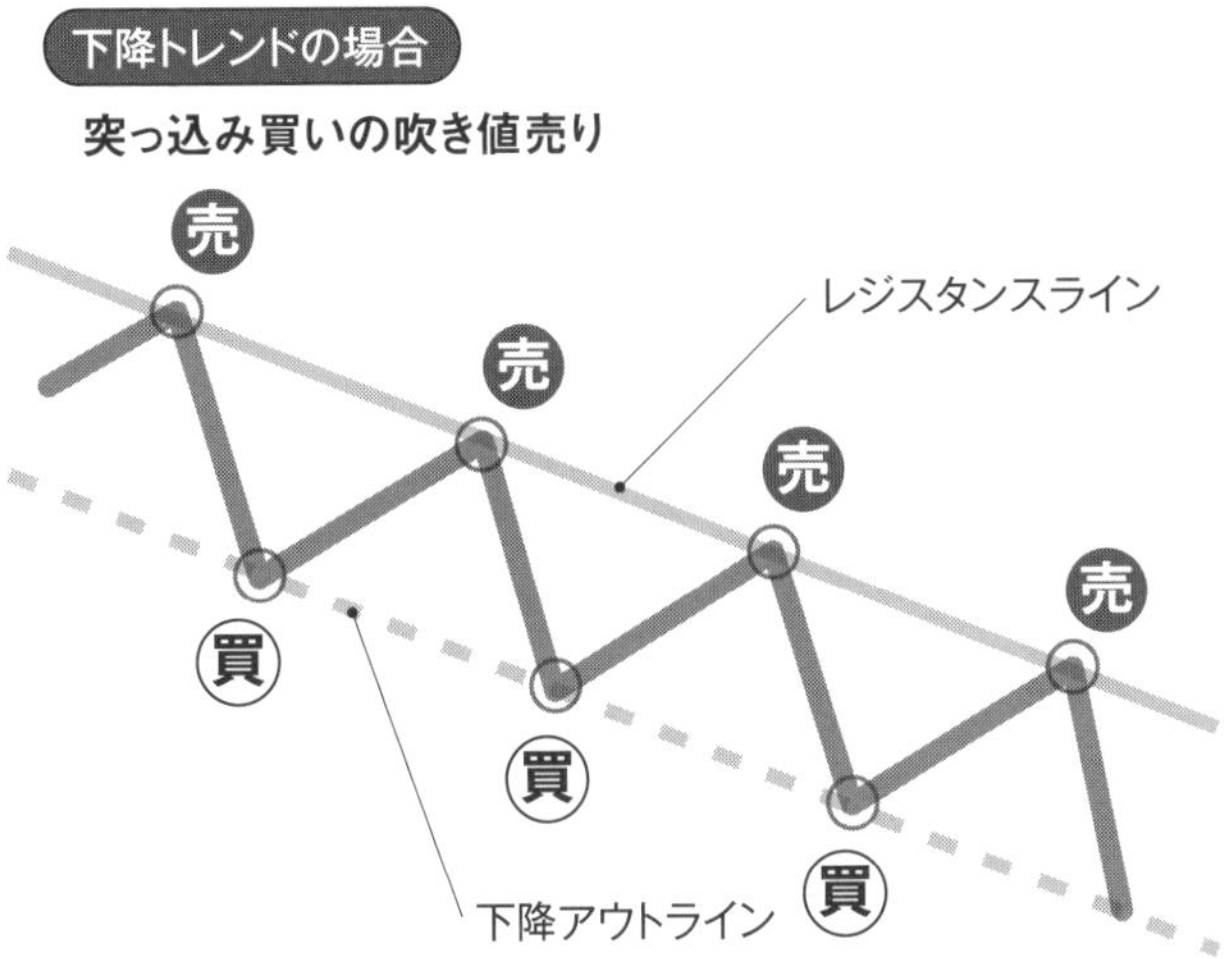

POINT

上昇相場と下降相場について、トレンドラインの違いを理解し、実戦投資に役立てる。

サポートラインを引いてみる

■サポートラインは下値支持線となって高値と安値を切り上げる

前項でも述べましたが、ある一定期間の高値と高値を結んだ線を上昇アウトライン、安値と安値を結んだ線のことを**サポートライン**（上昇トレンドライン）と呼びます。

チャート上に表示された山と山（高値と高値）、谷と谷（安値と安値）に線を引くことで、上昇か下降かという相場の大勢観を見極めようとするのがトレンドラインの目的です。

次ページのチャートは、**近鉄グループホールディングス（9041）**の日足です。まず、安値3595円のⒶ点と4005円のⒷ点を線で結びます。この実線で表示された線がサポートラインです。

次に、高値3835円のⒸ点と4260円のⒹ点を結びます。この点線で表示された線が上昇アウトラインです。この2つの線はほぼ平行であり、小さなアップダウンを繰り返しながら高値と安値を切り上げていることが分かります。

用語解説&一口メモ

●サポートライン
ある一定期間の安値と安値を結んで示されるサポートラインは、下値支持線ともいわれる。右肩上がりのトレンドが続くと、このライン近辺の株価を下回りにくくなる（下値のメドとなる）ため、このあたりの株価は絶好の買い場となる。

上昇銘柄のトレンドライン（例）

● 近鉄グループホールディングス（9041）の日足

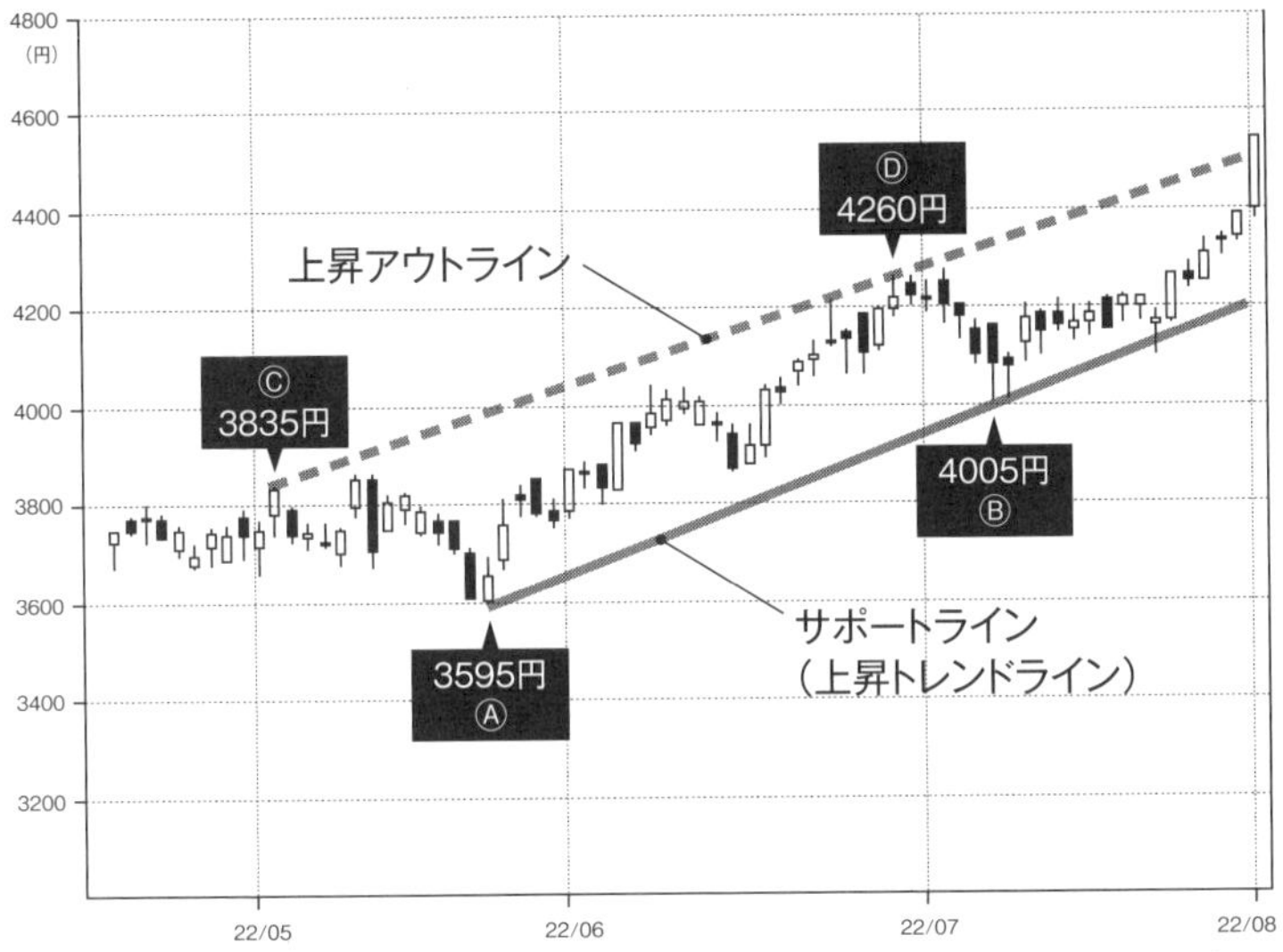

サポートラインと上昇アウトライン

上記チャートのⒶ点とⒷ点を結んで引いた実線をサポートライン（上昇トレンドライン）といい、Ⓒ点とⒹ点を結んだ点線を上昇アウトラインと呼ぶ。

↓

この2つのラインにはさまれたゾーンは「チャネル」と呼ばれ、これは「水路」を意味する。上昇トレンドが継続中の銘柄は、この水路の間を上下に動きながら、高値と安値を切り上げていく。

POINT

サポートラインは上昇相場が続いていることを示し、下値のメド（買い場）を教えてくれることを理解する。

レジスタンスラインを引いてみる

■レジスタンスラインは上値抵抗線となって高値と安値を切り下げる

今度は、チャートが右肩下がりの銘柄にトレンドラインを引いてみましょう。このようなケースでは、高値と高値を結んだ線が**レジスタンスライン**（下降トレンドライン）となり、安値と安値を結んだ線が下降アウトラインとなります。

次ページのチャートは、**ミスミグループ本社（９９６２）**の日足です。３７９５円の高値をⒶ点、３３３０円の高値をⒷ点として線を引くと、このレジスタンスラインに沿うような形で上値を切り下げていることが分かります。

また、３６８５円の安値をⒸ点、３２１０円の安値をⒹ点として線を引くと、これが下降アウトラインとなり、レジスタンスラインと並行するような形で下値を切り下げていることが分かります。

このようなトレンドが続く限り、本腰を入れた買いは禁物です。72～73ページで説明したように、目先的な「突っ込み買いの吹き値売り」に限られます。

用語解説＆ワンポイントメモ

●レジスタンスライン
ある一定期間の高値と高値を結んで示されるレジスタンスラインは、上値抵抗線ともいわれる。右肩下がりのトレンドが続くと、このライン近辺の株価を上回りにくくなる（上値のメドとなる）ため、このあたりの株価は絶好の売り場となる。

下降銘柄のトレンドライン（例）

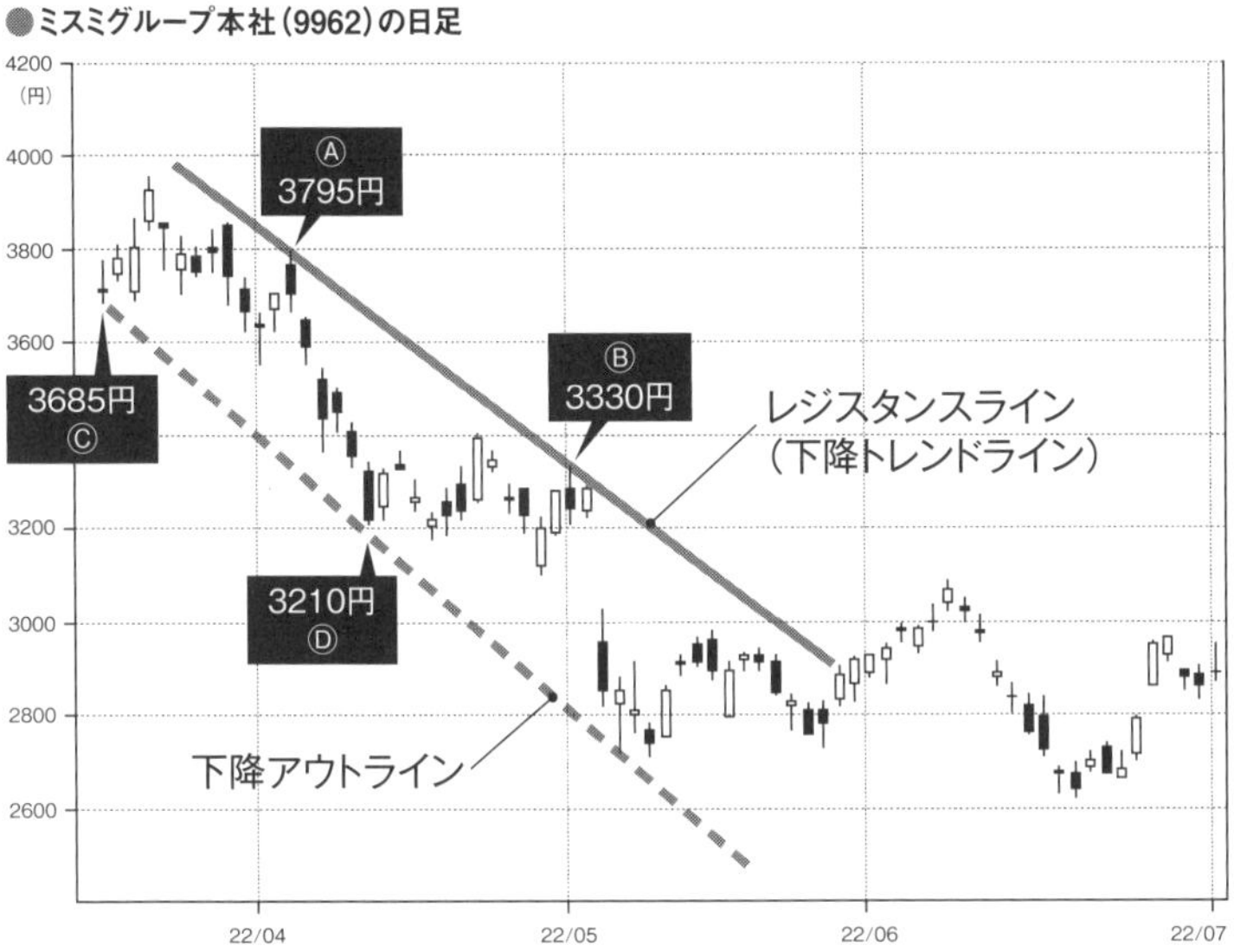

レジスタンスラインと下降アウトライン

上記チャートのⒶ点とⒷ点を結んで引いた実線をレジスタンスライン（下降トレンドライン）といい、Ⓒ点とⒹ点を結んだ点線を下降アウトラインと呼ぶ。

↓

下降トレンドが継続中の銘柄は、チャネルの間を上下に動きながら、高値と安値を切り下げていく。

POINT

レジスタンスラインは下降相場が続いていることを示し、上値のメド（売り場）を教えてくれることを理解する。

ボックスラインを引いてみる

■横ばい銘柄はボックスの下限接近で買い、上限接近で売る

次は、横ばい（ボックス圏）で推移する銘柄にトレンドラインを引いてみましょう。この場合は、チャート左側の高値（山）と安値（谷）に合わせて横にまっすぐ線を引けば、方向性のない横ばいトレンドであることがすぐに分かります。

次ページのチャートは、**鉄建建設（1815）**の日足チャートです。1763円のⒶ点を起点として横に線を引くと、直近までこれを下回ることなく推移しているので、これがボックスの下限であると判断できます。

次に、1850円のⒷ点を起点として横に線を引くと、直近までこれを上回ることなく推移しているので、これがボックスの上限であると判断できます。

この銘柄は、3カ月以上、最大値幅87円（高値1850円－安値1763円）という狭い**レンジ**のなかで上げ下げを繰り返しており、この動きが続くと思えば、ボックスの下限接近で買い、上限で売るという方針を立てることができます。

用語解説&ワンメモ

●レンジ

レンジとは、ボックス相場における上下の値幅のこと。レンジ相場とは、一定の価格帯のなかで上げ下げを繰り返すことであり、ボックス相場、往来相場とも呼ばれる。

●小すくい

小さな値幅取りを狙った投資手法のこと。これには小さな利益を「すくい取る」という意味があり、「小すくい商い」などとも呼ばれる。

ボックス銘柄のトレンドライン（例）

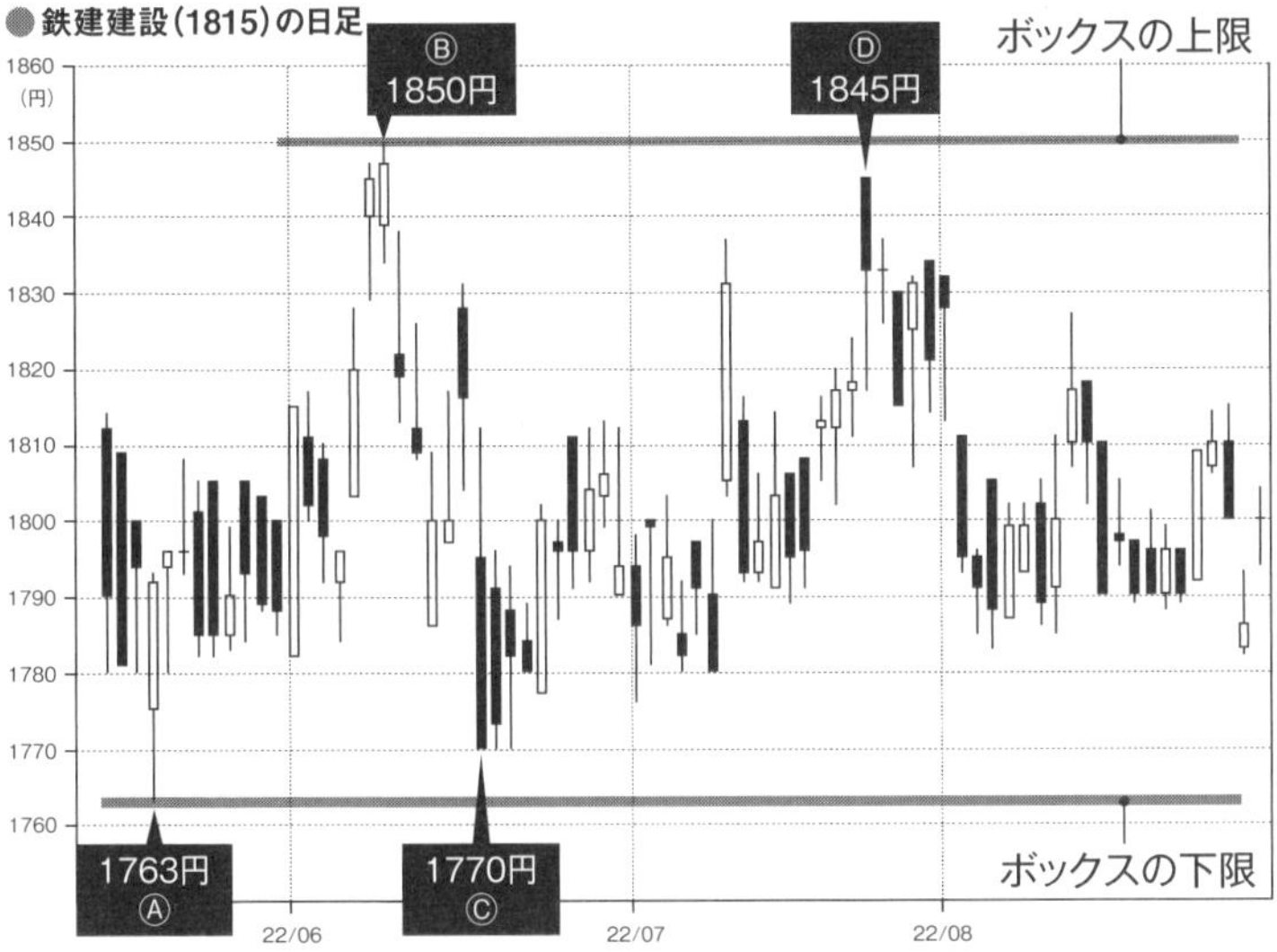

ボックス銘柄の特徴と売買手法

上記チャートのⒶ点を起点に水平に線を引くと、これがボックスの下限であり、Ⓑ点を起点として水平に線を引くと、これがボックスの上限であることが分かる。

↓

このような上昇トレンドでも下降トレンドでもない銘柄は、上値、下値ともに限定されているため、Ⓒ点近辺で買いを入れ、Ⓓ点近辺で売るといった「**小すくい**」戦法に徹して利益を積み重ねていけばよい。ただし、突然、上下どちらかに放れることがあるので注意すること。

POINT

ボックス圏で推移する銘柄は、その動きが続く限り、上値、下値ともに限られていることを理解する。

長短2本のトレンドラインを引いてみる

■長期短期のトレンドラインで「ダマシ」を排除する

トレンドラインは高値、安値ともに起点とする株価の取り方によって、角度が大きく異なります。このため、1本のトレンドラインだけでは、どうしても「**ダマシ**」が出てしまいます。これを避けるためには、長短2本のトレンドラインを引いて、しっかり分析を行なう必要があります。

次ページのチャートは**西武ホールディングス（9024）**の日足ですが、左側の安値①と中央部分の安値②を結ぶ長期のトレンドライン、および安値②と安値③を結ぶ短期のトレンドラインを引くことができます。

直近の株価は、角度の大きい短期のトレンドラインを下回っていますが、角度の小さい長期のトレンドラインはまだ下回っていません。どちらのトレンドラインが正しく、どちらが「ダマシ」なのか、もう少し様子を見る必要がありますが、買いのエネルギーが細れば、もみ合い→下降トレンド入りも十分考えられるケースです。

用語解説＆メモ

●ダマシ

ダマシとは、株価テクニカル分析において買いサイン、売りサインが出た場合、そのシグナルどおりに株価が推移しなかったことをいう。チャートに重きを置いた株式投資では、このダマシを見抜く力が求められる。

トレンドラインの「ダマシ」を防ぐための方法

トレンドラインを2本引く

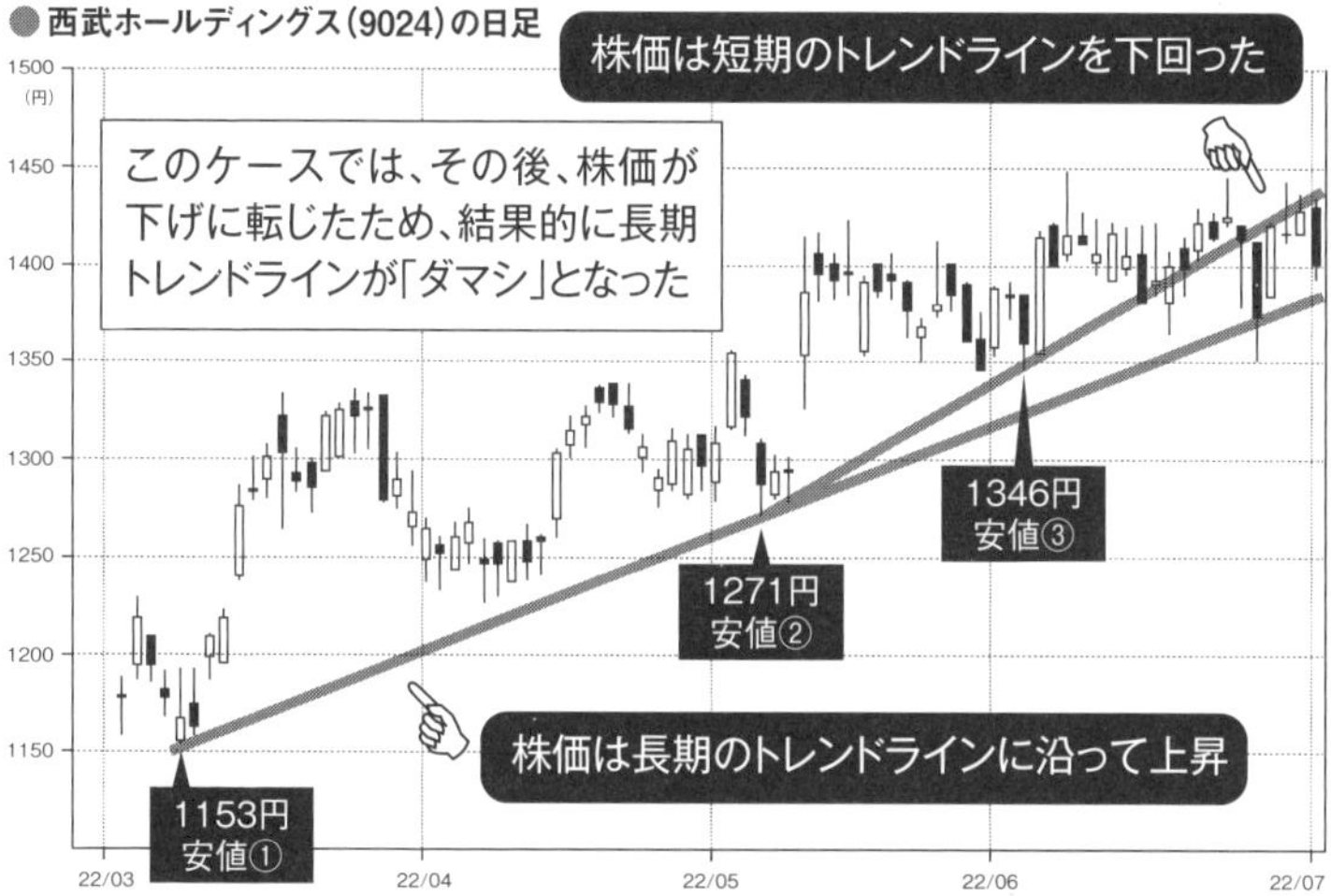

長期のトレンドラインに支えられているケース

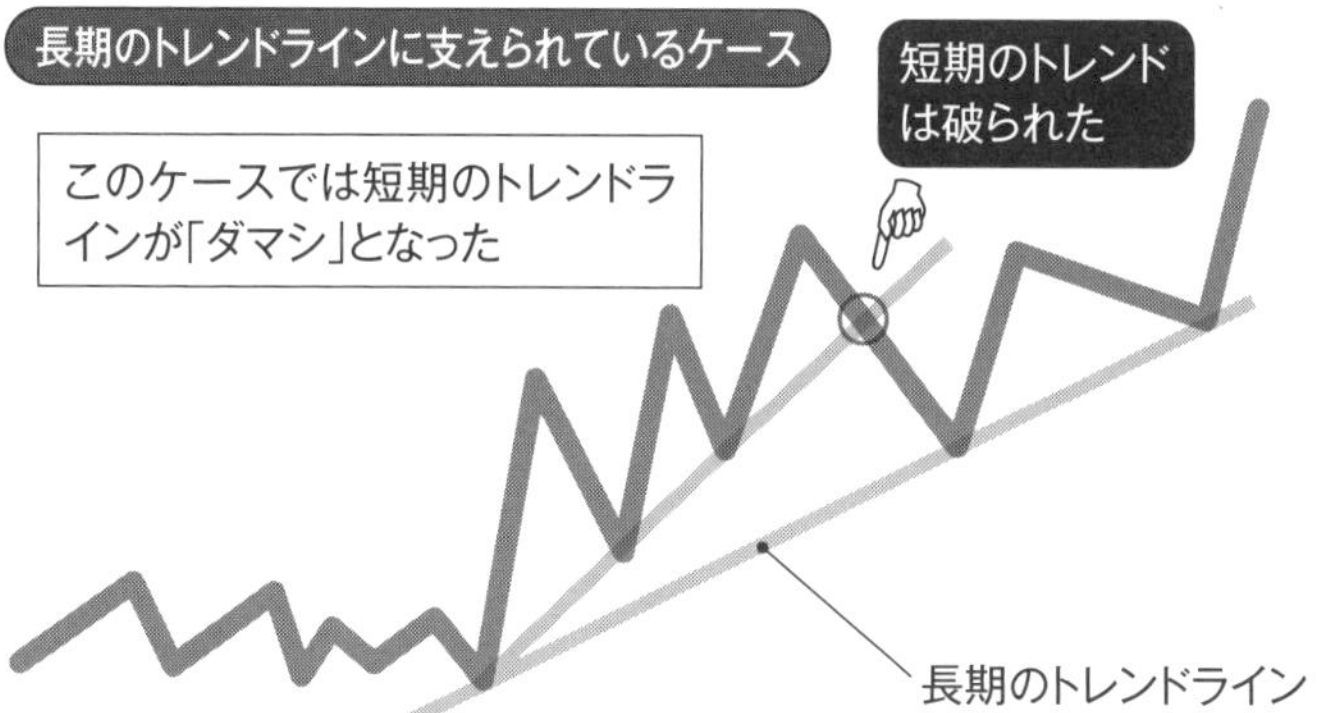

POINT

長短2本のトレンドラインの違いを知り、トレンドラインにも「ダマシ」があることを理解する。

トレンドの転換を見極める

■ブレイクアップで買い、ブレイクダウンで売る

株式投資において最も重要なことは、トレンドの転換を見極めることです。そのために、本章ではトレンドラインの活用について説明しています。

もともと日本の相場の世界にもフシ（節）とか、関門といわれるものがあり、これはトレンドラインの考え方と共通します。このフシとフシを結んだものが下値圏では下値支持線（トレンドラインではサポートライン）、上値圏では上値抵抗線（トレンドラインではレジスタンスライン）になります。

通常、下値支持線の近辺では買いが増えるので株価は下げ止まります。反対に、上値抵抗線の近辺では売り物が増えるので株価は下がります。しかし、買い方の勢いが強く上値抵抗線を上に突き破った場合は「**ブレイクアップ**」となり、売り方の勢いが強くて下値支持線を下に突き破った場合は「**ブレイクダウン**」となります。そしてこれらは、それぞれ買いと売りのサインが点灯したと判断することができるのです。

用語解説&メモ

●ブレイクアップ
ブレイクとは打ち破ること、突き抜けることをいう。例えば1万円の高値抜けをなかなか果たせなかった銘柄が、大量の売りをこなして上方向にブレイクアップすると、一気に大幅高となることがある。この株価習性を利用した売買は、ブレイク投資法などと呼ばれている。

●ブレイクダウン
ブレイクアップとは逆に、それまでのレンジを下方向にブレイクすること。これは売りシグナルとなる。

ブレイクアップとブレイクダウン

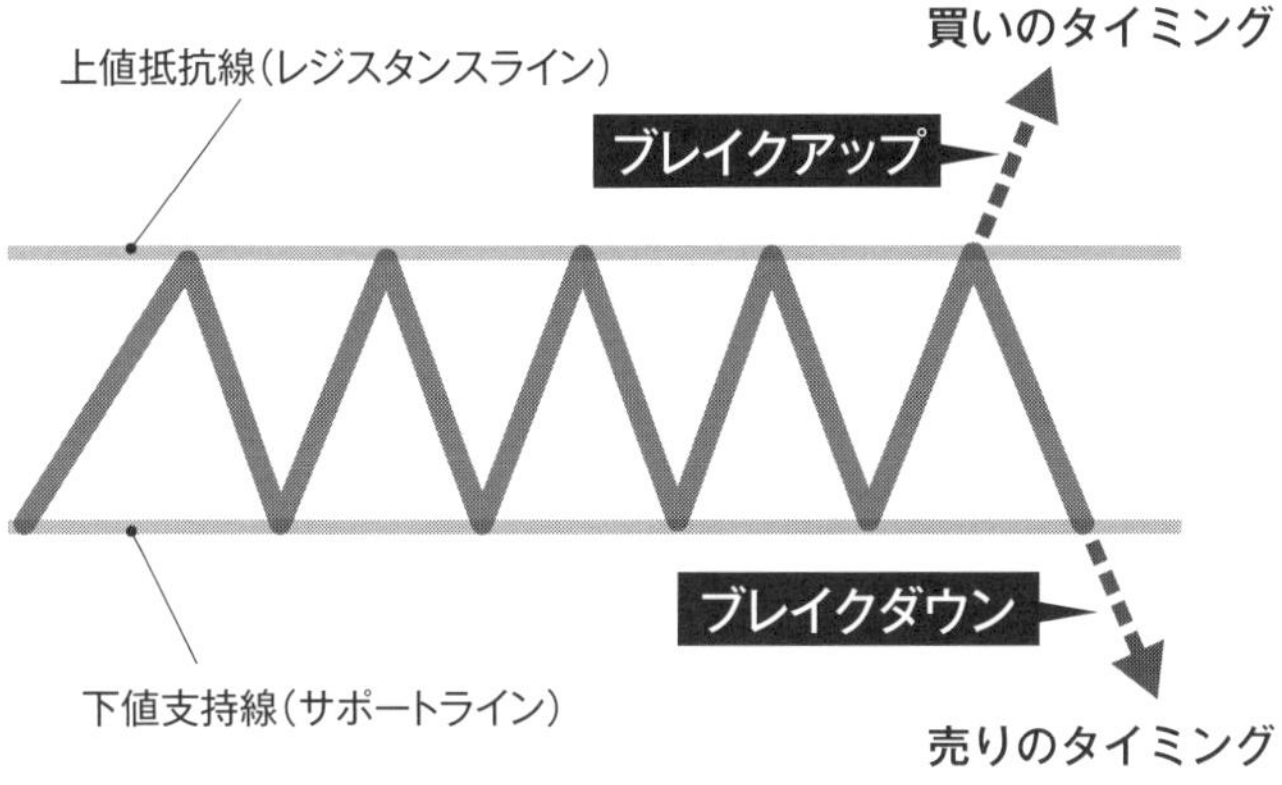

ブレイクアップの例

POINT

上値抵抗線と下値抵抗線の意味と重要性を理解し、トレンド転換のサインとして活用する。

もみ合い放れは絶好の買い場となる

■成功率が高い三角もみ合い放れ後の買い出動

株価はさまざまな要因によって上げ下げを繰り返しますが、いつもトレンドに沿って動くわけではなく、銘柄の多くは「もみ合い」の状態が頻繁に起きます。このもみ合いとは、上昇トレンド、下降トレンドの途中における「**踊**《おど》**り場**」のことです。

もみ合いが続いているときは、売り買いとも新規の仕掛けは見送るのが賢明な策であり、上下どちらかに放れた方向を確認したあと仕掛けるのがセオリーです。

もみ合いが続くパターンとしては、トライアングル型（三角形）がよく知られていますが、ペナント型（長い二等辺三角形）、フラッグ型、ウェッジ型などもあります。強いのはトライアングル型の上昇三角形型であり、弱いのは下降三角形型になります。

次ページ下のチャートは**日本航空（9201）**の日足ですが、三角もみ合い放れのあと、株価は勢いを増して上昇しました。この三角もみ合い放れは信頼性の高い買いサインとなりますので、ぜひ参考にしてみてください。

用語解説&メモ

●踊り場

本来は階段の途中に設けられた平らな場所などを指すが、相場用語としては株価の上昇が一服し、足踏み状態に陥ることをいう。これには、上昇過程における調整局面という意味がある。また、同じように景気が回復局面で足踏み状態に陥ったときも「景気の踊り場」と呼ばれる。

もみ合いの主なパターン

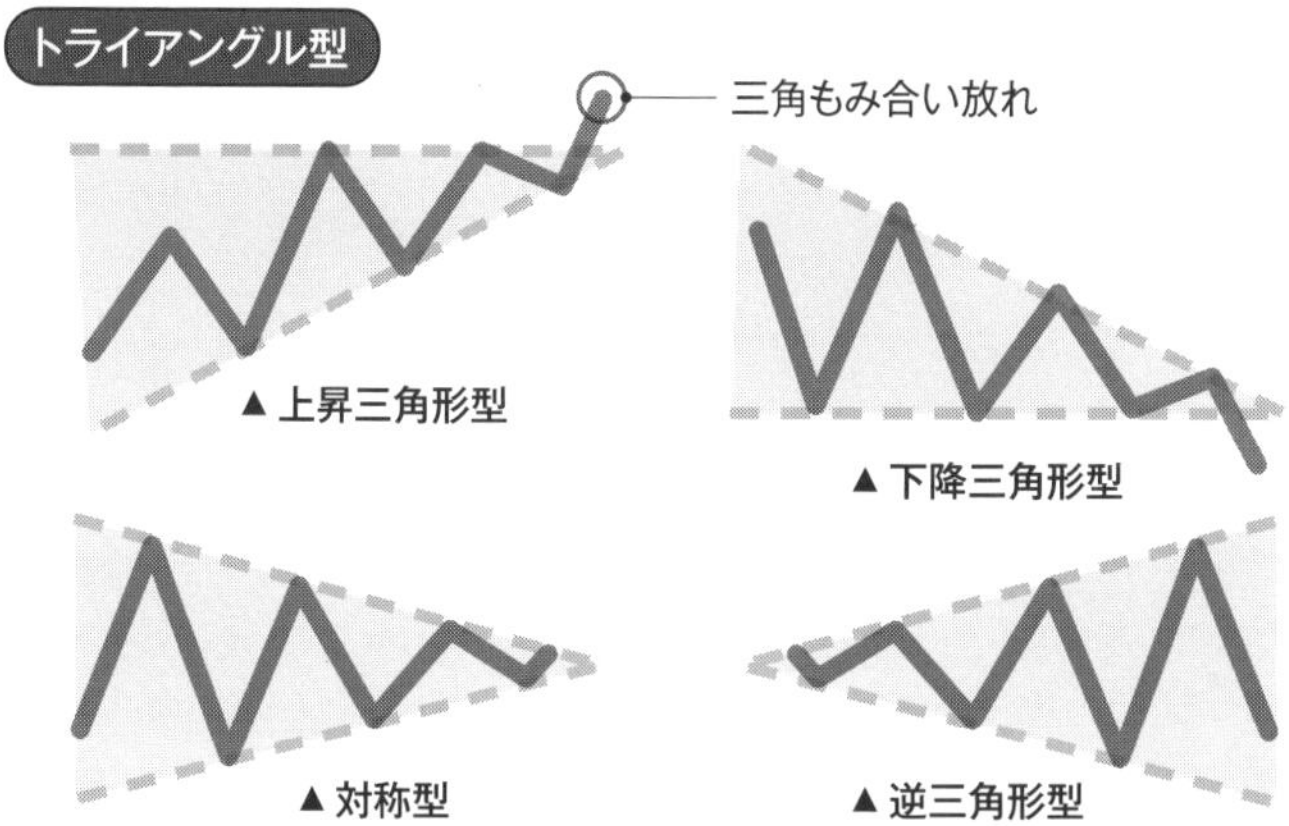

上放れの例

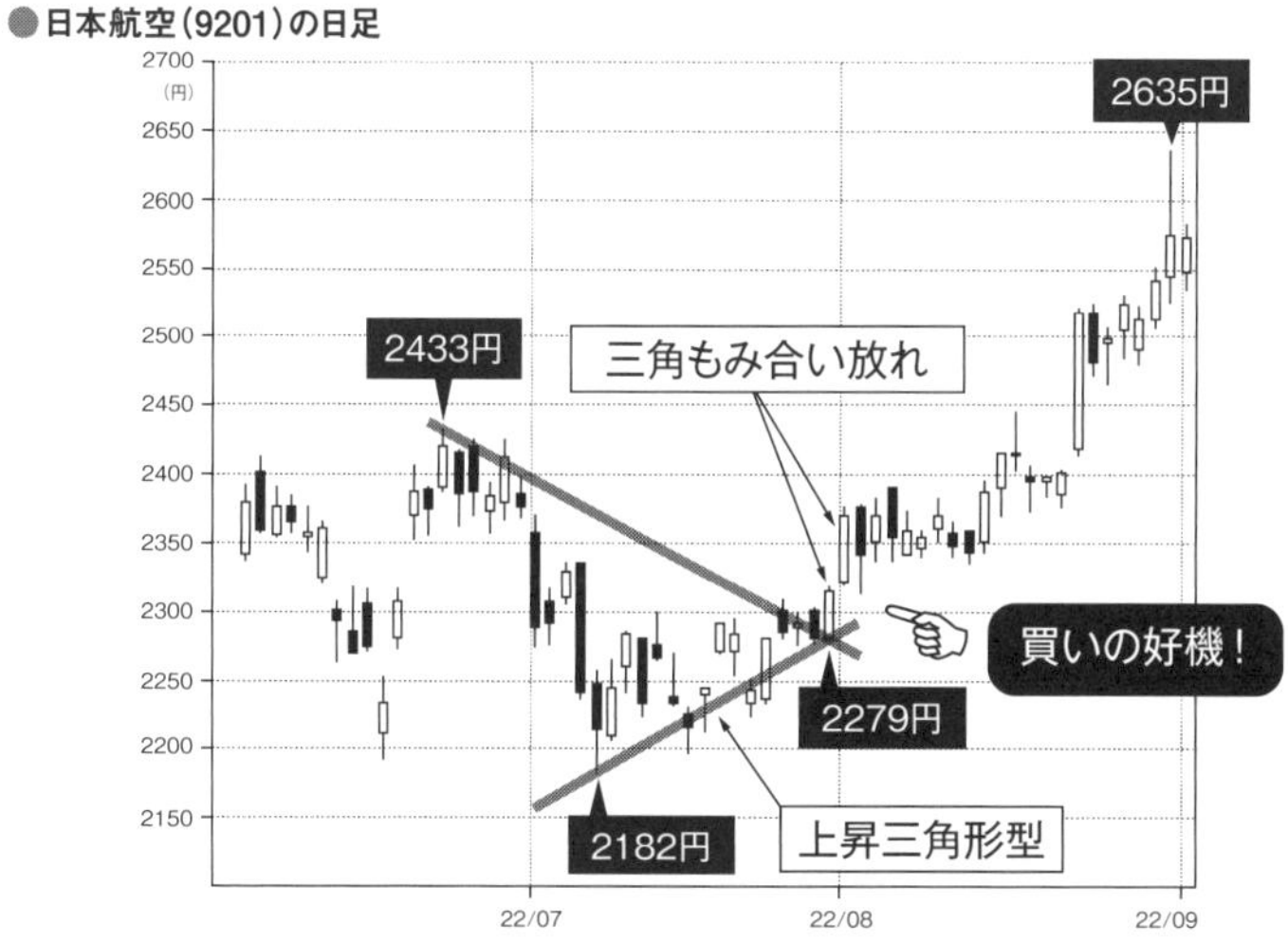

POINT

もみ合いの意味と上に放れる強いパターン、
下に放れる弱いパターンを理解する。

《Column》 相場格言&先人の知恵に学ぶ ……04

相場は相場に聞け。株価は正直である！

トレンドは継続します。上昇に転じた銘柄は、長期移動平均線を下支えに、上がり続けます。反面、下降局面に入った銘柄は、中・長期移動平均線が上値のカベになって、下降トレンドを描きます。したがって、このような銘柄は、大底を確認するまで手を出してはいけません。

頭に血がのぼってむやみに手を出せば、「やられナンピン、スカンピン」となる可能性が高くなります。

先人たちが「下げの途中で買うな」とか「落ちる短剣はつかむな」と戒めたのはこういうことでしょう。

今後数年先を展望すると、ウクライナ復興、日銀の金融政策の転換（金利上昇、円高）等が話題になりそうです。**三井住友フィナンシャルグループ（8316）**などのメガバンクは金利上昇（利ザヤ拡大）のメリットを受けます。月足ベースでは、株価はまだ割安ゾーンです。

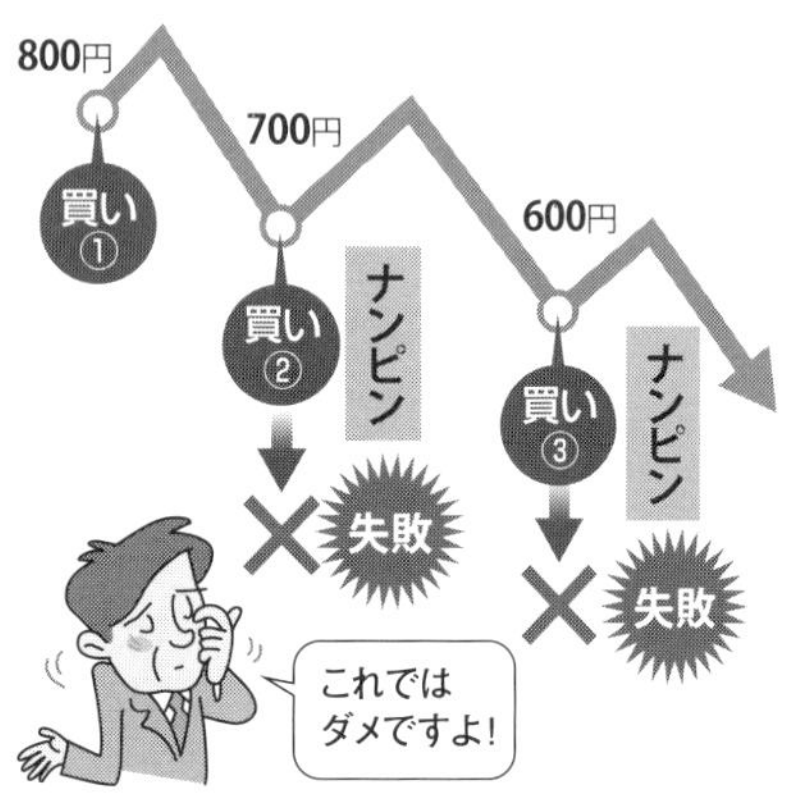

第4章

移動平均線が教える売買タイミング

移動平均線とは何か

■相場の大きな流れをつかむためのテクニカル指標

チャートでトレンドが分かるようになると、買い場・売り場の判断がより正確になります。これに移動平均線を加えれば、タイミングの取り方が一段と分かりやすくなります。

移動平均線とは、一定期間の株価の平均値を計算し、グラフで表したものです。時間の経過とともに平均値が移動していくため、このように呼ばれています。移動平均線は、**テクニカル指標**のなかでは最もポピュラーなものであり、株価の方向性、転換点を判断するためには欠かせない〝モノサシ〟といえるでしょう。

日足チャートでは5日移動平均線、25日移動平均線、75日移動平均線がよく使われ、週足では13週移動平均線、26週移動平均線が代表的なものとして知られています。最近は20日移動平均線、52週移動平均線などを活用する投資家も増えているようですが、いずれもローソク足に比べて動きがゆるやかであることが特徴です。

用語解説&ワンメモ

●テクニカル指標

株価などの過去の値動きについて、さまざまな尺度でチャート化した指標のこと。相場の流れを読むトレンド系指標と、買われすぎ、売られすぎを判断するオシレーター系指標がある。これらの指標をもとに今後の価格動向を予想することをテクニカル分析という。

5日移動平均線と25日移動平均線の例

● 積水ハウス(1928)の日足

移動平均線の算出方法

5日移動平均線のケースでは、直近5営業日の終値を合計し、それを5で割ると1日目の平均値となる。あとは順次、先の終値合計から5日前の終値を除外し、これに直近の株価を加えて5で割る。

日付	終値(円)	5日移動平均線(円)
7/21	① 2399.5	2371.0
7/22	② 2417.5	2383.6
7/25	③ 2440.5	2403.4
7/26	④ 2426.5	2417.6
7/27	⑤ 2413.0	2419.4

終値(①+②+③+④+⑤)÷5＝**2419.4 円**となる

POINT

移動平均線の意味と算出方法、その役割を知り、よく使われる本数のものについて理解を深める。

移動平均線の種類と活用法

■移動平均線の向きと、ローソク足の上にあるか下にあるかが重要

移動平均線にはさまざまな種類が存在しますが、大きく短期・中期・長期の3つのパターンに分類されます。日足チャートでは5日移動平均線が短期線、25日移動平均線が中期線、75日移動平均線が長期線となります。また、週足では13週移動平均線が短期線、26週移動平均線が中期線、**52週移動平均線**が長期線となります。

ただし、これらの期間はいずれもよく知られたものであり、日足の場合、長期線は100日とか200日移動平均線などもよく使われています。

移動平均線はローソク足と組み合わせて使うのが一般的ですが、移動平均線の基本的な見方、活用法としては、まず、移動平均線が上向きであれば上昇トレンド、横ばいであればもみ合いトレンド、下向きであれば下降トレンドと判断します。

次に、ローソク足の終値が移動平均線の上にあれば強い相場、下にあれば弱い相場と判断します。

用語解説&メモ

●52週移動平均線
週足の代表的な長期線である52週移動平均線は、1週間が7日であるため、約1年間の株価の平均値を示したものとなる。したがって、他の移動平均線に比べてダマシが少なく、信頼性が高いとされる。

代表的な移動平均線の種類

	短期線	中期線	長期線
日足	5日	25日	75日
週足	13週	26週	52週
月足	6カ月	12カ月	36カ月

(注)月足では、短期線を12カ月、中期線を24カ月、長期線を60カ月などとする場合もある

13週移動平均線の例

●日本電気(6701)の週足

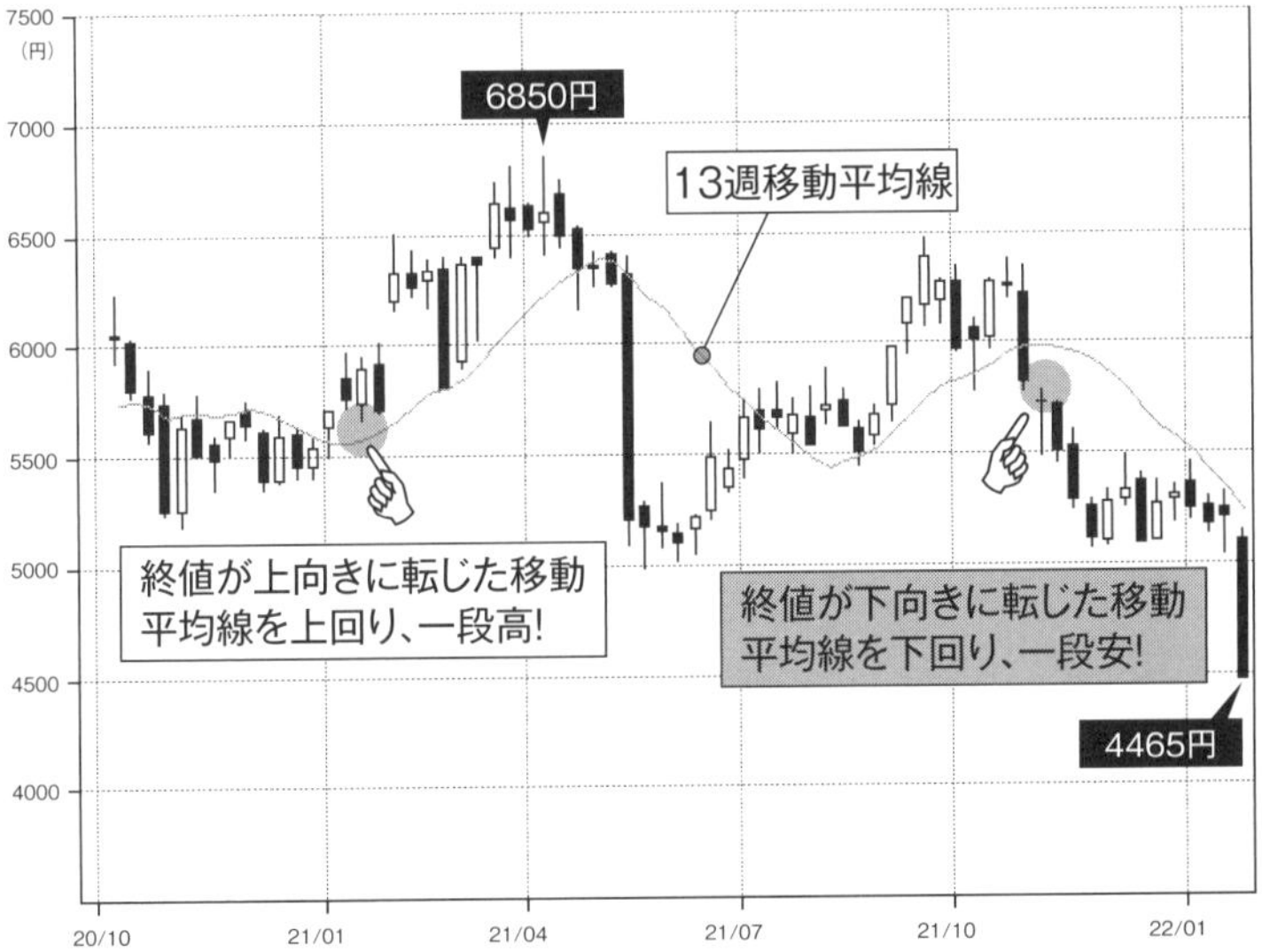

POINT

移動平均線には短期・中期・長期を含めて多くの種類があることを知り、その向きと位置によって相場の強弱がつかめることを理解する。

各種移動平均線の特徴と役割

■各種移動平均線にはそれぞれの特徴と役割がある

先の項でも述べましたが、日足の場合、移動平均線は1日ごとの**足取り**を示したローソク足に比べて、動きがゆるやかであることを特徴とします。これは、移動平均線の平均値の取り方が長くなればなるほど、ゆるやかになります。

次ページのチャートは**オムロン（６６４５）**の週足ですが、最も動きがゆるやかなのは52週移動平均線で、ほぼまっすぐ右肩上がりの線を描いています。これに対して13週移動平均線は最も動きが激しく、３本ある移動平均線のなかでは、いちばんローソク足に近い動きをしています。

週足の場合、ローソク足を移動平均線に例えると、その終値は1週移動平均線ということになります。それだけに値動きが激しく、トレンドをより正確にとらえるためには、さまざまな移動平均線の併用が不可欠となります。すなわち、短期線・中期線・長期線には、それぞれの特徴と役割があるのです。

用語解説＆ワンポイントメモ

●**足取り**
相場の過去の値動きのこと。これには「相場の上昇を意味する「上げ足」、下落を意味する「下げ足」、変動が少なかった「保ち合い」がある。

短期・中期・長期移動平均線の例

●オムロン(6645)の週足

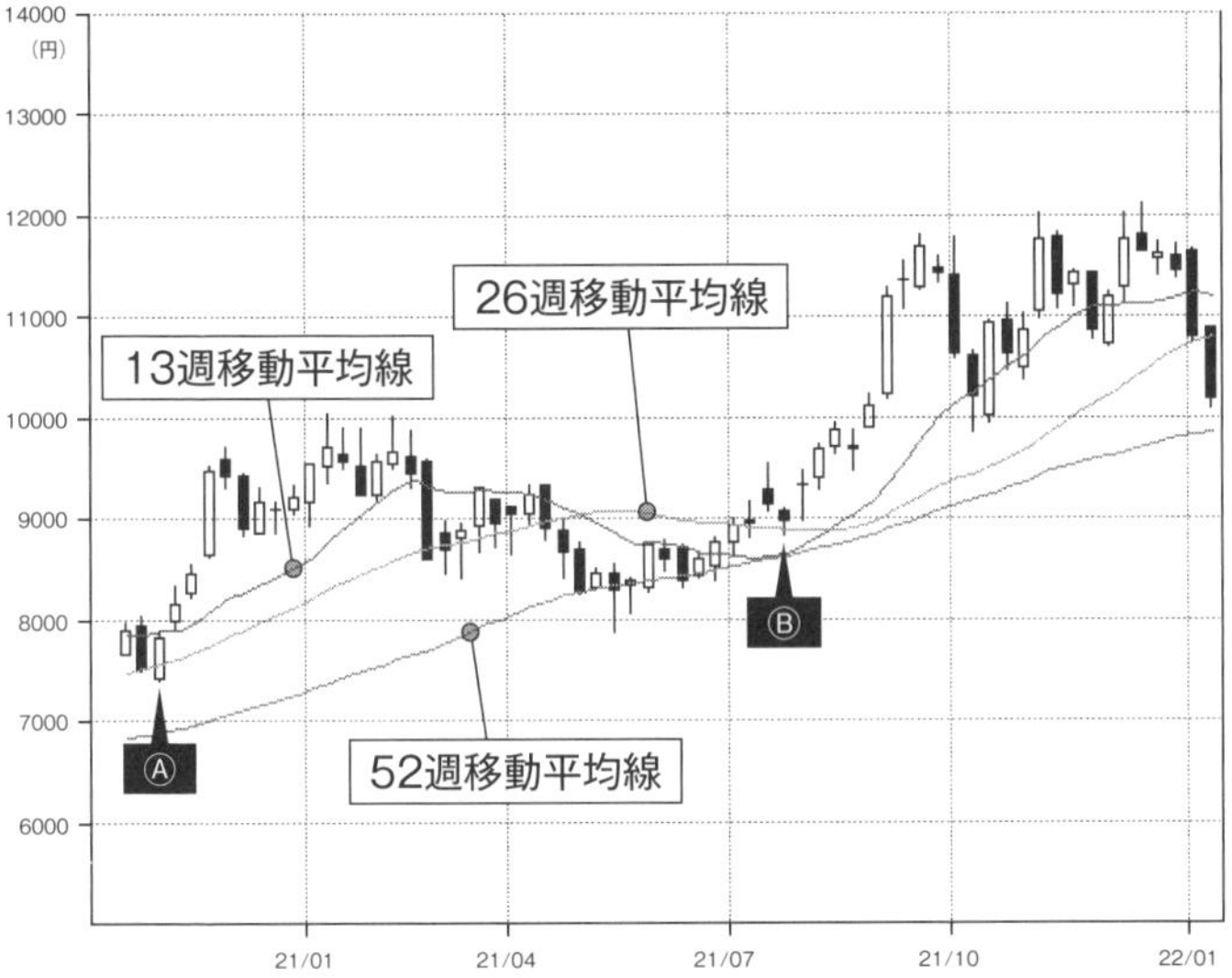

Ⓐ		
①	13週線	7874.6円
②	終値	7820.0円
③	26週線	7540.0円
④	52週線	6872.7円

Ⓐの時点で終値は13週線を下回ったが、26週線、52週線を上回っている

↓

一段高

Ⓑ		
①	終値	8970.0円
②	26週線	8864.2円
③	13週線	8642.3円
④	52週線	8622.3円

Ⓑの時点で13週線は26週線を下回ったが、終値はすべての移動平均線を上回っている

↓

一段高

POINT

移動平均線は長期線になるほど動きがゆるやかになることを理解し、株価の方向性をつかむために活用する。

グランビルの法則を理解する

■株価と移動平均線によって「買い」のタイミングをつかむ

移動平均線の考え方は、アメリカのチャーチスト、グランビルが考案したものです。彼は移動平均線が持つ性質を利用し、株価のかい離の仕方、方向性などを組み合わせることで、売り買いのタイミングをつかもうとしました。

この考え方は「グランビルの法則」として知られ、買いと売りの局面がそれぞれ4つずつ、計8つの法則で成り立っています。

具体的な買いの局面としては、次ページの図にあるように、①移動平均線が長期下落または横ばいのあと、上昇に転じた場合、②上昇中の移動平均線を株価が下回っても、移動平均線の上昇基調に変わりがない場合、③株価が足踏みのあと、上昇中の移動平均線に接近し、再騰し始めた場合、④移動平均線が下降中でも、株価がそれと大きくかい離して急落した場合があります。このケースは典型的な**逆張り**の買いになりますが、売られすぎによる**自律反発**が期待できます。

用語解説&ローメ

●**逆張り**

株価のトレンドとは逆に売買する投資方法のこと。具体的には、株価が下落したときに買いを入れたり、大きく上昇したときに売る。この反対に上昇局面で買い、下降局面で売る手法は「順張り」と称する。

●**自律反発**

株価の下落が続いてある水準まで下げると、下げすぎによる売り方の警戒感などによって、自律的に株価が戻ることをいう。自律反騰とも呼ばれる。

グランビルの法則（買いの局面）

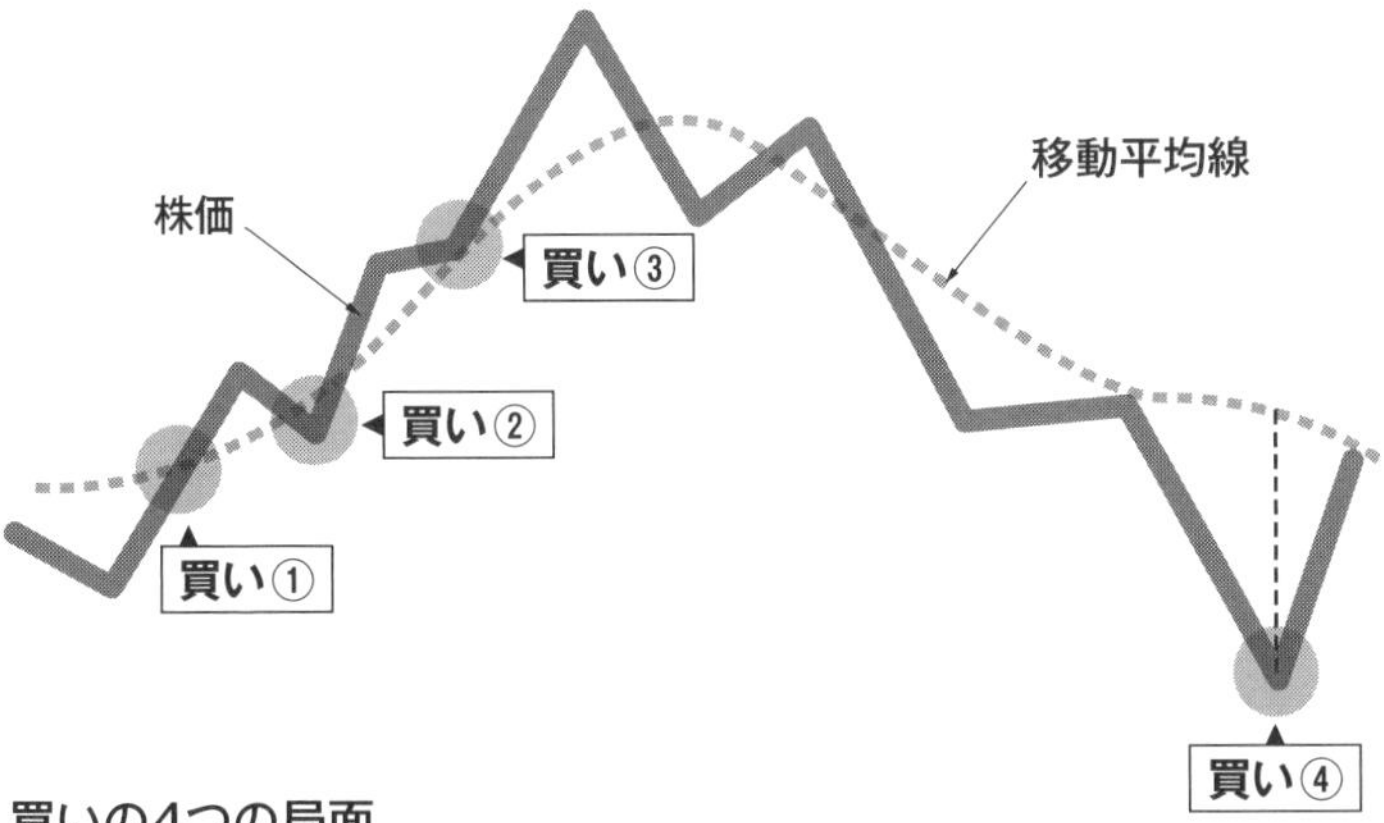

買いの4つの局面

① 買いの第1段階

► 移動平均線が長期下落または横ばいのあと、上昇に転じた場合

② 押し目買い

► 上昇中の移動平均線を株価が下回っても、移動平均線の上昇基調に変わりがない場合

③ 買い乗せ

► 株価が足踏みのあと、上昇中の移動平均線に接近し、再騰し始めた場合

④ 打診買い

► 移動平均線が下降中でも、株価がそれと大きくかい離して急落した場合

POINT

グランビルの法則には、「買いの局面」が4つあることを知り、それらがどのような状況であるかを正しく理解する。

■株価と移動平均線によって「売り」のタイミングをつかむ

グランビルの法則の売り局面としては、①移動平均線が長期上昇のあと、横ばいあるいは低迷し始めた場合、②下降中の移動平均線を株価が上回っても、移動平均線の下落を食い止められない場合、③株価がもち合いのあと、下降中の移動平均線と接近し、再反落した場合、④移動平均線が上昇中でも、株価がそれと大きくかい離して急騰した場合があります。

まず、①のケースでは買いの勢いが弱くなったことを示すため、保有株があれば手仕舞いを考えなければいけません。続く②のケースでは戻り売り、③のケースでは売り乗せのタイミングとなります。

また、④のケースでは買われすぎによる自律反落の公算が大きくなりますので、持ち株のある人は**利食い売り**の好機となります。また、**カラ売り**を狙っている人も絶好の売りチャンスとなりますが、買いエネルギーが非常に強い人気株の場合は、一段高となる危険性があります。したがって、あくまでも打診売り程度にとどめておくのが鉄則となります。

なお、株価と移動平均線の大幅かい離については、本章の最後「すごコツ41」でも詳しく解説しますので、ぜひ参考にしてみてください。

●**利食い売り**
保有株が値上がりしたとき、それを売却して利益を確定させること。なお、相場格言には「利食い千人力」「利食い千両」などがあり、利益確定売りの大切さと難しさを示している。

●**カラ売り**
信用取引を利用し、株式を証券会社などから借りて行なう売りのこと。ある銘柄の株価が値下がりすると予想した場合、時価の500円でカラ売りし、450円に値下がりしたところで買い戻せば、差額の50円が利益となる。

グランビルの法則（売りの局面）

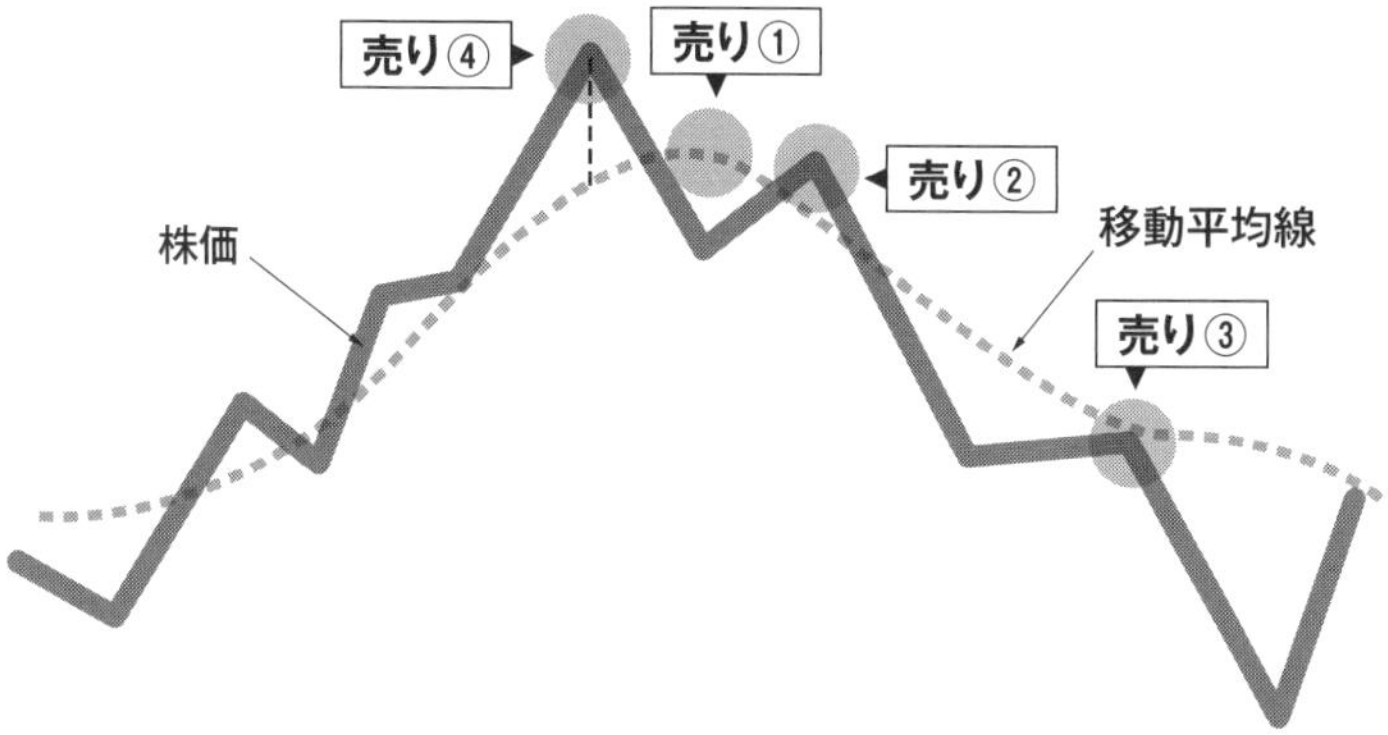

売りの4つの局面

① 買い手仕舞いの第1段階

► 移動平均線が長期上昇のあと、横ばいあるいは低迷し始めた場合

② 戻り売り

► 下降中の移動平均線を株価が上回っても、移動平均線の下落を食い止められない場合

③ 売り乗せ

► 株価がもち合いのあと、下降中の移動平均線と接近し、再反落した場合

④ 打診売り

► 移動平均線が上昇中でも、株価がそれと大きくかい離して急騰した場合

POINT

グランビルの法則には、「売りの局面」が4つあることを知り、それらがどのような状況であるかを正しく理解する。

株価チャートすごコツ35

ゴールデンクロスは成功率の高い買いサインとなる

■短期線が中・長期線を上回る局面で最初の買いを入れる

グランビルの法則は、株価と移動平均線の位置関係などによって売り買いのタイミングを判断するというものでした。

これに対し、移動平均線の組み合わせによる相場の判定法もあります。まず、最初の買いタイミングとしてよく知られているのが、次ページの図(1)の「ゴールデンクロス」です。これは、短期移動平均線が下の位置から上に、中・長期線を突き抜けたときの状態を指します。

なお、短期移動平均線が中期移動平均線を上回ったときを「ミニゴールデンクロス」、短期移動平均線が長期移動平均線を上回ったときを「ゴールデンクロス」と呼んで区別する場合もあります。

ゴールデンクロスは**遅効性**に難点がありますが、視覚的に分かりやすいという利点があり、成功率も高い買いサインとして人気があります。

用語解説&一口メモ

●**遅効性**
移動平均線には、相場のトレンドを示す重要な役割がある。しかし、その対象期間が長ければ長いほど、移動平均線が示す情報は遅くなる。これを移動平均線の遅効性という。

●**クロスポイント**
短期と中・長期の移動平均線など2本の移動平均線が交差するポイントのこと。クロスポイントは相場の転換を示す重要なサインとなるが、これを事前に予測して仕掛ける投資家も多い。

移動平均線の組み合わせによる相場判定(1)

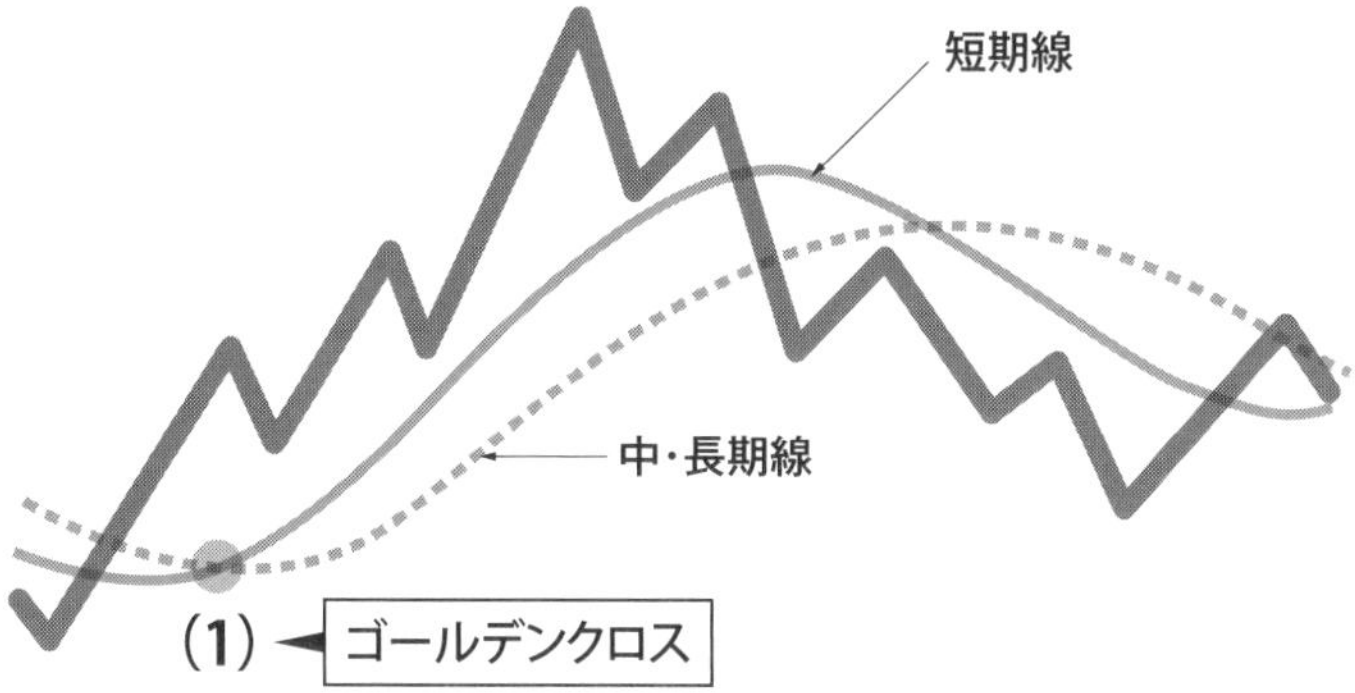

最初の買いチャンスの例

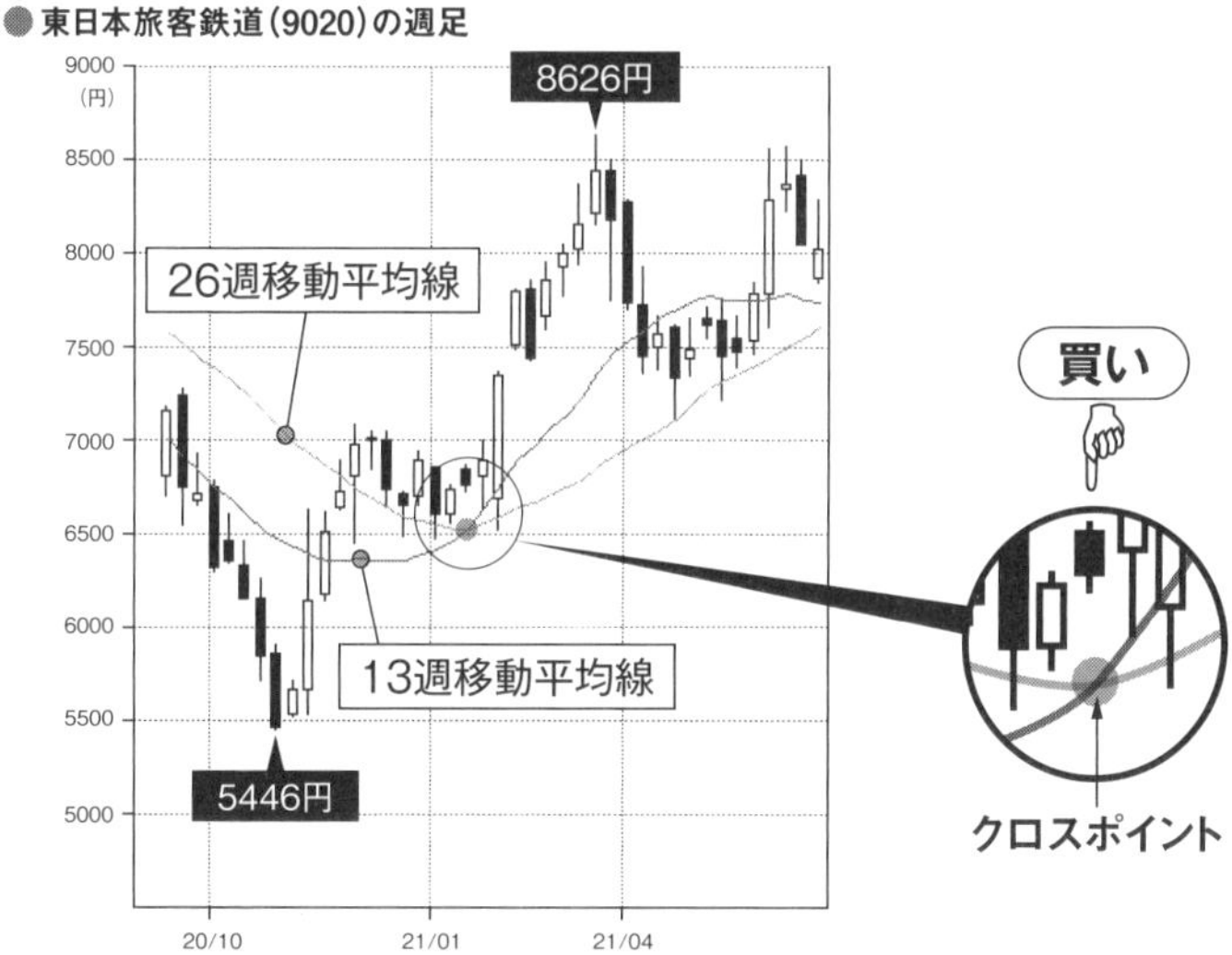

POINT

ゴールデンクロスとはどのような局面なのかを理解し、さまざまな移動平均線を使って検証してみる。

ゴールデンクロス後の強気相場入りを確認する

■株価↓短期線↓中・長期線の順に並ぶパターン

移動平均線の組み合わせによる相場判定の(2)は、(1)のゴールデンクロス後に訪れる「**強気相場**」の局面です。

これは、チャート上のいちばん上に株価（ローソク足の終値）が位置し、2番目に短期移動平均線、3番目に中・長期移動平均線が並ぶパターンです。

次ページのチャートは**ソニーグループ（6758）**の週足ですが、13週移動平均線と26週移動平均線がゴールデンクロスしたあと、上から株価↓13週移動平均線↓26週移動平均線の並びになって上昇しています。このような形になると多くの場合、しばらくは安心感のある強気相場が継続します。

その後、株価は一時、13週移動平均線と26週移動平均線を下回ります。しかし、13週線と26週線の並びに変わりはなく（13週線が26週線の上に位置している）、株価は再度、上値追いに転じました。

用語解説＆ワンメモ

●強気相場

強気に基づいた買いが強気相場を形成する。強気相場はブルマーケットとも呼ばれるが、この反対が弱気相場（ベアマーケット）である。強気相場の場合、インデックス（株価指数）は右肩上がりの上昇トレンドを描く。

移動平均線の組み合わせによる相場判定(2)

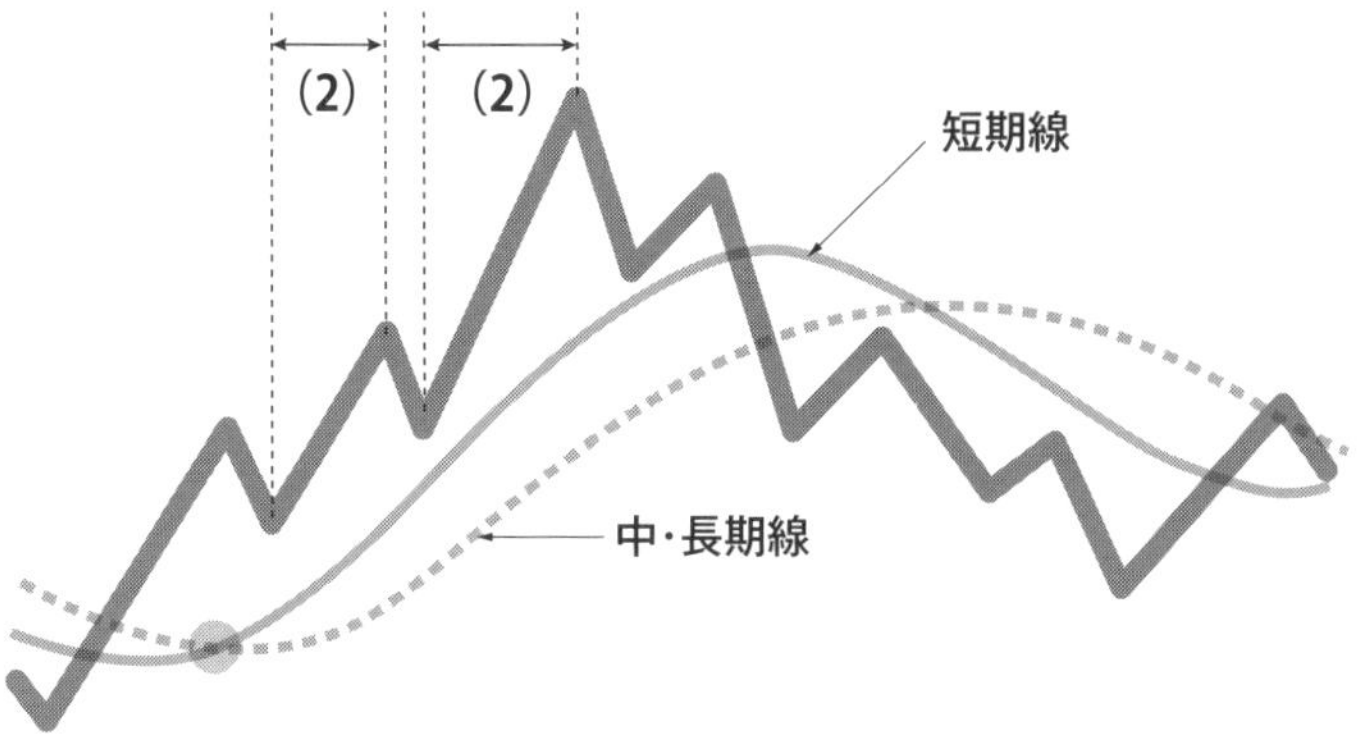

強気相場の例

POINT

株価と移動平均線が、どのような位置関係になれば強気相場入りと判断できるかを理解する。

長期上昇後の天井圏到達を察知する

■株価続伸後、短期線が頭打ちになればピークアウトの公算大

移動平均線の組み合わせによる相場判定の(3)は、(2)の強気相場が続いたあとに訪れる「天井圏の兆し」の局面です。

これは株価が長期間、短期移動平均線と中・長期移動平均線に支えられる形で続伸したあと、短期移動平均線が頭打ちになってきたパターンです。

次ページのチャートは**ＩＨＩ（７０１３）**の日足ですが、２７７０円の安値をつけたのち、押し目を入れながら４３０５円まで上昇しました。しかし、この雄大な大相場にも変化の兆しが訪れます。Ⓐの時点で短期線である５日移動平均線が**ピークアウト**となり、翌日以降、下げに転じました。

株価（終値）も５日移動平均線をあっさり割り込み、ⒷとⒸの時点ではかなり大きい陰線も出現しています。高値４３０５円が目先の天井だと判断できる状況です。実際、その後同社株は下げトレンドとなり、３２４５円まで値下がりしました。

用語解説＆ワンポイントメモ

●ピークアウト
上昇を続けていた株価が頂点に達した状態のこと。それ以上は上がらないため、ピークアウトしたあとの株価は大きな下げにつながることがある。

移動平均線の組み合わせによる相場判定(3)

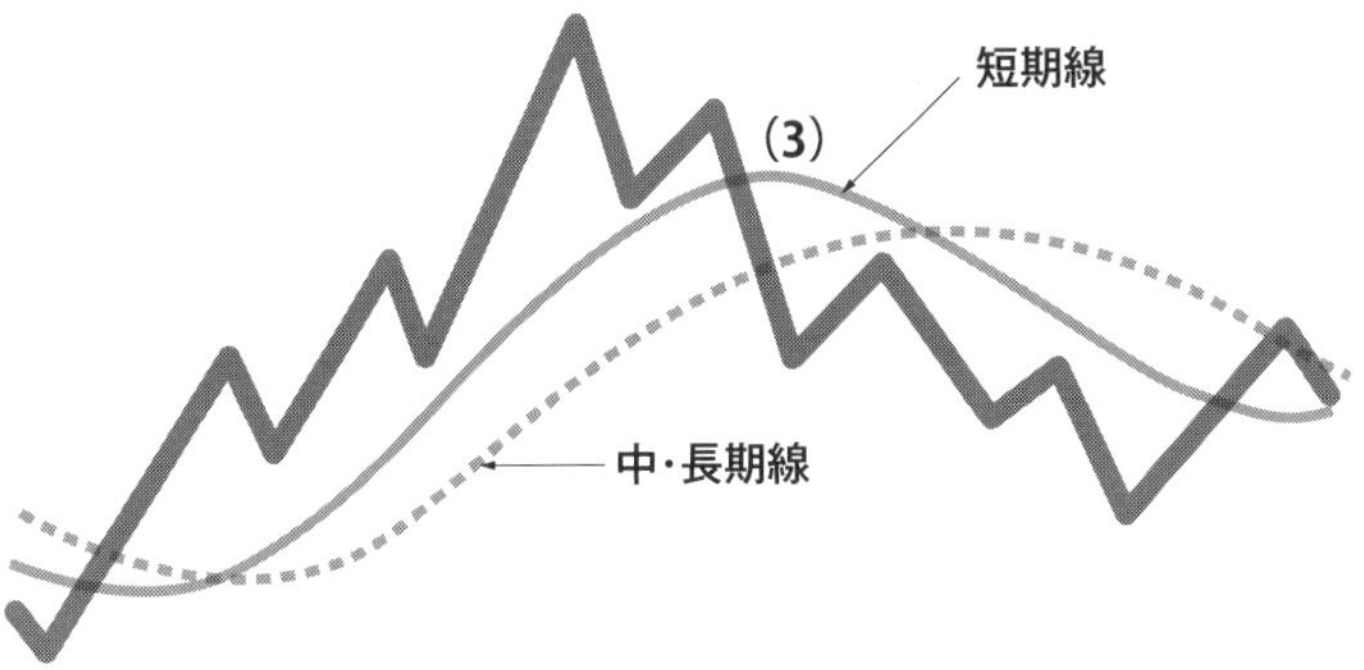

天井圏の兆しの例

POINT

株価上昇後、短期移動平均線がどのような状況になれば天井圏の兆しと判断できるかを理解する。

デッドクロスは成功率の高い売りサインとなる

■短期線が中・長期線を下回れば売り転換を急ぐとき

移動平均線の組み合わせによる相場判定の⑷は、⑶の短期移動平均線がピークアウトしたあとに訪れる「売り転換」の局面です。

これは相場判定の⑴で取り上げたゴールデンクロスの逆で、デッドクロスと呼ばれています。具体的には、短期移動平均線が上の位置から下に、中・長期線を突き抜けたときの状態を指します。

次ページは**アルバック（6728）**の週足ですが、Ⓐの時点で短期線（13週移動平均線）が中期線（26週移動平均線）を下回ったあとの推移を表しています。株価はデッドクロス後、Ⓑの時点の6570円まで戻しました。

しかし、移動平均線を見ると13週移動平均線が26週移動平均線の下に位置したままになっており、相場は下降トレンド入りしたと判断できます。案の定、この反発は**アヤ戻し**的な上昇にすぎず、株価は4325円まで下げてしまいました。

用語解説&ワンポイントメモ

●アヤ戻し

下降相場が続くなかで、一時的に少しだけ株価が戻ること。アヤとは、株価が小さく変動することをいう。なお、上昇相場が続くなかで、一時的に株価が少しだけ下がることは「アヤ押し」と呼ばれる。

移動平均線の組み合わせによる相場判定（4）

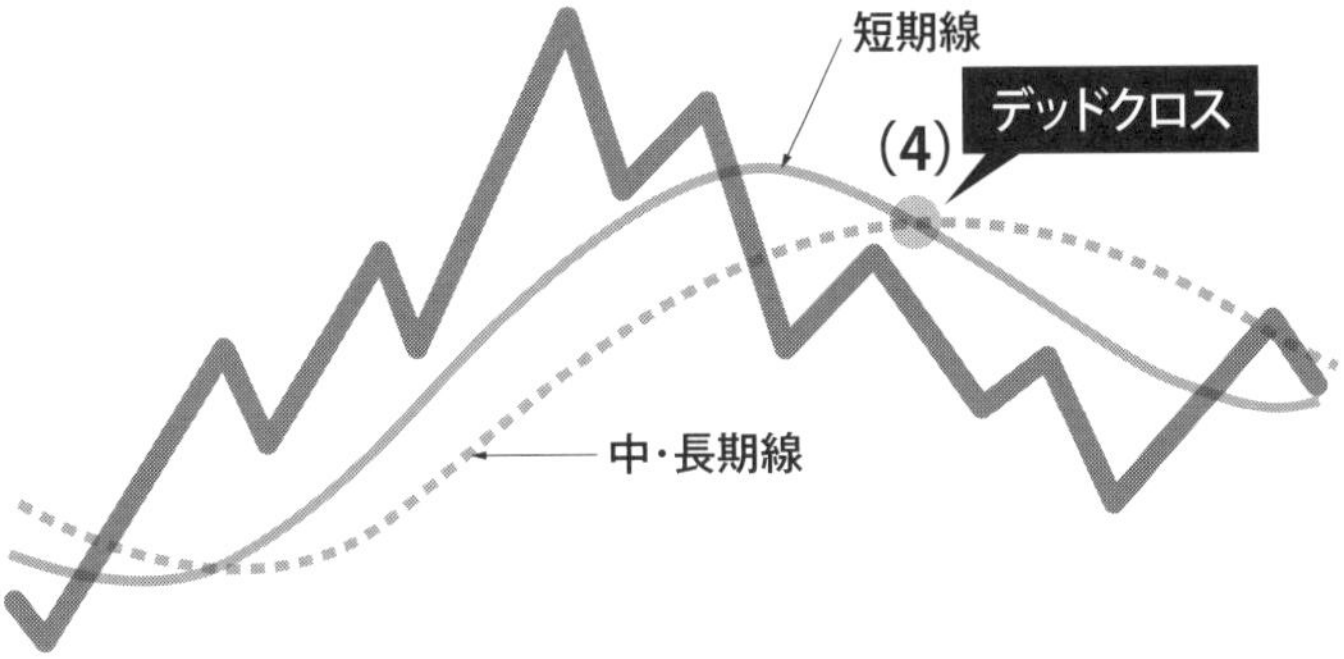

売りに転換するときの例

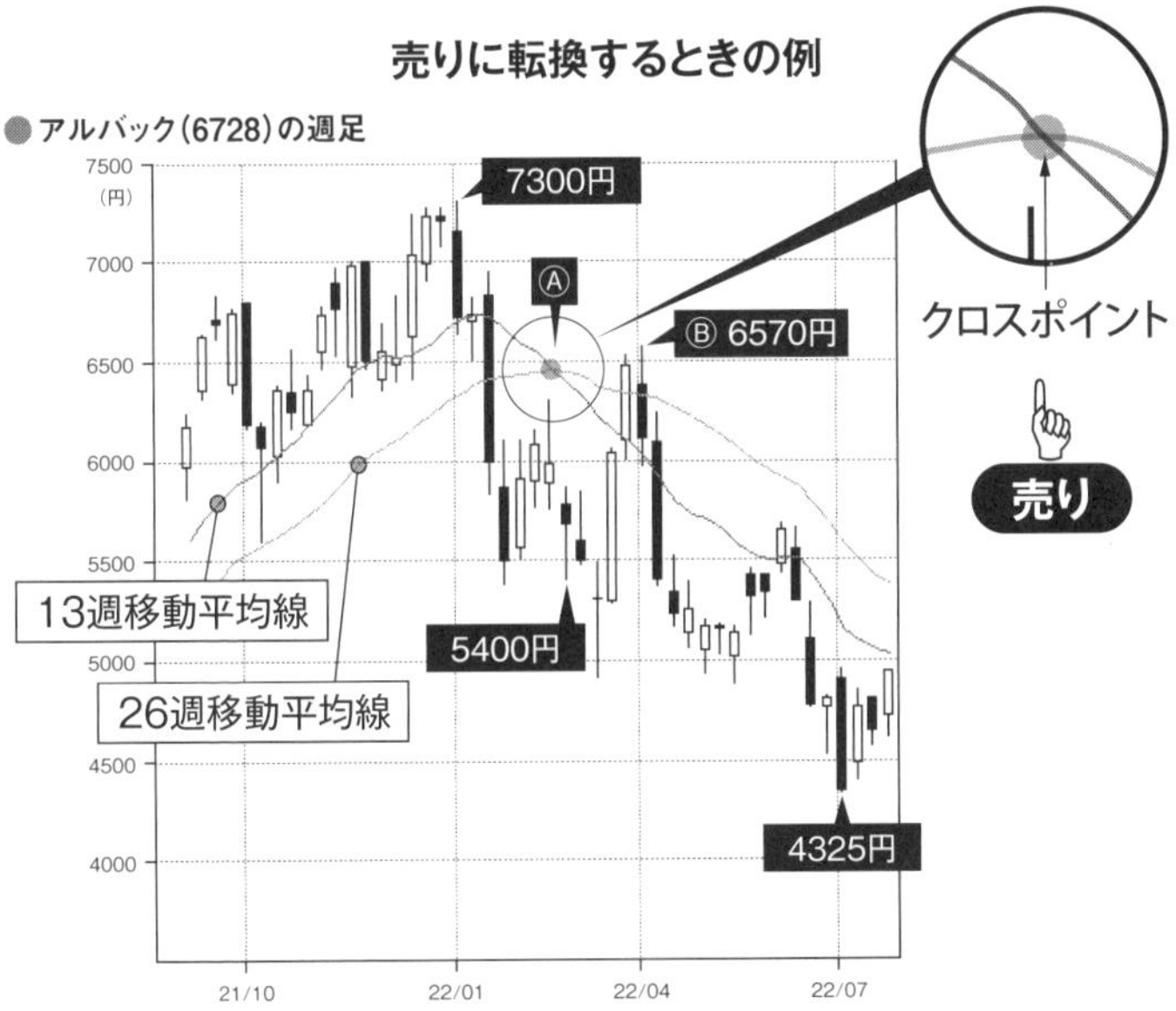

POINT

デッドクロスとはどのような局面なのかを理解し、さまざまな移動平均線を使って検証してみる。

デッドクロス後の弱気相場入りを確認する

■中・長期線↓短期線↓株価の順に並ぶパターン

移動平均線の組み合わせによる相場判定の(5)は、(4)の短期移動平均線と中・長期移動平均線のデッドクロス後に訪れる「弱気相場」の局面です。

これは相場判定の(2)で取り上げた強気相場の逆で、チャート上のいちばん上に中・長期移動平均線が位置し、2番目に短期移動平均線、3番目に株価(ローソク足の終値)が並ぶパターンです。

次ページのチャートはクラウドを主力とする**ラクス(3923)**の週足ですが、13週移動平均線と26週移動平均線がデッドクロスしたあと、上から中・長期移動平均線、短期移動平均線、株価の順となり、いずれもそろって下降しています。

これは弱気相場の典型例であり、「こんなに安くなったのだから」などという理由で**値ぼれ買い**に走ると、大ヤケドを負うので注意しなければなりません。

用語解説&メモ

●**値ぼれ買い**
業績見通しなどを軽視し、その値段だけに魅力を感じて買ってしまうことをいう。株式相場では、主力銘柄などが何らかの理由で下がり続けると、投資家が割安性に引かれて買いを入れることがよくある。単純に安いという理由だけで買うのを戒めた言い方である。

移動平均線の組み合わせによる相場判定(5)

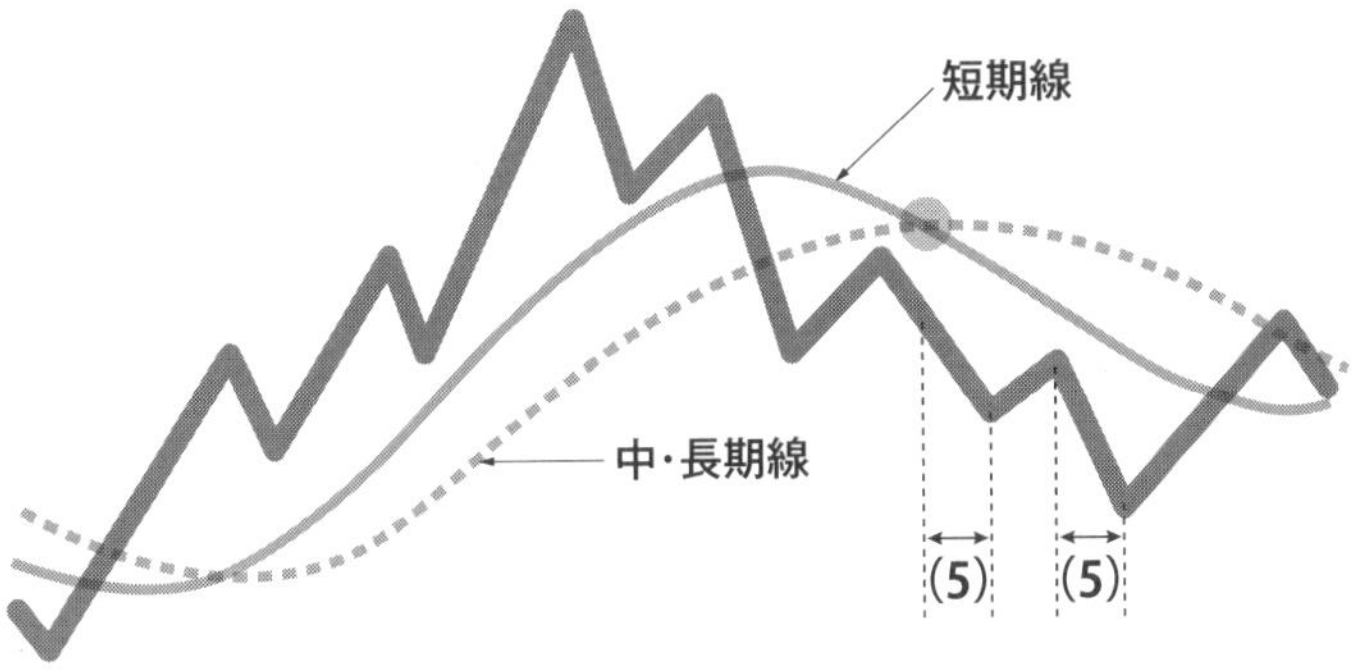

典型的な弱気相場の例

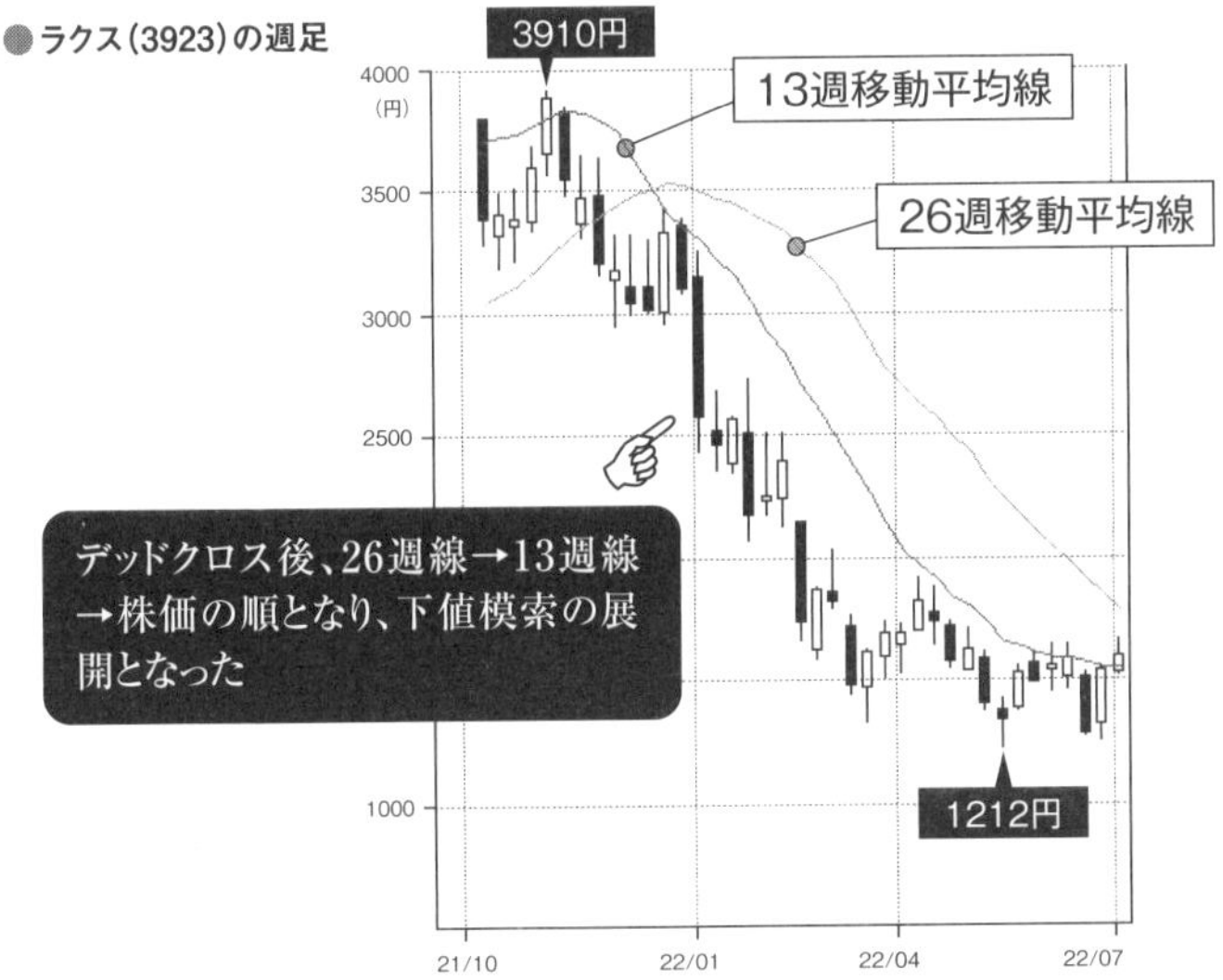

POINT

株価と移動平均線が、どのような位置関係になれば弱気相場入りと判断できるかを理解する。

株価チャート すごコツ 40

長期下落後の底値圏到達を察知する

■弱気相場終了後の短期線底入れは下値買いの好機

移動平均線の組み合わせによる相場判定の(6)は、(5)の弱気相場が続き、長期間株価が下落したあと、短期移動平均線が**底入れ**するパターンです。

このようなケースは下値買いのチャンスであり、もちろん、チャートのダマシに注意する必要がありますが、うまくいけば大きな利益をあげることができます。

次ページのチャートは、**日本M&Aセンターホールディングス（２１２７）**の日足ですが、約７カ月におよぶ長期下落相場のあと、５日移動平均線が下値圏で底入れし（Ⓐの部分）、その後急反騰に転じました（Ⓑの部分）。

下げに転じる直前の高値は３７４５円であり、安値１２１３円まで２５３２円も値下がりしてしまいました。しかし、その後は５日移動平均線が底入れ→反転し、25日移動平均線を上回ったあとは強気相場に移行して、株価は１９６２円まで急回復しました。この間、安値に対する上昇率は、61・７％に達します。

用語解説＆一口メモ

●底入れ

大底が確認された状態のこと。株式市場では、売りに転じた銘柄の株価が下がるだけ下がったあと、株価が下げ止まったときに使われる。

移動平均線の組み合わせによる相場判定(6)

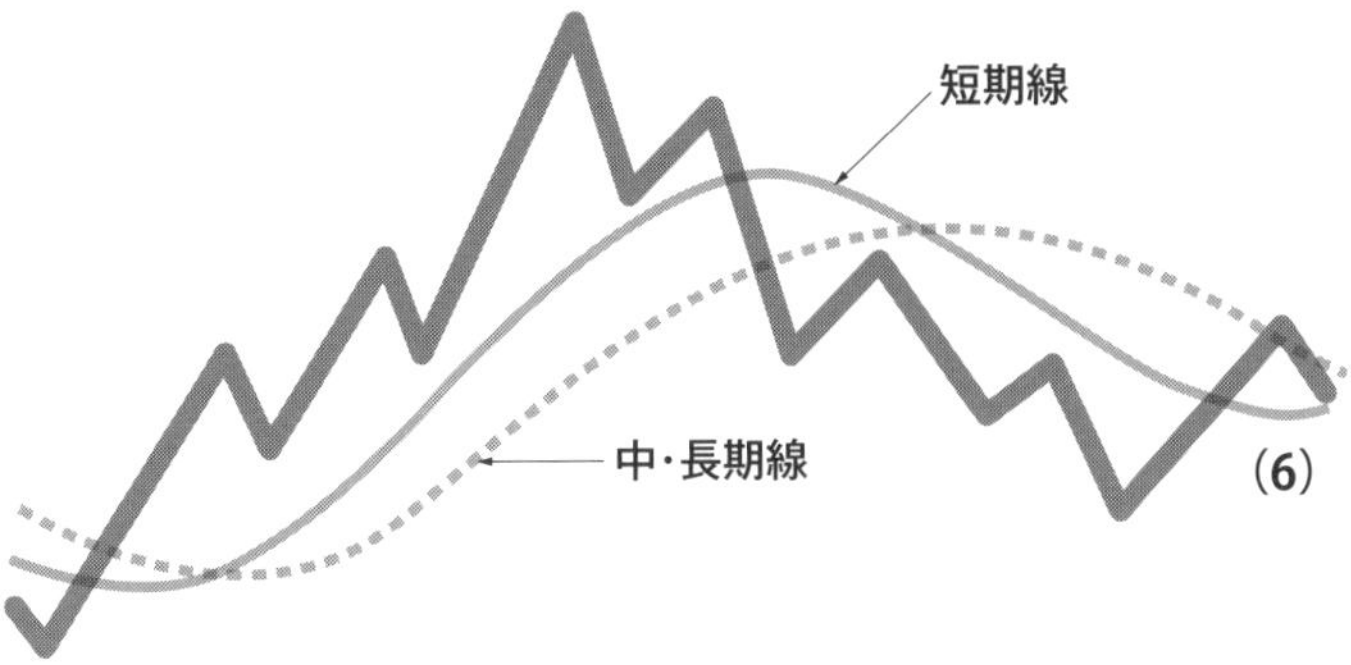

短期移動平均線が底入れした例

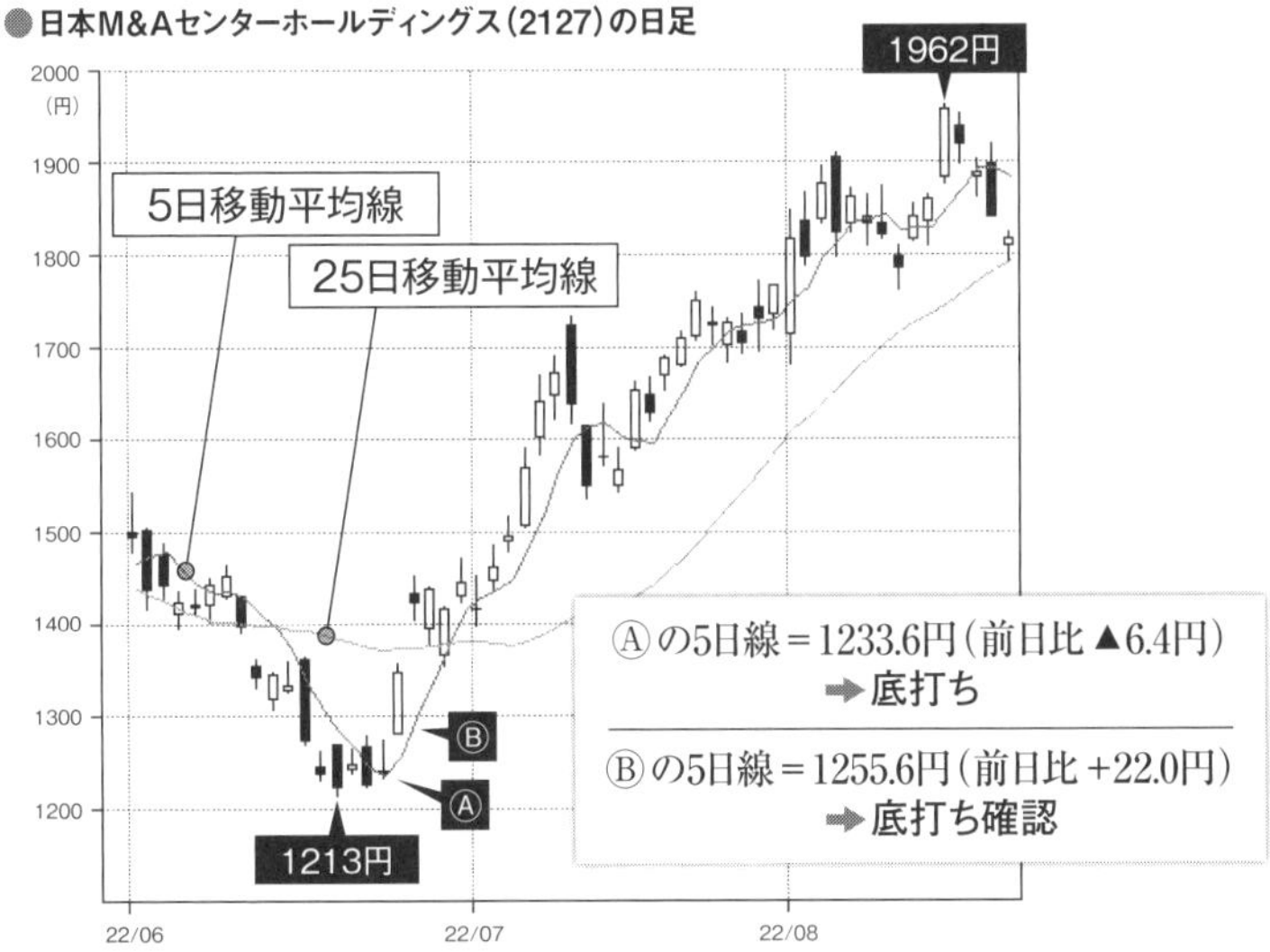

POINT

長期下落相場のあと、短期移動平均線がどのような状況になれば底入れと判断できるかを理解する。

移動平均線との大幅かい離は重要な売買サインとなる

■大幅「プラスかい離」の場合は自律反落を狙う

すごコツ34「グランビルの法則を理解する」で触れたとおり、株価と移動平均線が大きくかい離したときも重要な仕掛けどころとなります。

次ページの図にあるように、上昇中の移動平均線に対し株価が上に大きく離れた場合は、大幅「プラスかい離」となって売りのタイミングとなります。

上昇相場の場合、株価は移動平均線とともに上値を切り上げていきます。しかし、人気が過熱すると株価が大きく上に放れ、移動平均線との差が広がりすぎてしまうことがあります。多くの場合、これは買われすぎと判断できます。

なお、株価が移動平均線とどのくらい離れているかを見る指標に「**移動平均かい離率**」というものがあります。次ページのチャートは、中古車オークションを運営する**ユー・エス・エス（4732）**の日足ですが、Ⓐと Ⓑのところのように、株価が25日移動平均線に対し、大幅にプラスかい離したところを買うと苦労します。

用語解説&メモ

●**移動平均かい離率**

一般的に、5日移動平均線では5％以上、25日移動平均線では15％以上かい離すると、株価は移動平均線に接近し始めるといわれているが、これ以下でも株価は自律反落する場合がよくある。ただし、何らかの理由で人気が沸騰すると異常値をつけることがあるので、注意が必要となる。

株価と移動平均線が大きく離れたとき
（大幅「プラスかい離」のケース）

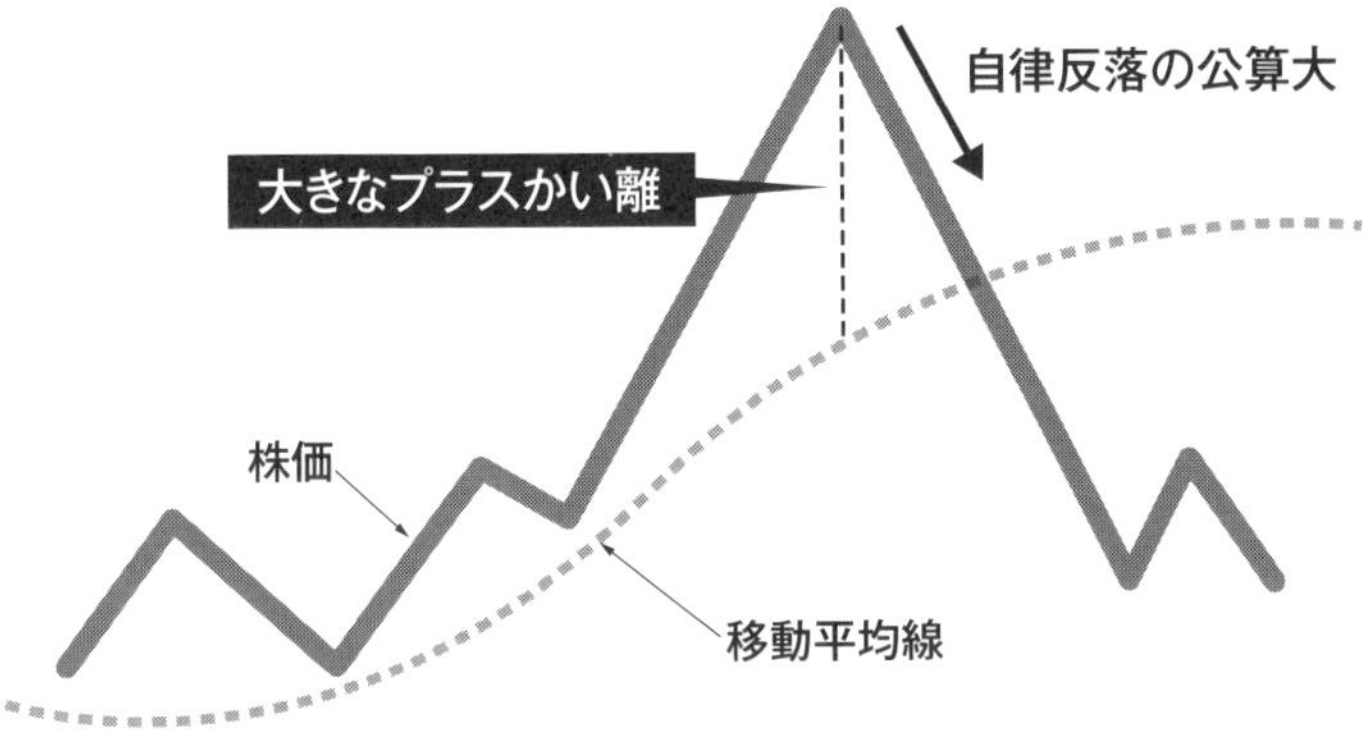

● ユー・エス・エス（4732）の日足

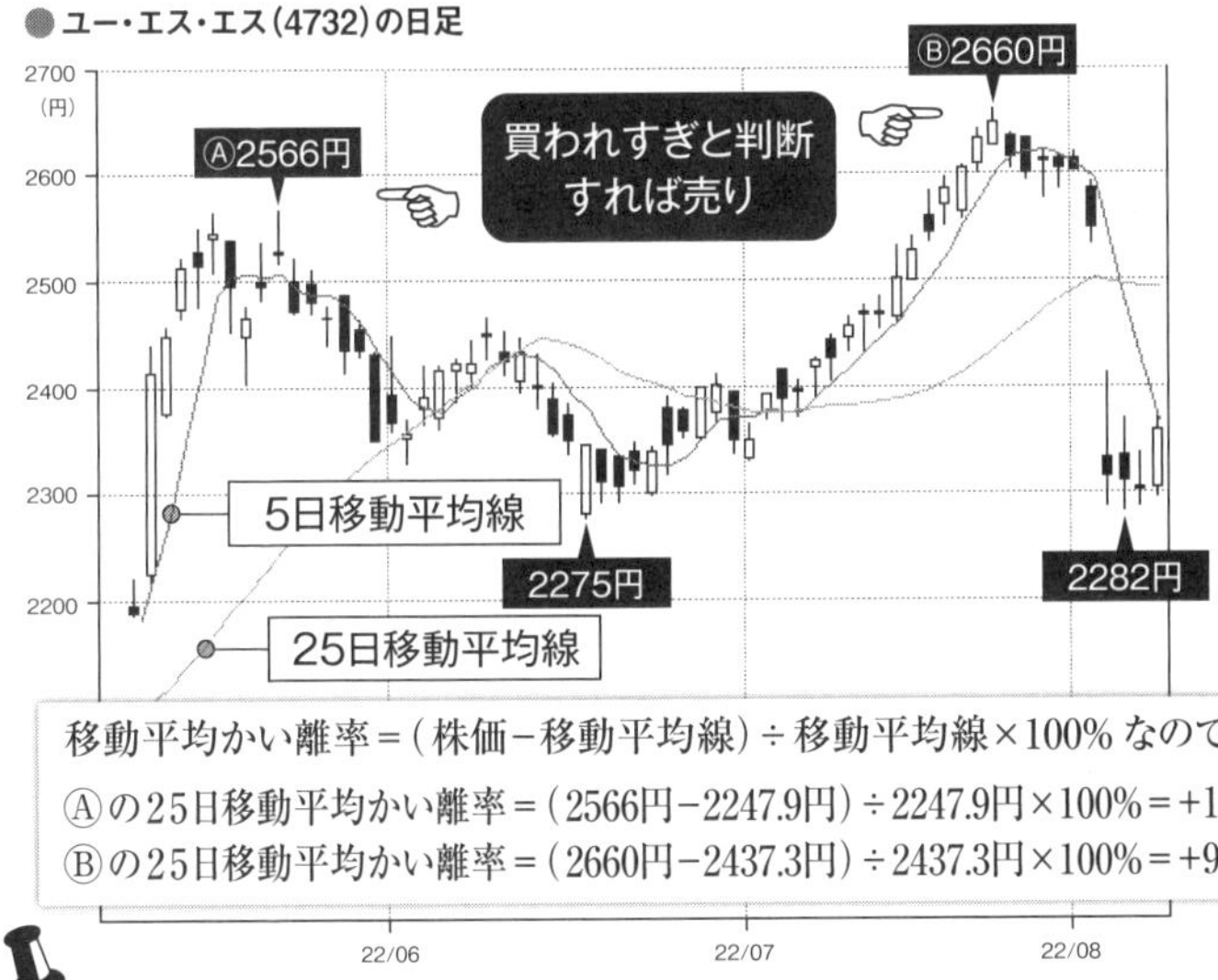

移動平均かい離率＝（株価－移動平均線）÷移動平均線×100％なので、
Ⓐの25日移動平均かい離率＝（2566円－2247.9円）÷2247.9円×100％＝+14.2％
Ⓑの25日移動平均かい離率＝（2660円－2437.3円）÷2437.3円×100％＝+9.1％

POINT

株価と移動平均線が、どのような状態になれば大幅プラスかい離となるのかを理解し、売りの判断材料とする。

■大幅「マイナスかい離」の場合は自律反発を狙う

前項の大幅「プラスかい離」の逆は、大幅「マイナスかい離」となります。これは、下降中の移動平均線に対し株価が下に大きく離れたケースであり、売られすぎと判断すれば買いのタイミングとなります。

ただし、下の用語解説のところでも触れていますが、**仕手株**の買い本尊が崩壊したり、テーマ株が材料出尽くしとなって大崩れしたときなどは、かい離率が30〜50％以上に拡大する場合もありますので、それなりのリスクを伴います。

次ページのチャートは、**エス・エム・エス（２１７５）**の日足です。同社は介護・医療業界向け人材紹介サービスの最大手ですが、４８６５円の上場来高値をつけたあと、株価は下げに転じました。

下落相場が半年ほど続いたあとⒶのところで２４０６円まで下げましたが、この時点の25日移動平均線に対するかい離率はマイナス15・４％に達しています。一般的には売られすぎの水準と判断できます。実際、その後、株価はチャートが示すとおり急反発に転じました。売られすぎは修正されるのです。

また、この局面はコロナショックの影響を受けた時代であり、世相が追い風になったとも考えられます。

●仕手株

巨額の資金を背景に、意図的に売り買いが行なわれる株式のこと。業績がよくないため株価が安く、内部留保、含み資産が豊富にある企業などが対象となりやすい。このような仕手株は、投機筋だけでなくアクティブファンドが買うケースもある。なお、アクティブファンドとは日経平均株価などの指数（ベンチマーク）以上の運用益を目指すファンドのことをいう。

株価と移動平均線が大きく離れたとき
（大幅「マイナスかい離」のケース）

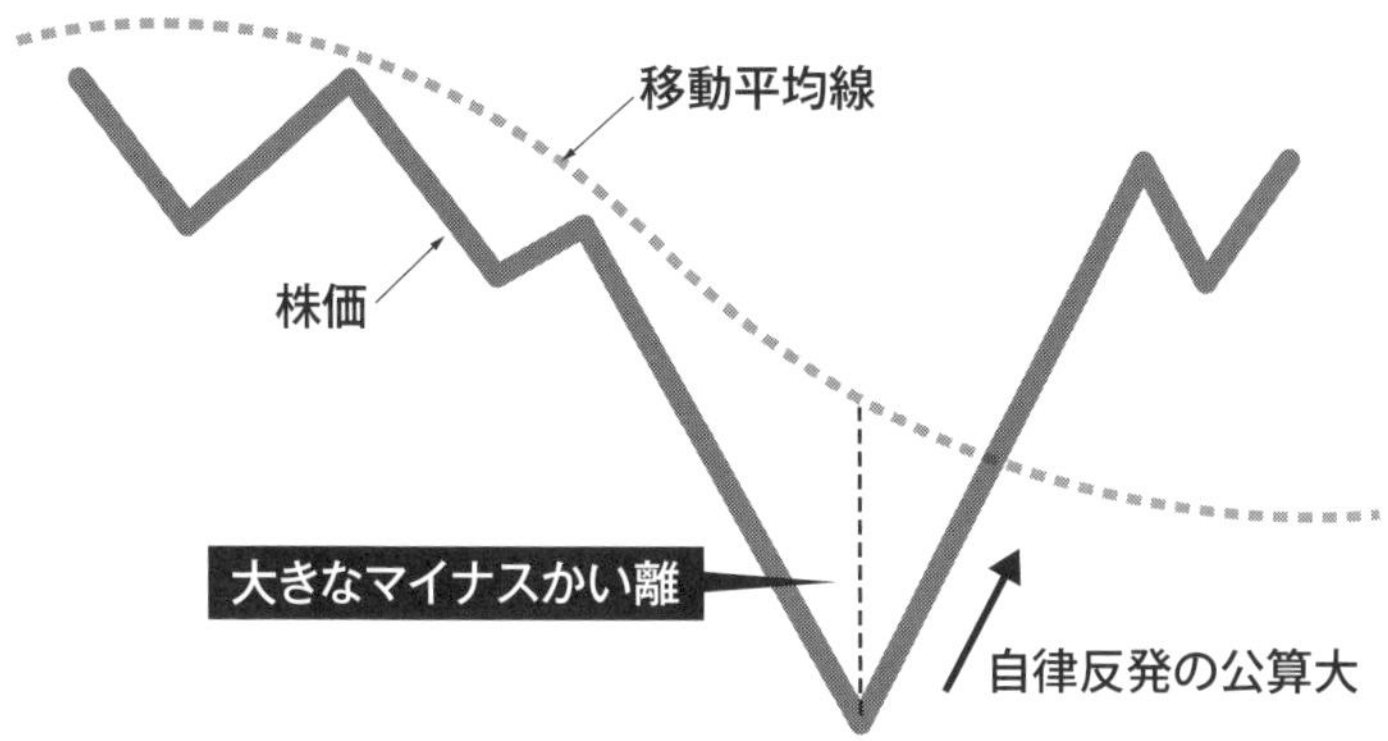

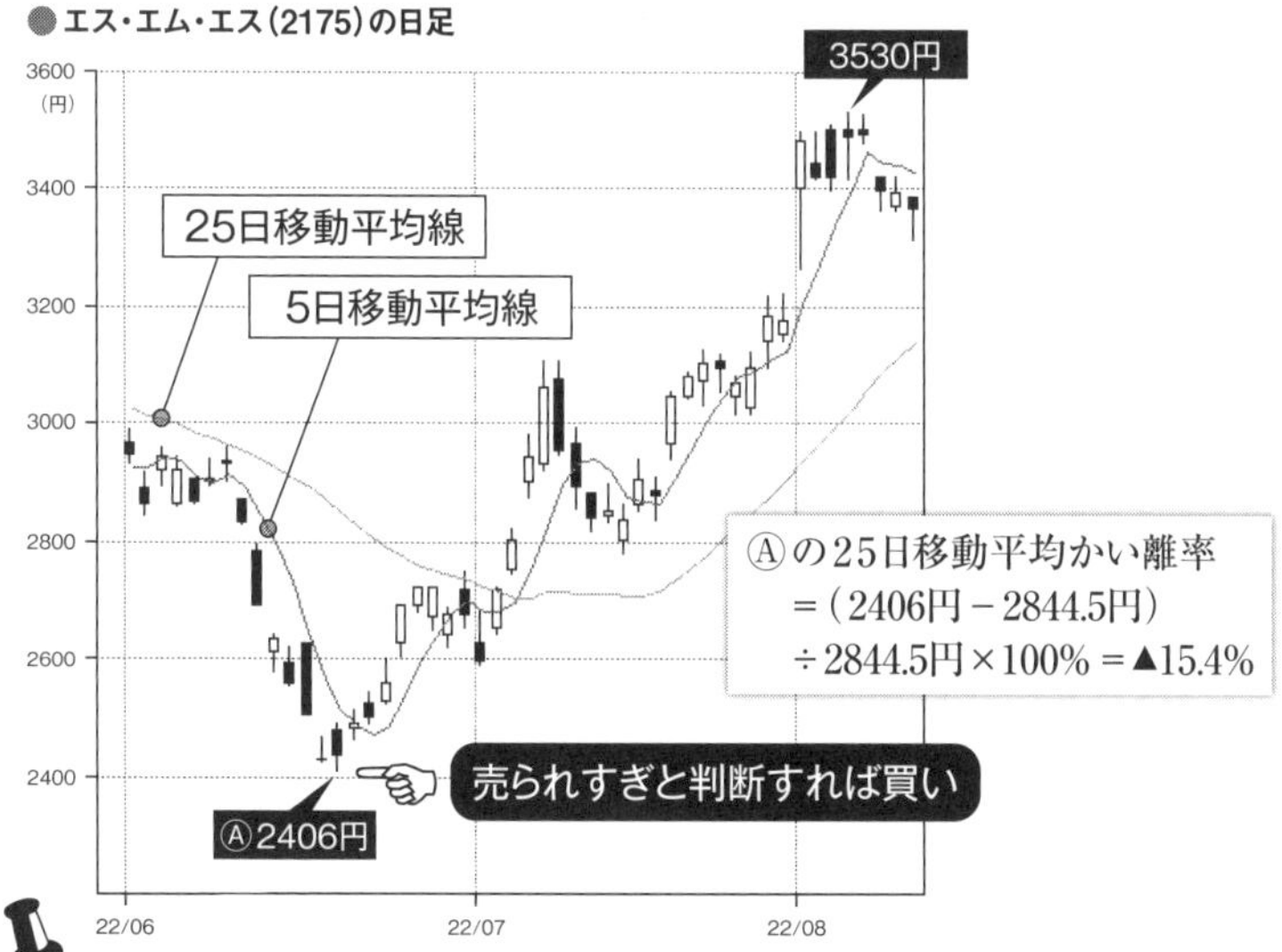

POINT

株価と移動平均線が、どのような状態になれば大幅マイナスかい離となるのかを理解し、買いの判断材料とする。

《Column》 相場格言&先人の知恵に学ぶ ……05

基本は短期・順張り。強い銘柄にマトを絞れ！

短期買いの基本は順張りです。そう、徹底して強い銘柄にマトを絞るのです。順張り銘柄とは、「すごコツ36」の強気相場の説明にもあるように、短期、中・長期の移動平均線が「順」の形になっていて、株価（終値）がその上に位置しているパターンです。

ウォール街では、「打ちひしがれ、うずくまっている人がいたら蹴っ飛ばせ」といわれていますし、中国では「池に落ちた犬は棒で突っつけ、石を投げよ」といわれているほどです。それはともかく、短期・順張りでは強いセクター、強い銘柄を攻めなければなりません。この場合、テーマ性の解析も重要になります。世相にカネを乗せるためには、国策に逆らってはダメです。

パワー半導体の育成は、今後極めて重要な国策となります。300ミリウェハー、SiC（炭素ケイ素）のシフトに対応できる液体研磨剤大手の**Mipox（5381）**は、将来的にも十分期待できます。

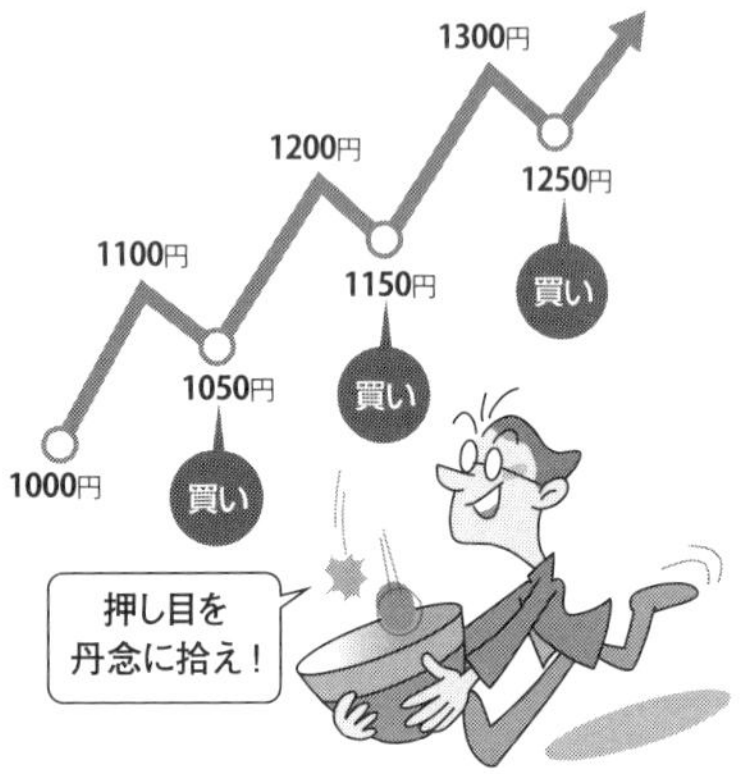

第2部〈実戦編〉

第5章

買い場到来・大底確認サイン

ローソク足の「大陽線」で底値到達を確認する

■下値圏で出現する大陽線は高値追いのサインとなる

この章では、ローソク足によって大底を確認する方法を中心に説明していきたいと思います。まずは「大陽線」です。これについては、「すごコツ14 転換点に出る9つの基本形を覚える」でも触れていますので、もう一度読み返してみてください。

大陽線は勢いが強く、株価が大幅に上昇したことを示すローソク足です。特に、株価が**日柄**をかけて大きく下げていたり、下値が固まりつつある状況下で大陽線が出現したときは、高い確率で相場つきが転換したことを示します。この場合、出来高の急増を伴えばより信頼性が増します。

次ページのチャートは**電源開発（９５１３）**の週足です。これを見ると、**底値固め**の状況が続いたあと、Ⓐと Ⓑのところで大陽線が出現し、出来高を見ると両方とも前週に比べて急増しています。セオリーどおり、その後、同社株は高値追いの展開となりました。

用語解説&ロ一メモ

●日柄
一般にはその日の縁起のよしあし、吉凶のことをいう。相場の世界では、株価が適正な値段になるまでの日数（時間）のことを指し、この日柄によって株価が落ち着くことを「日柄調整」という。

●底値固め
株価がこれ以上は下げない状態になること。また、同じように安値圏で小幅な値動きを繰り返し、底値を固めることを「底値鍛錬」という。

下値固め終了後に出現する大陽線

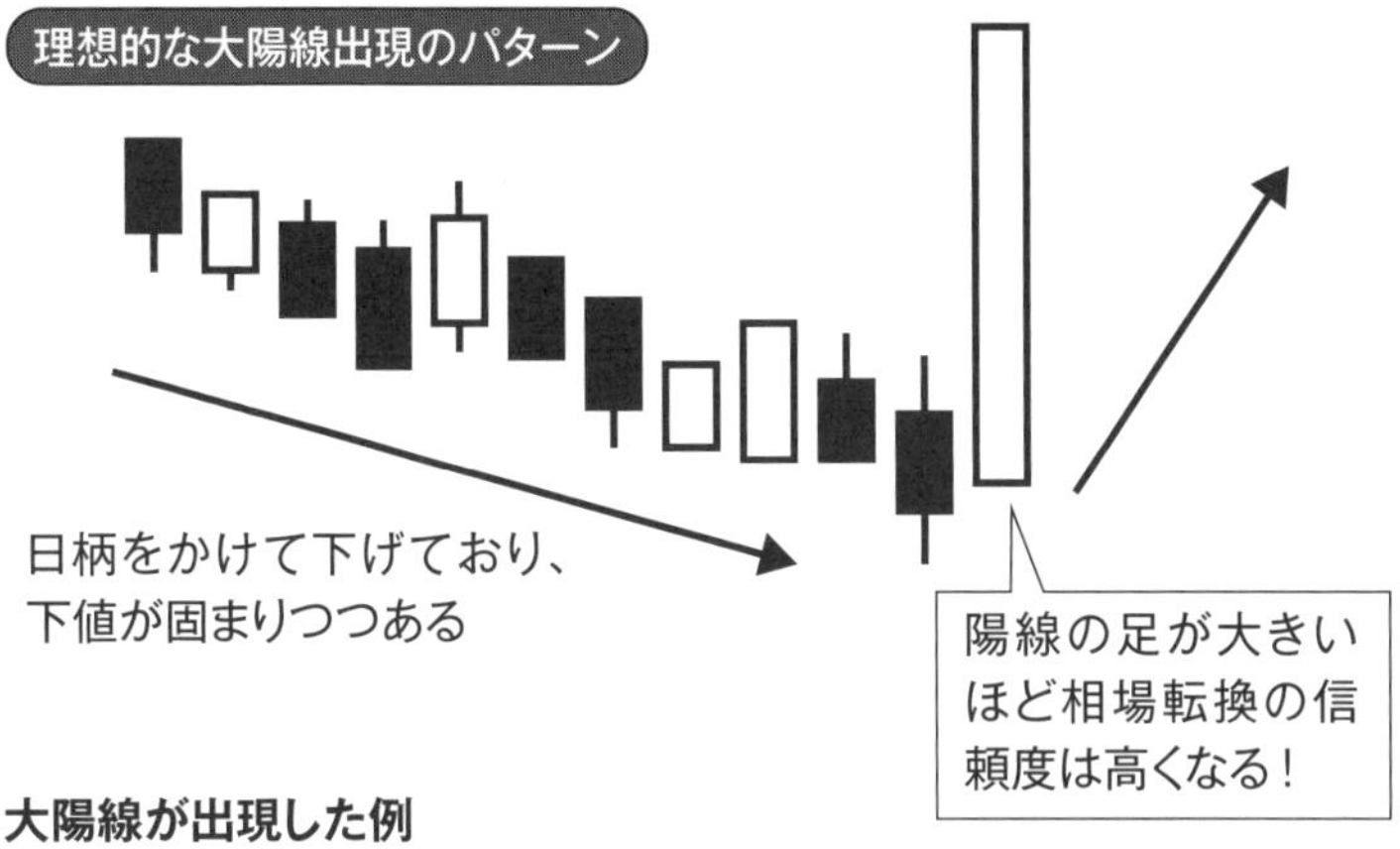

大陽線が出現した例

● 電源開発(9513)の週足

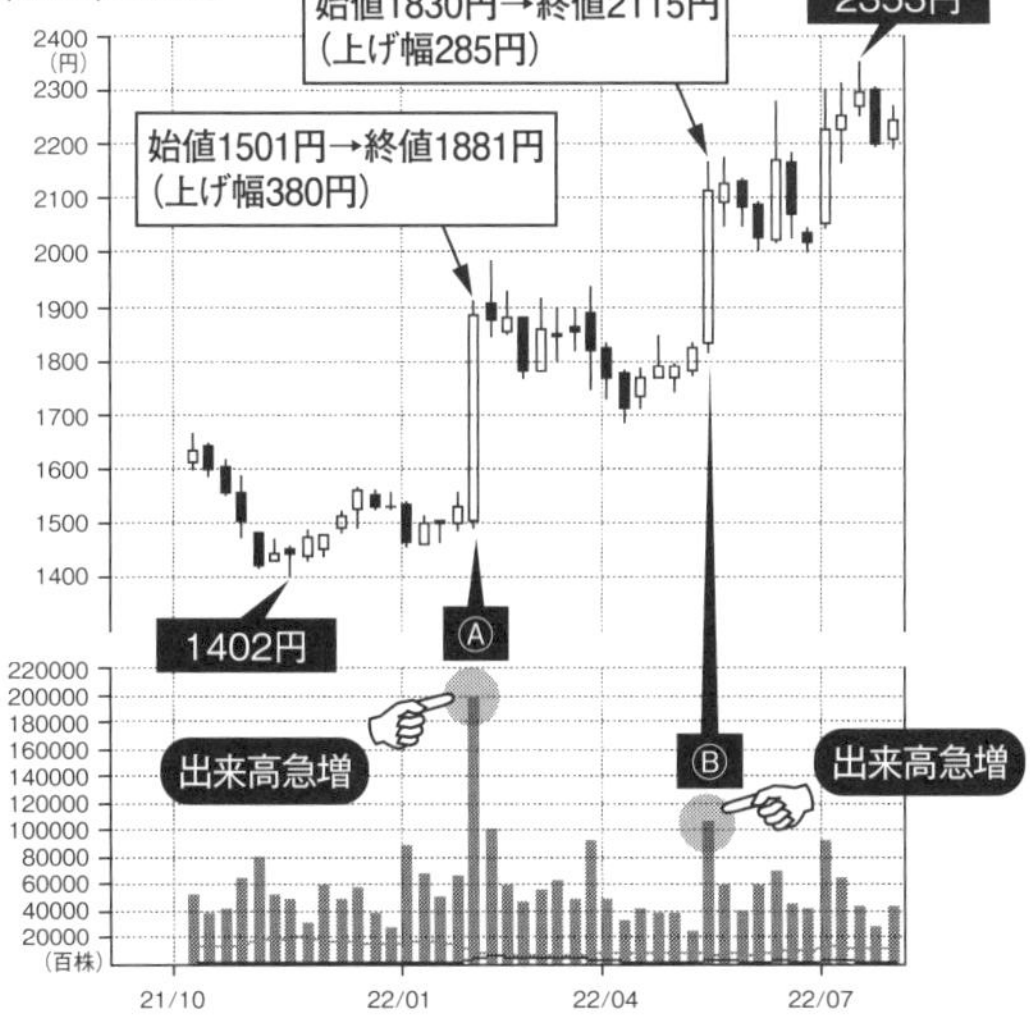

POINT

下値圏で出現する大陽線のパターンを知り、大底確認のサインになり得ることを理解する。

ローソク足の「毛抜き底」で底値到達を確認する

■分かりやすい毛抜き底は信頼性の高い買いサインとなる

「毛抜き底」は、下降を続けてきた相場が安値圏に到達し、連続した2本のローソク足の安値がほぼ同値となったパターンです。毛抜き底が出現したあと、これらの安値を下回ることなく上昇に転じれば、相場が本格的に反転したと判断できます。

毛抜き底は相場が**動意づく**場面でたびたび出現しますが、第2章で取り上げた「抱き線」「はらみ線」などと比べてその形状が分かりやすいという利点があります。また、比較的ダマシが少なく、相場の底値到達を確認するうえで非常に重要なサインとなりますので、特に持ち株についてはは日々チェックするようにしてください。

次ページのチャートは、「沈まぬ企業」とも称される**日本製鉄（５４０１）**の日足です。下げ相場が続き、株価が安値圏に到達したと思われる時点で、Ⓐと Ⓑの安値がほぼ同値（ⒷがⒶより2円高い）になりました。毛抜き底の出現です。その後、同社株はⒶの安値を一度も下回ることなく、**急反騰**に転じました。

用語解説&ローメモ

●**動意づく**
閑散状態だった相場が動き始めたことを指す。株価が上がり始めたときによく使われ、出来高が増えていれば高値追いの期待が高まる。「動兆」ともいう。

●**急反騰**
下げ続けていた相場が急に反発し、大幅に高くなること。同じ反発でも、上げ幅が小幅なときは「小反発」と呼ばれる。

下降相場のあとに出現する毛抜き底

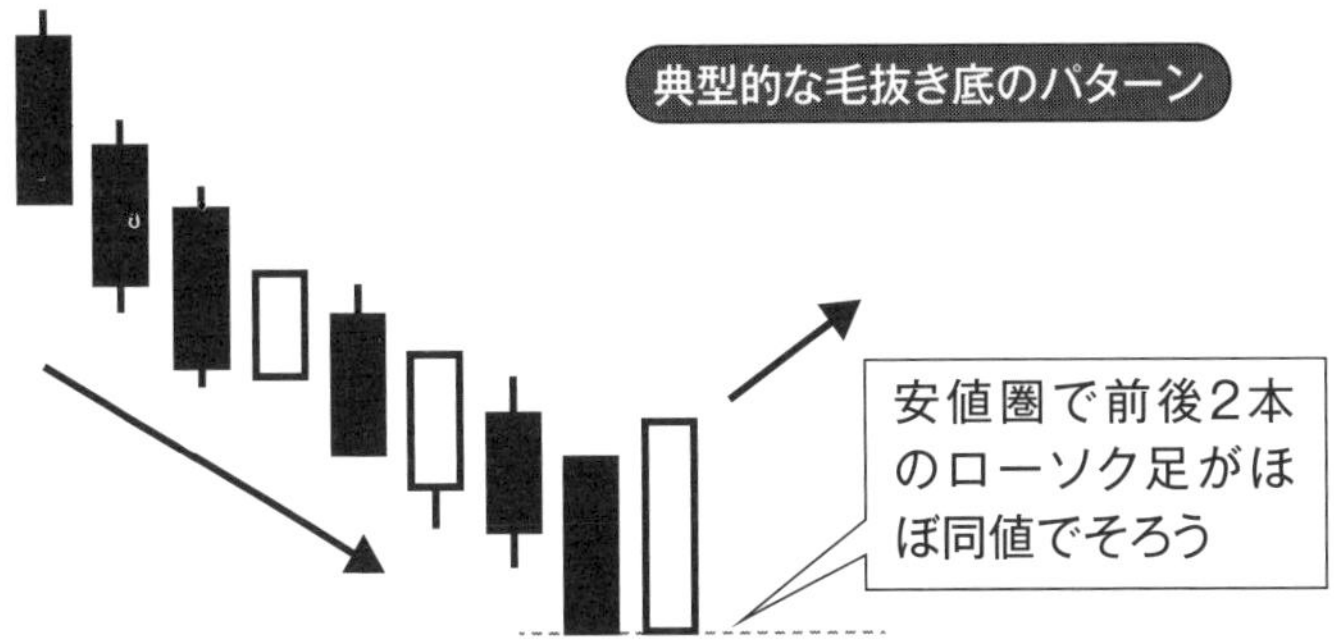

毛抜き底が出現した例

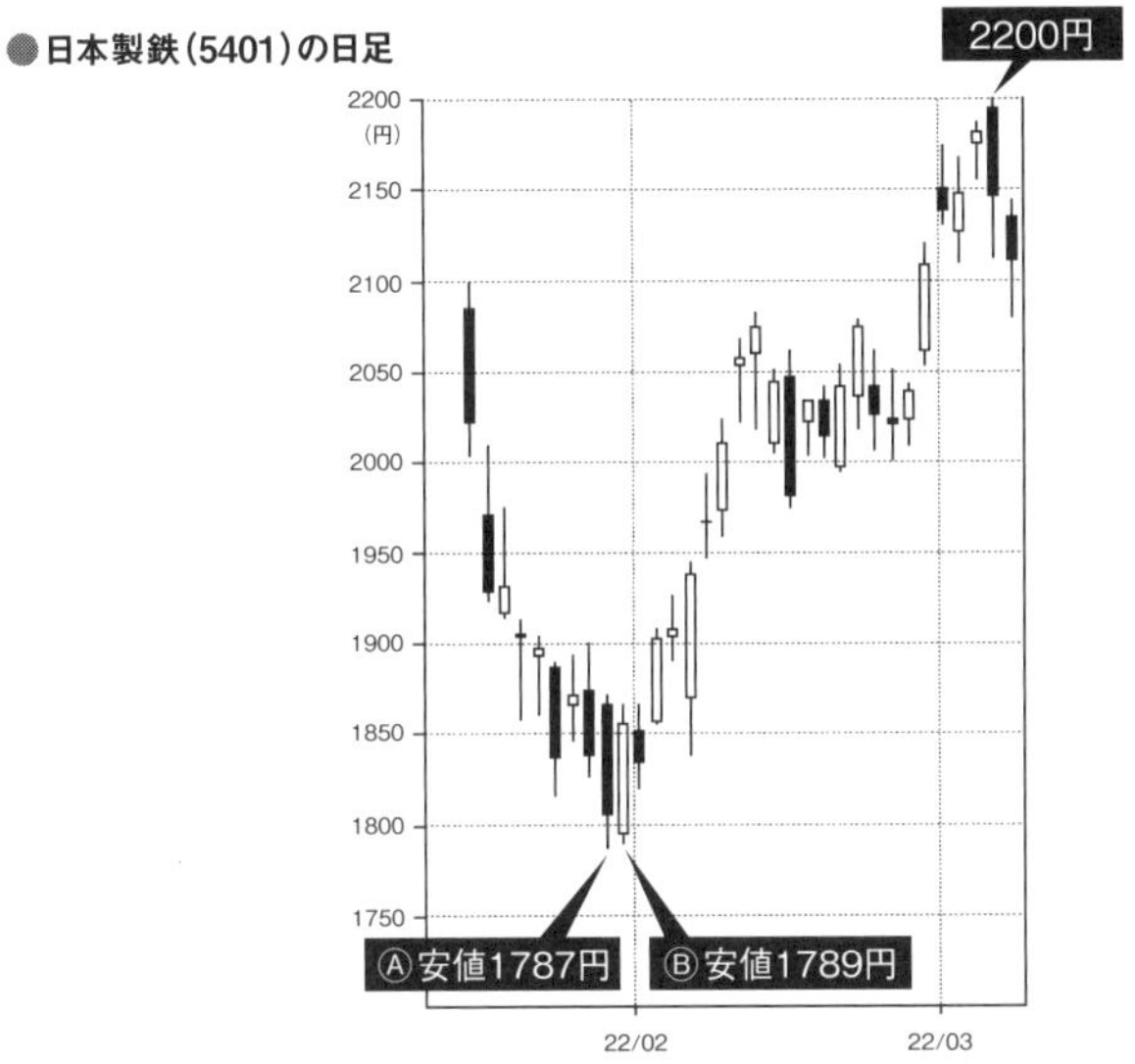

POINT

前後２本のローソク足が、どのような形になれば毛抜き底となるのかを理解する。

ローソク足の「長い下ヒゲ」で底値到達を確認する

■長い下ヒゲは売り圧力を跳ね返した強いサインとなる

安値圏で出現する長い下ヒゲも、底値確認の重要なサインとなります。長い下ヒゲは、**投げ売り**など強い売り圧力をこなし、それを跳ね返したことを意味します。したがって、下ヒゲが長ければ長いほど上昇転換の可能性が高まります。

なお、「すごコツ14　転換点に出る9つの基本形を覚える」でも触れていますが、下ヒゲの長いローソク足には下影陽線と下影陰線（影＝ヒゲ）の2種類があります。下影陽線は買い方のエネルギーが強く、最終的に買い方が勝利したことを示します。これに対し、下影陰線は最終的に売り方が勝利したものの、買い方の抵抗が強かったことを示します。

いずれのパターンも**悪材料**を織り込み、新たな買い手が登場したと見ることができます。この場合、出来高が急増すればその信頼性は高くなります。これは、膨大な売り物以上の買いエネルギーが出現したことを意味します。

用語解説&ワンメモ

●**投げ売り**
思惑に反して株価が値下がりし、保有していた株式を損失覚悟で売ること。膨らんだ損失を少しでも抑えるための手仕舞いで、投資家が冷静さを失ったときに起きやすい。「見切り売り」「処分売り」などともいう。

●**悪材料**
株価の下げにつながる要因、出来事のこと。具体的には、市場予想を下回る決算、業績予想の下方修正、経営陣のスキャンダルなどがある。「売り材料」ともいう。

上昇転換を示唆する長い下ヒゲ

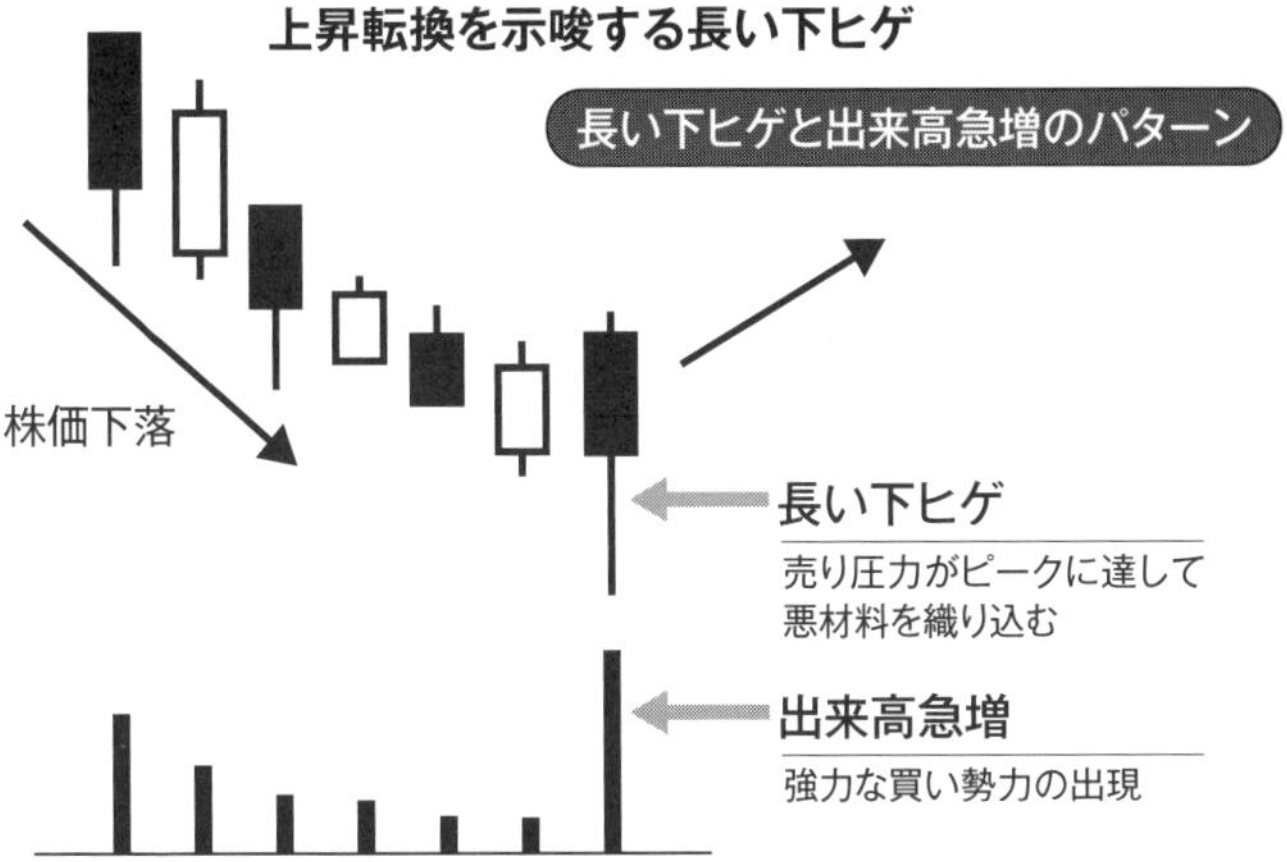

長い下ヒゲの例

●ダブル・スコープ(6619)の日足

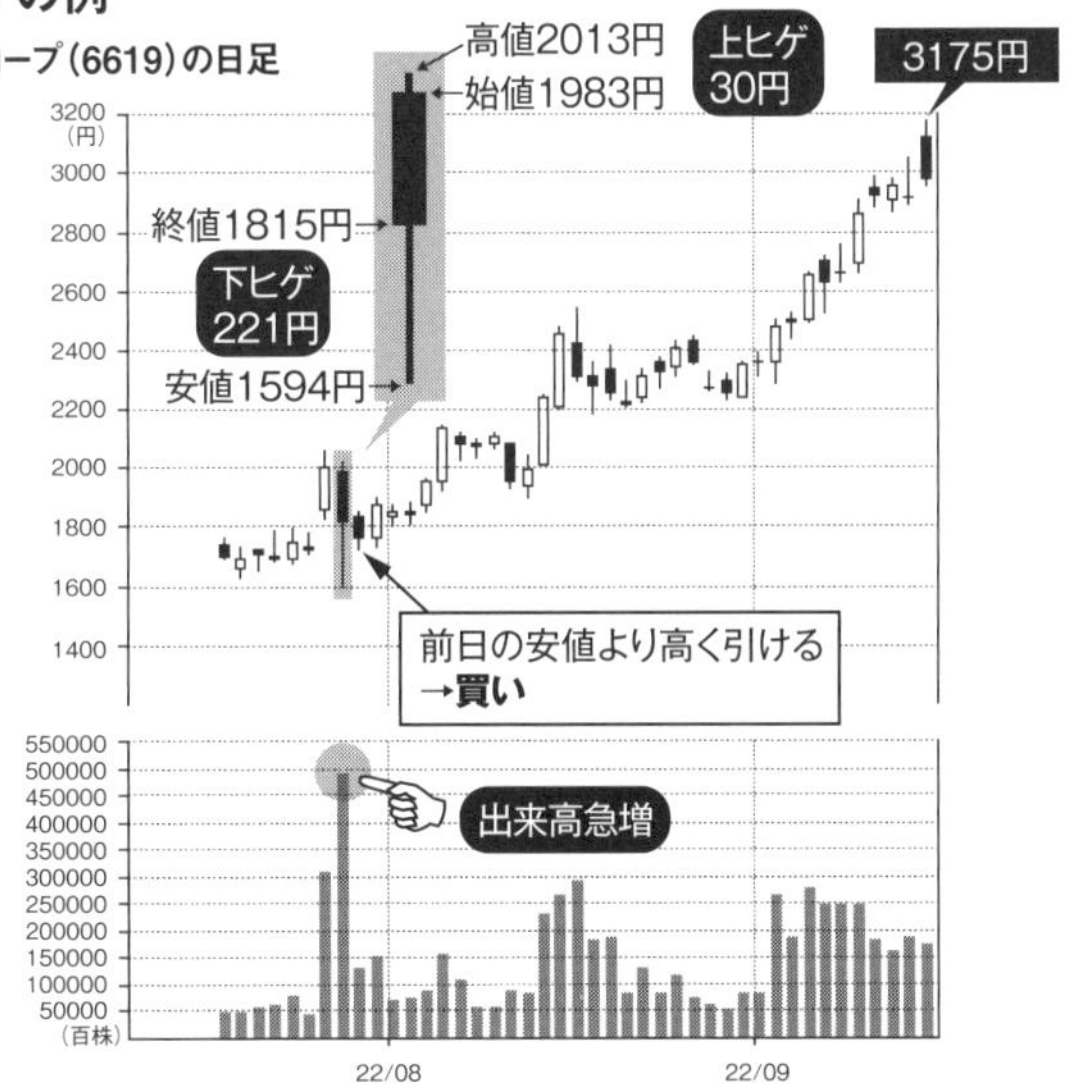

POINT

長い下ヒゲが出現する理由を知り、
底値確認のサインになり得ることを理解する。

ローソク足の「十字線」で底値到達を確認する

■安値圏で出現する十字線は下値固め↓上昇転換のサイン

株価が大きく下げたあと、**ドン安値**となった局面で十字線が出現するパターンも底値確認の重要なサインとなります。これも「すごコツ14」で触れていますが、十字線は始値と終値が同値となったローソク足で、実体部分は存在しません。

これは、買い方と売り方の勢力が拮抗し、綱引き状態となって引けたことを表します。この十字線が下降相場の最終段階で出ると、売り方優位の流れを買い方が食い止めた証《あかし》になるため、下値固め後上昇に転じる可能性が高まるのです。

なお、十字線は寄引同時線（同時線ともいう）の1つで、始値と終値が同値のローソク足には、ほかにも**一本線**やトンボ、トウバ（52〜53ページ参照）があります。

次ページのチャートは、**ブリヂストン（5108）**の週足です。4082円の高値をつけたあと下げに転じ、陰線が3本続きました（黒三兵＝66〜67ページ参照）。しかし、このあとⒶの安値圏で十字線が出現し、Ⓑの高値まで2割以上値上がりしました。

用語解説&ローメモ

●ドン安値
投げ売り、パニック売りが続き、想定以上に値下がりした局面の株価のこと。「ドン安値でぶん投げた」などといわれるが、結果的にそこが絶好の買い場となることがある。

●一本線
取引時間中、株価の4本値（始値・高値・安値・終値）が同じ値段となった状況のこと。ストップ高買い気配、ストップ安売り気配のまま大引けを迎えたときなどに起きる。なお、一本線は十字線などと同じ、寄引同時線の一種とされる。

上昇転換を示唆する急落後の十字線

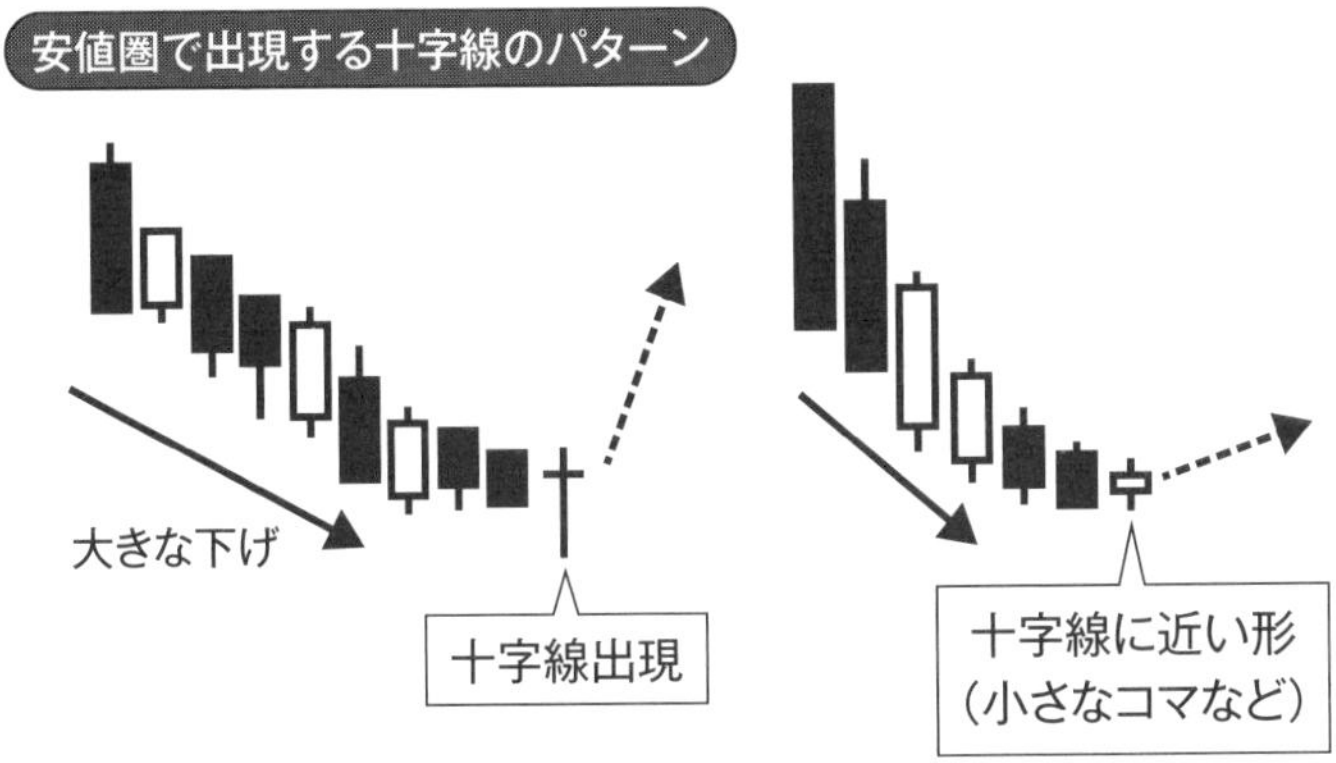

安値圏で出現した十字線の例

●ブリヂストン(5108)の週足

POINT

安値圏で十字線が出現する理由を知り、なぜ上昇転換しやすいのかを理解する。

「二点底」で底値到達を確認する

■ほぼ同値の安値2つをもとに判断できる二点底

二点底は相場の大底を示すチャートパターンの1つで、見た目的に非常に分かりやすく信頼性も高いことで知られています。また二点底は、底値圏で同程度の安値を2回にわたってつけ、その形がアルファベットのWのように見えるため、ダブルボトムとも呼ばれます。

次ページの図にあるように、ほぼ同値の安値を2回つけたあと、上値抵抗線であるレジスタンスラインを株価が突破すれば、長く続いた下降相場が転換したと判断できます。その後、2つの安値の間の山に引いた線（**ネックライン**）を抜くと、さらに相場反転の信頼性が増します。ここは本格的な買いを入れるタイミングとなります。

次ページのチャートは、**任天堂（7974）**の日足です。Ⓐと©の時点でほぼ同値の安値をつけ、Ⓑの山を起点としたネックラインを抜いたことで、二点底の形成が明確に確認されました。株価はその後、一段高の展開となっています。

用語解説&ワンポイントメモ

●ネックライン

二点底などのチャートが形成される際、トレンド転換を示すラインのことをネックラインという。二点底の場合、下落したあとの戻り高値を真横に引いた線がネックラインとなる。

二点底（ダブルボトム）形成のパターン

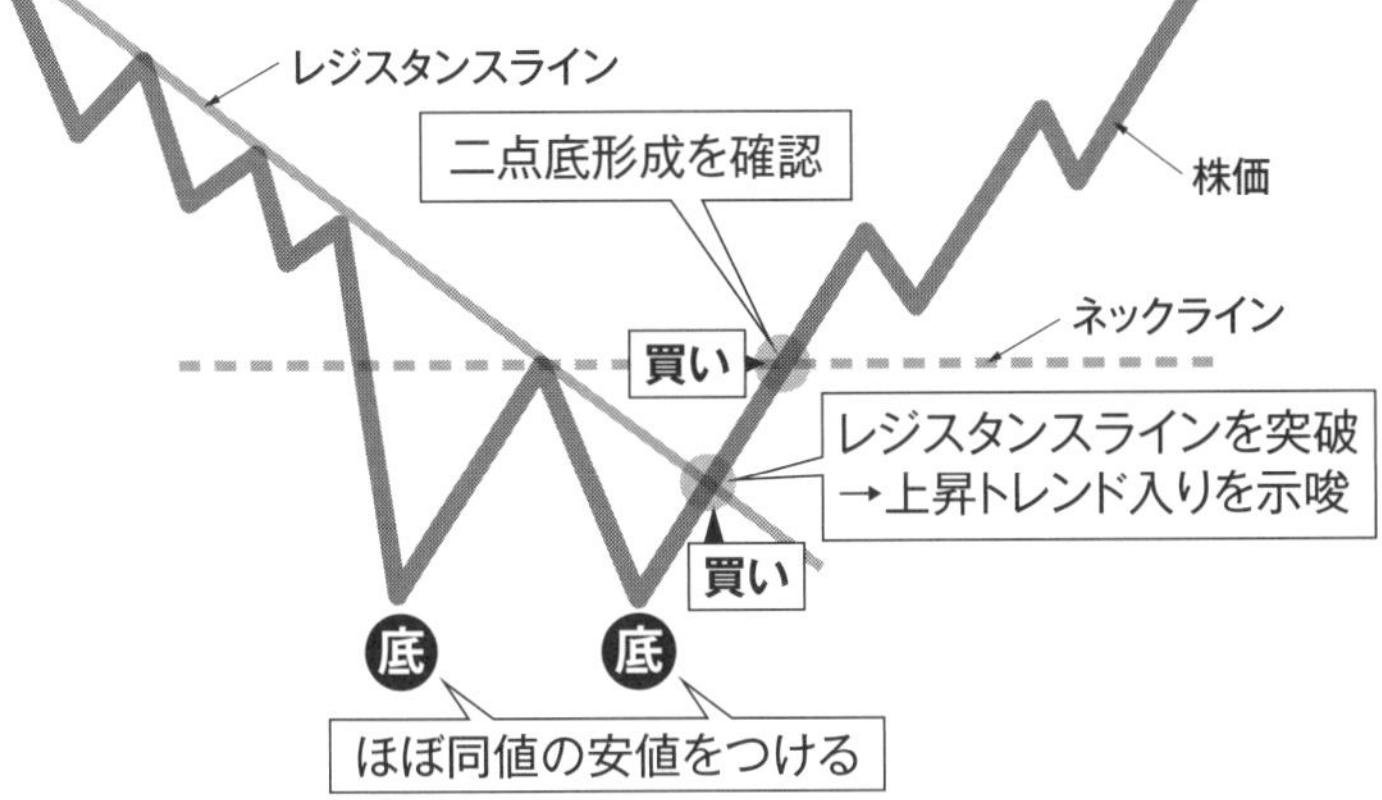

二点底（ダブルボトム）の例

●任天堂（7974）の日足

POINT

ほぼ同値の安値２つをつけたチャートに着目し、
二点底の形成で大底確認ができることを理解する。

「逆三尊」で底値到達を確認する

■3つの安値によって形成される逆三尊

チャート分析による大底確認のパターンには、前項の二点底のほか、逆**三尊**（逆ヘッド・アンド・ショルダー）、ソーサーボトム（なべ底）、線状ライン（ロングベース）などもあります。

ここで取り上げる逆三尊のパターンは、頭（ヘッド）と両肩（ショルダー）に見立てられる3つの谷（安値）によって形成されます。

次ページの図にあるように、①の安値に対する戻りと②の安値に対する戻りを結んだネックラインを株価が上回ると、逆三尊の形成→大底確認となります。この後は本格的な上昇局面が期待されるため、ここは買いを入れるところです。

次ページのチャートは、**ダイキン工業（6367）**の日足です。頭の部分に相当する②の谷で1万8850円の安値をつけましたが、セオリーどおり、ネックラインを突破したあと、株価は一段高となりました。

用語解説&ワンモア

●三尊
三尊とは、仏教において仏像を安置する形式のことで、阿弥陀三尊、釈迦三尊などがよく知られている。釈迦三尊の場合、真ん中が釈迦、両脇が文殊、普賢の両菩薩となる。

逆三尊形成のパターン

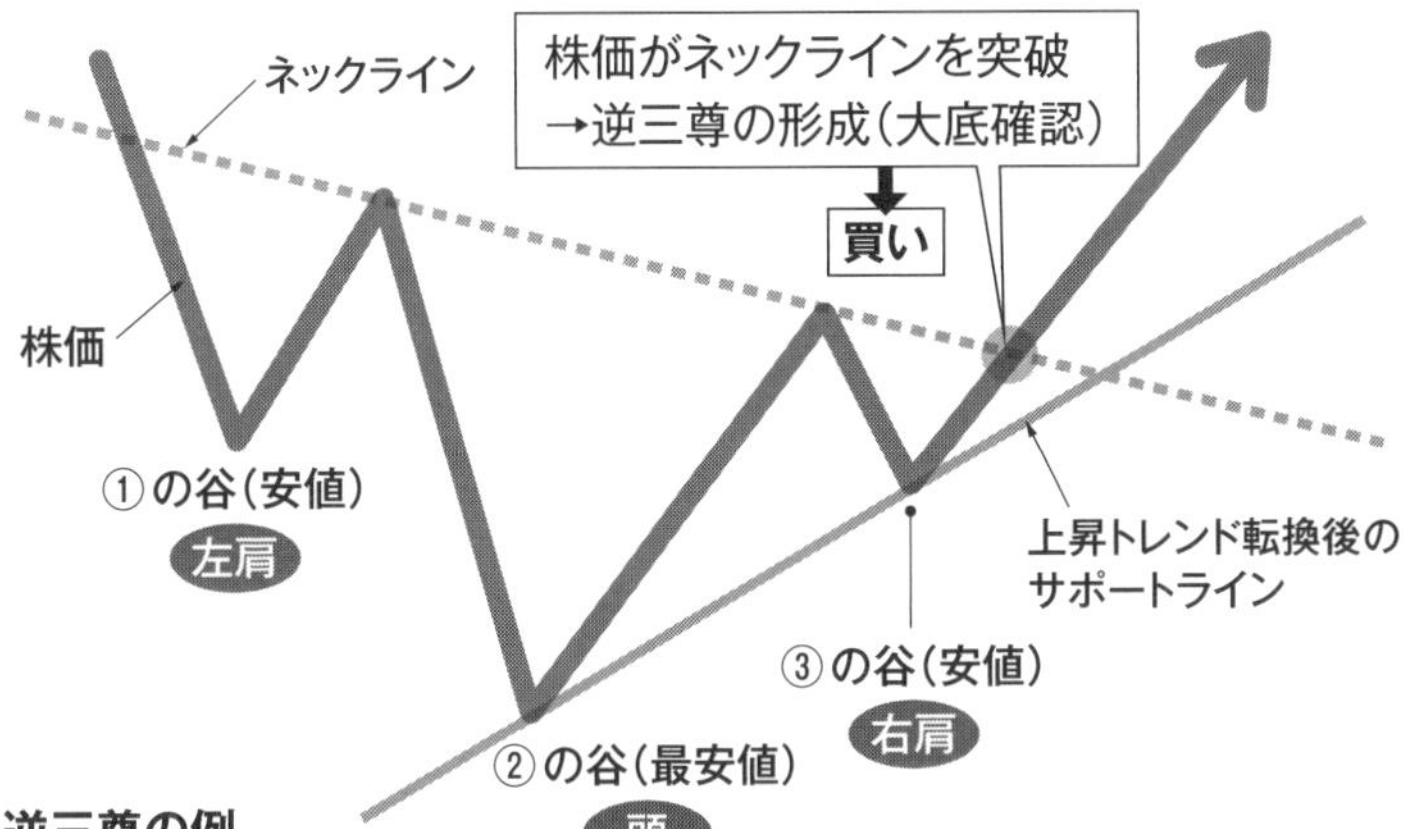

逆三尊の例

● ダイキン工業(6367)の日足

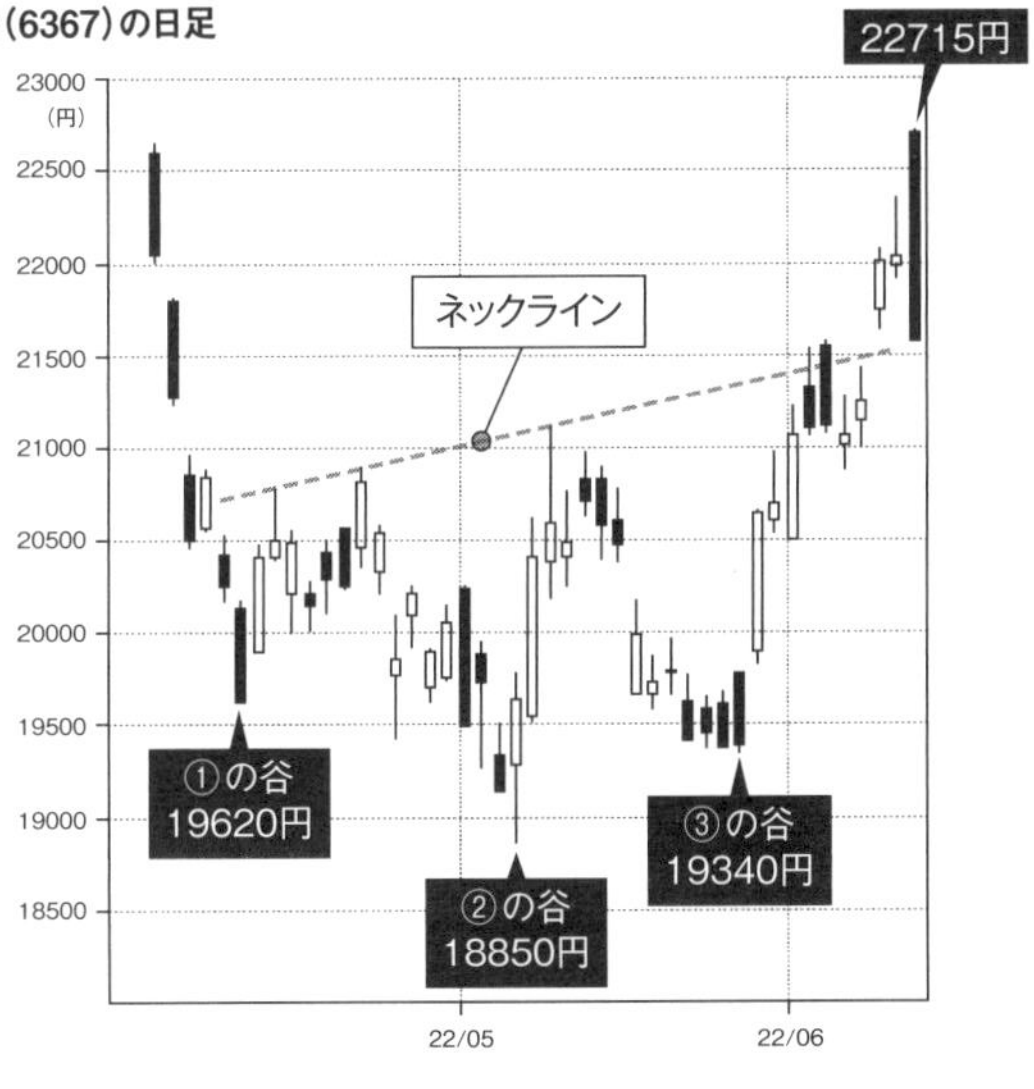

POINT

3つの安値をつけたチャートに着目し、
逆三尊の形成で大底確認ができることを理解する。

「ソーサーボトム」で底値到達を確認する

■下げ続けたあと横ばい状態になれば急反騰が期待できる

ソーサーボトムも大底圏で出現するチャートパターンです。ソーサーとは、コーヒーカップなどの下に置かれる受け皿を意味します。このためソーサーボトムは、なべ底型の底値形成とか、円形転換（ラウンディングターン）などともいわれます。

下降相場が続いたあと、大きく反発することもなく、しばらく横ばい状態になることがあります。このとき、レジスタンスラインを突破すれば下降トレンドの転換を示唆したことになります。ここは、**打診買い**を入れてもよいところです。

その後株価が反発し、お皿の左ふち（ソーサーボトムに入る直前の山）を上回ればネックラインを上回ったことになります。本格的な上昇が期待できるパターンです。

次ページのチャートは、**三井不動産（８８０１）**の週足です。Ⓐのところで相場転換を示唆し、Ⓑのところでネックラインを突破しました。株価はその後、一段高となり、３０２３円まで13％以上値上がりしています。

用語解説&メモ

●打診買い
様子を見るために、小口の買いを入れてみること。相場の方向性がよく分からないときなど、大きなリスクを避けたいときに行なわれる。「試し買い」ともいう。

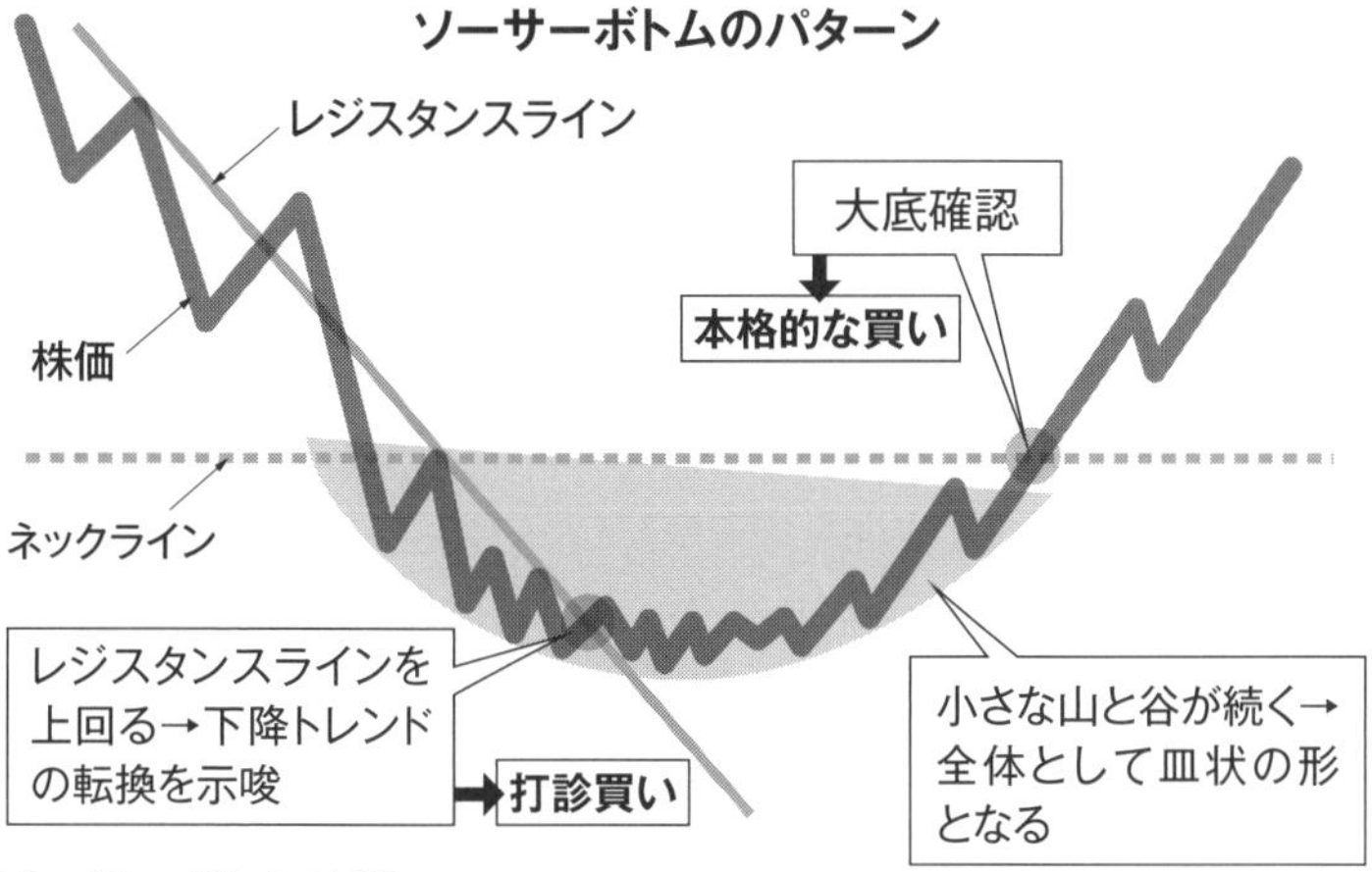

ソーサーボトムの例

●三井不動産(8801)の週足

POINT

なべ底型となったチャートに着目し、ソーサーボトムの形成で大底確認ができることを理解する。

「線状ライン」で底値到達を確認する

■**長い線状ラインは大相場を予兆する**

これといった買い材料も売り材料もなく、底値圏に張りついたような形のチャートが形成されることがあります。これが線状ラインです。線状とは、文字どおり線のように細長い形のことであり、このようなライン状のもみ合いを放れると、株価は急反騰に転じることがあります。

線状ラインのなかでも、特にもみ合いの期間が長いものはロングベースと呼ばれています。また、線状ラインの一種で、その形が蛇行しているように見えるものをスネークと呼ぶこともあります。かつては、あまり知られていない**時価総額**の小さい企業が**仕手グループ**などに目をつけられ、株価が大化けしたこともよくありました。

次ページのチャートは、**NSユナイテッド海運（9110）**の週足です。長らく線状ラインが形成されていましたが、Ⓑのところで Ⓐの高値を抜き、上値追いに転じました。その後、同社株は海運株の一角として大相場を演じています。

用語解説&ワンメモ

●**時価総額**
上場企業の規模を示す金額で、株価（そのときの時価）×発行済み株式数で算出される。通常、時価総額が大きい企業は、市場によって企業価値の高さを評価されていることを意味する。

●**仕手グループ**
巨額の資金を使って仕手株を手がけるプロ集団のこと。仕手筋ともいう。このようなグループが秘密裏に対象企業の株式を集めることを「玉（ぎょく）集め」という。

線状ラインのパターン

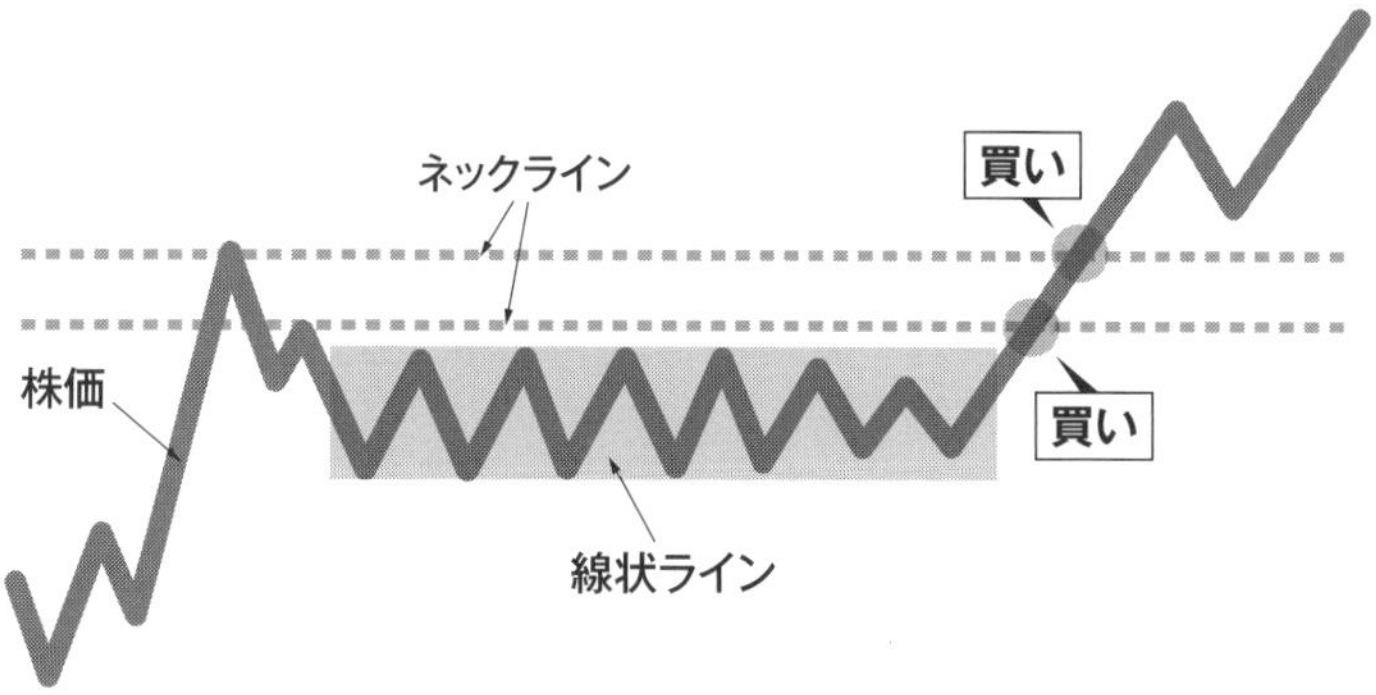

線状ラインの例

POINT

もみ合いが長く続いたチャートに着目し、線状ラインが大相場に発展し得ることを理解する。

下落率には下げ止まるフシがある

■突っ込み買いの目安となる下落率の水準

株式市場は、時に**ショック安**に見舞われることがあります。突然起きる予期せぬ出来事による下げです。このような場合、これまでのテクニカル的な経験則はまったく通用しません。たいていは想定外の株価急落となります。

しかし、相場にはフシというものがあります。すなわち、とりあえず下げ止まる水準があり、この抵抗ラインで踏みとどまれば、底打ちとなって反転することがあるのです。

この下げ止まるフシには、高値に対する下落率が50％（半値＝2分の1）、同60％（半値八掛け）、同68％（半値八掛け2割引き）、同75％（半値の半値＝4分の1）、同85％（地獄の一本道＝約7分の1）、同90％（地獄の釜のフタ＝10分の1）などがあります。

もちろん、株価が半値以下になる途中で**ロス・カット**するのは当然ですが、このフ

用語解説&ワンロメモ

●ショック安
国内外において想定外の悪材料が出たとき、株価が急落すること。想定外の悪材料には、戦争、大地震などの災害、金融政策の急変、世界的要人の事件・事故などがある。

●ロス・カット
投資で評価損が発生した際、取引を決済（手仕舞い）して損失を確定させること。損切り、ストップロスともいう。

シは突っ込み買いの1つの目安と考えることができます。

ただし、下落率50％のフシを突破すると、たいてい次は下落率60％まで下げます。これを突き抜けると下落率68％、さらにこのフシを下回れば下落率75％と、次々にフシを突破してしまうことがよくあります。

突っ込み買いを行なう買いのタイミングは、このどこかの水準で下げ止まったあと、大底確認のサインが点灯してからとなります。大ヤケドの元となりますので、決して拙速《せっそく》な仕掛けをしてはなりません。

なお、仕掛ける場合は、買い下がり戦略が有効となります。

底値確認のヒントになる下落率

高値に対する下落率	フシの呼び名
50%	半値
60%	半値八掛け
68%	半値八掛け2割引き
75%	半値の半値（4分の1）
85%	地獄の一本道（約7分の1）
90%	地獄の釜のフタ（10分の1）

POINT

下落率には下げ止まる水準があることを知り、それが突っ込み買いの参考になることを理解する。

《Column》 相場格言&先人の知恵に学ぶ ……06

高級魚は底に近いところにいる！

タイ、ヒラメ、アンコウなどの高級魚は、普段、海の深いところ（底）にいます。一方、イワシ、サンマなど昔は雑魚（失礼）と呼ばれた大衆魚は、群れをなして人目につきやすい水面近くを泳いでいます。

株式市場で優良株と呼ばれるものは、投資家を儲けさせてくれる（そのチャンスを与えてくれる）銘柄です。単純な企業内容だけではありません。

もっとも、よい銘柄を安いうちに発掘するのは簡単ではありません。このため、相場巧者として名高いアメリカの投資家、ウォーレン・バフェット氏は、「優良株がアクシデントに巻き込まれ、大きく売り込まれたところを買う」戦術を提唱しています。

かつてトラブル（不祥事）が発生、株価が急落した**オリンパス（7733）、ブリヂストン（5108）**などは、そんなケースに当てはまるのではないでしょうか。

今日は大物をじっくりと狙っていくよ

第2部〈実戦編〉

第6章

急騰銘柄のチャートパターンを覚える

東京電力ホールディングス

■ゴールデンクロスのあと大陽線の連発で高値を追う

この章では、これまで取り上げてきたローソク足の基本、トレンドの読み方、移動平均線の活用法、大底確認サインなどを踏まえ、急騰した銘柄のチャートパターンを検証してみたいと思います。

もちろん、どのような急騰銘柄もいずれは下げトレンドに転じますが、高値追いが続く間は収益チャンスが見込めますので、このようなチャートパターンをしっかり目に焼きつけてください。

次ページのチャートは、**東京電力ホールディングス（9501）**の週足です。**無配**が続いていますが、原発再稼働という材料を背景に、大相場となりました。

しばらく線状ラインの展開が続いたあと、①のところで2本の移動平均線がゴールデンクロスしています。その後、②のところで「陰の陽はらみ」が出て一段高となり、③→④→⑤と大陽線が出現して664円まで買われました。

用語解説&メモ

●**無配**
文字どおり、配当がまったく配られないこと。業績が赤字に陥ったとき、成長分野に資金を投入したいときなどに行なわれる。配当を見送ることは「無配転落」と呼ばれるが、無配を発表した直後の株価は急落することが多いため、注意が必要となる。

● 東京電力ホールディングス(9501)の週足

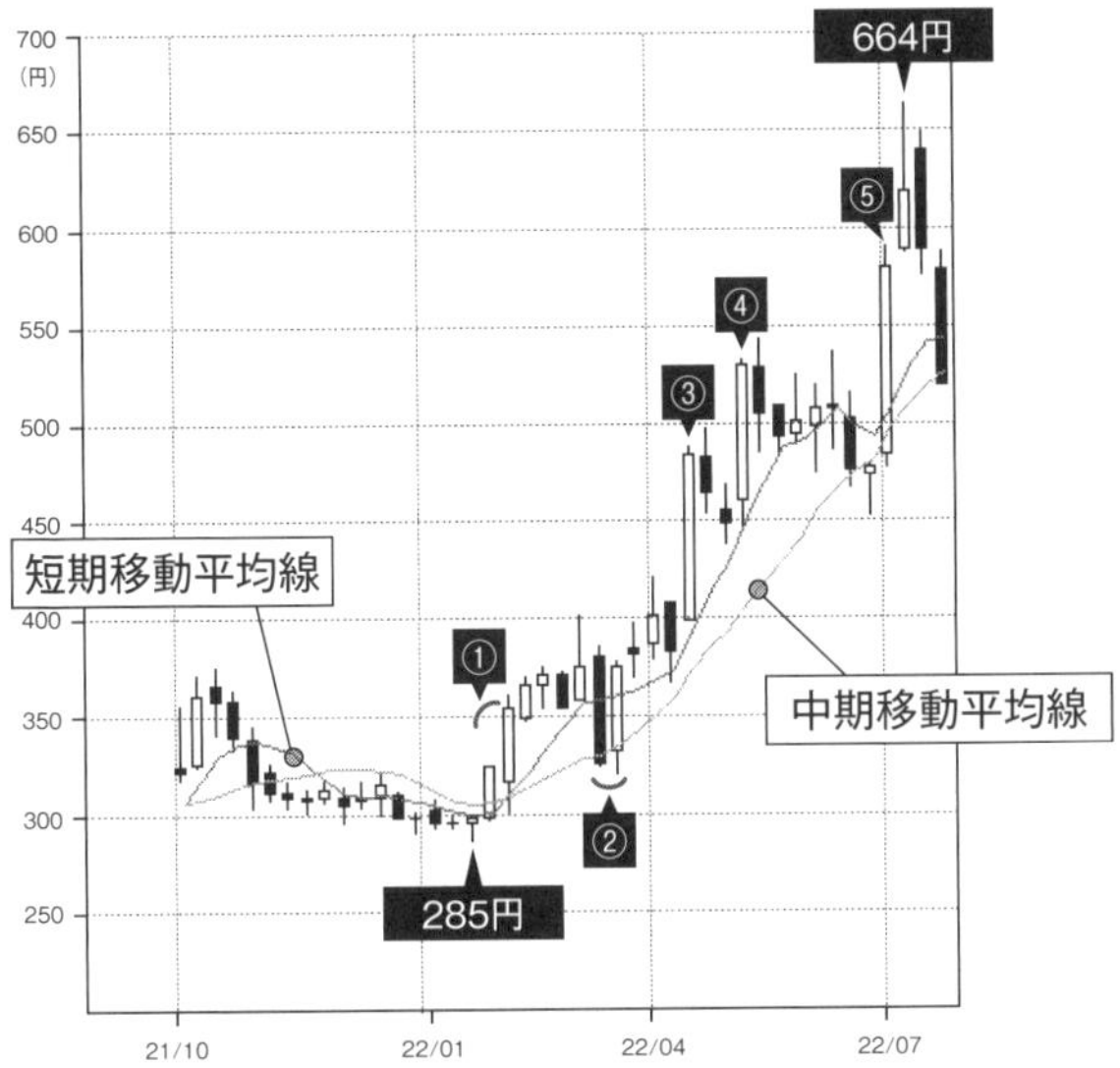

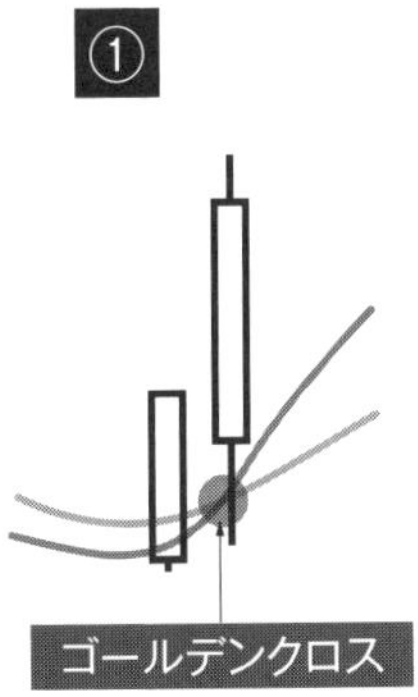

＊「すごコツ35」参照

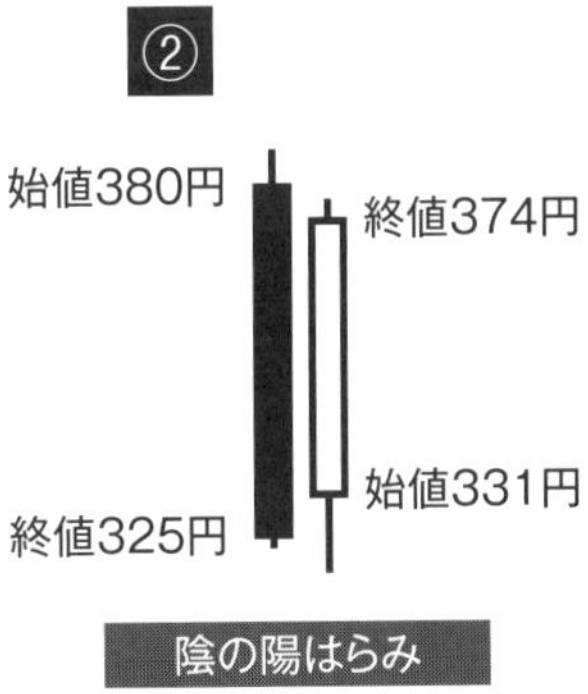

＊「すごコツ17」参照

POINT

線状ライン終了後、ゴールデンクロスを経て急騰したパターンを理解する。

三菱重工業

■ロシアのウクライナ侵攻で逆行高、防衛関連の主役に躍り出る

急騰銘柄の場合、株価が動意づく理由はさまざまですが、株価は冷静に好材料を織り込み、雄大なチャートを形成します。

次ページのチャートは、**三菱重工業（7011）**の週足です。2021年の12月まで下降トレンドが続きましたが、2022年に入ると株価は急反騰に転じました。①のところで短期移動平均線が中期移動平均線を上抜くと、②のところで大陽線が出現しました。しかもこのローソク足は、始値と安値が同値という「陽の寄り付き坊主」であり、非常に強い形です。

この足が出現する前の週には、ロシアがウクライナに侵攻するという暴挙が発生し、日経平均株価は急落しています。これは市場関係者の間で「**2・24ショック**」などと呼ばれましたが、防衛関連の主役的存在である同社株は**逆行高**となりました。その後も、③のところの「赤三兵」などを経て5672円まで買われました。

用語解説&ワンポイントメモ

●**2・24ショック**
2022年2月24日、ロシアがウクライナに軍事侵攻し、世界中に大きな衝撃を与えた。世界の安定的な食糧供給、エネルギー秩序は崩壊し、物価高、資源不足などが深刻化した。

●**逆行高**
日経平均株価など全般相場を示す指数が下落するなかにあって、ある銘柄だけが逆に値上がりすること。好テーマを内包する銘柄、業績の続伸が見込める銘柄、配当利回りの高い銘柄などが逆行高になりやすく、一段高が狙えるとされる。

●三菱重工業（7011）の週足

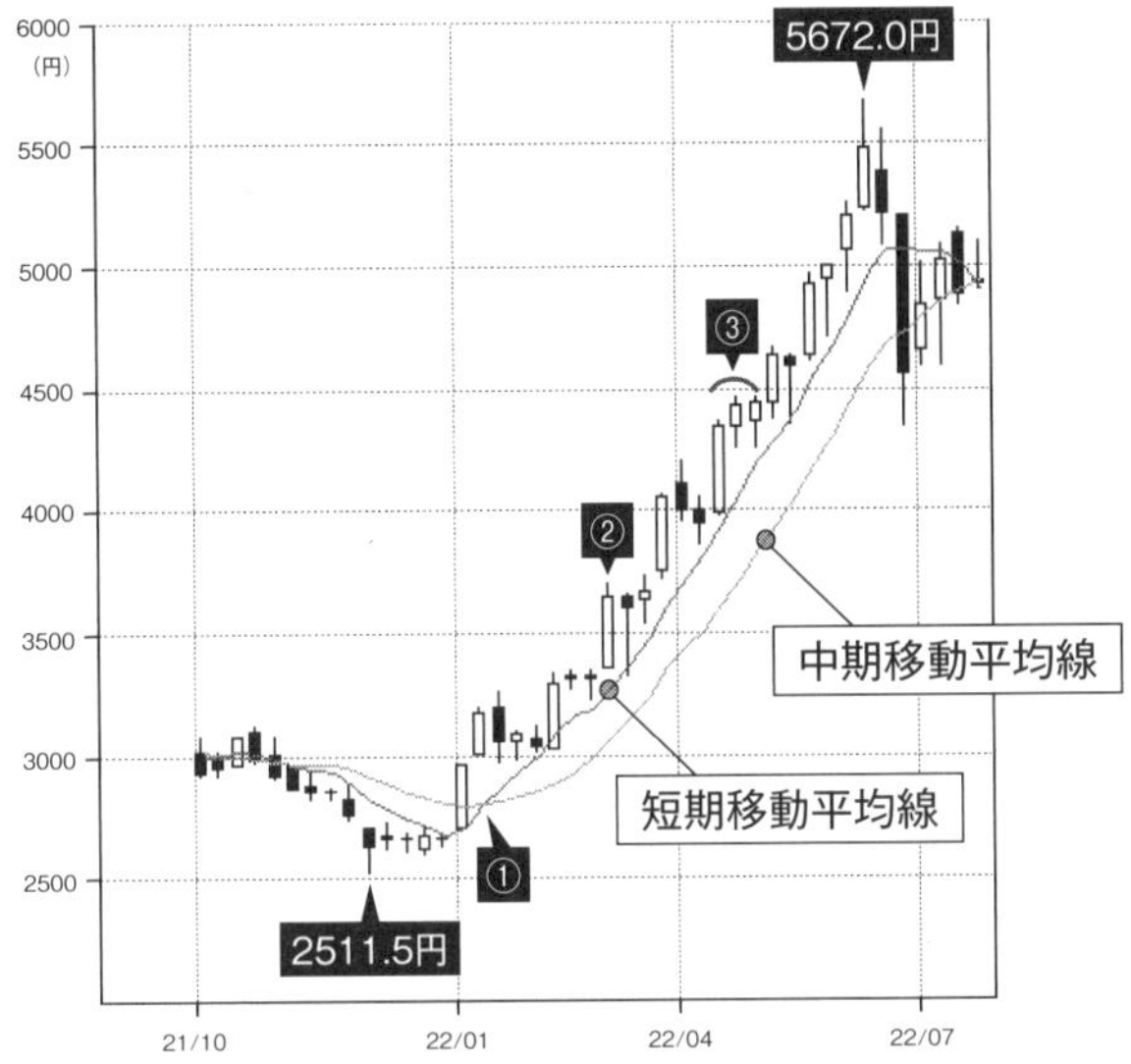

②

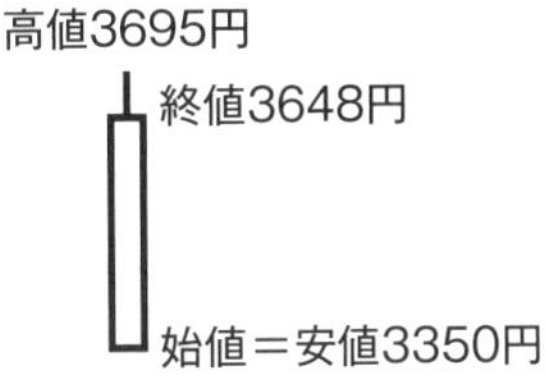

大陽線（陽の寄り付き坊主）

＊「すごコツ14・15・42」参照

③ 〈始値→終値〉

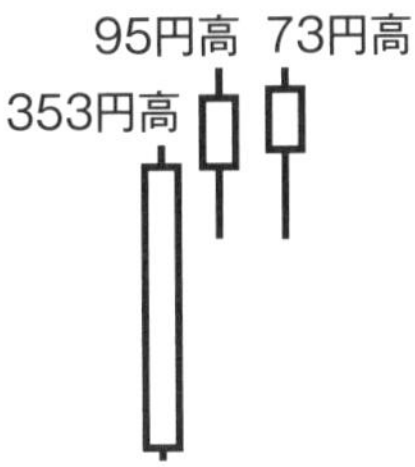

赤三兵

＊「すごコツ21」参照

POINT

下降相場が続いたあと、反転→切り返し→大相場となったパターンを理解する。

日揮ホールディングス

■ゴールデンクロス後にソーサーボトムを形成

理想的な急騰銘柄には、買いサインが次々に点灯します。例えばそれらは、短期と中・長期の移動平均線がゴールデンクロスしたあと（最初の買いサイン）、株価がレジスタンスラインを突破し（2番目の買いサイン）、さらにネックラインを突破する（3番目の買いサイン）などというパターンをたどります。

次ページのチャートは、**日揮ホールディングス（1963）**の週足です。①のところで短期と中期の移動平均線がゴールデンクロスしており、この直後のチャートは、典型的なソーサーボトムの形になっています。

そして、株価がレジスタンスラインを上回ると、上昇トレンド入りが明らかとなりました。さらに、②のところでネックラインを突破すると上げ足に加速がつき、③のところでは大陽線が出現して**踏み上げ**的な相場となりました。このローソク足は下ヒゲが長く、しかも終値が高値と同値という「陽の大引け坊主」となっています。

用語解説&メモ

●踏み上げ
信用取引でカラ売りを仕掛けていた売り方が、思わぬ株価の上昇に耐えかね、損失覚悟の手仕舞いを行なうこと。この場合、高値を承知で買い戻すことを「踏む」という。この結果、株価は一段高となる。そして、このような相場は、「踏み上げ相場」と呼ばれる。

● 日揮ホールディングス（1963）の週足

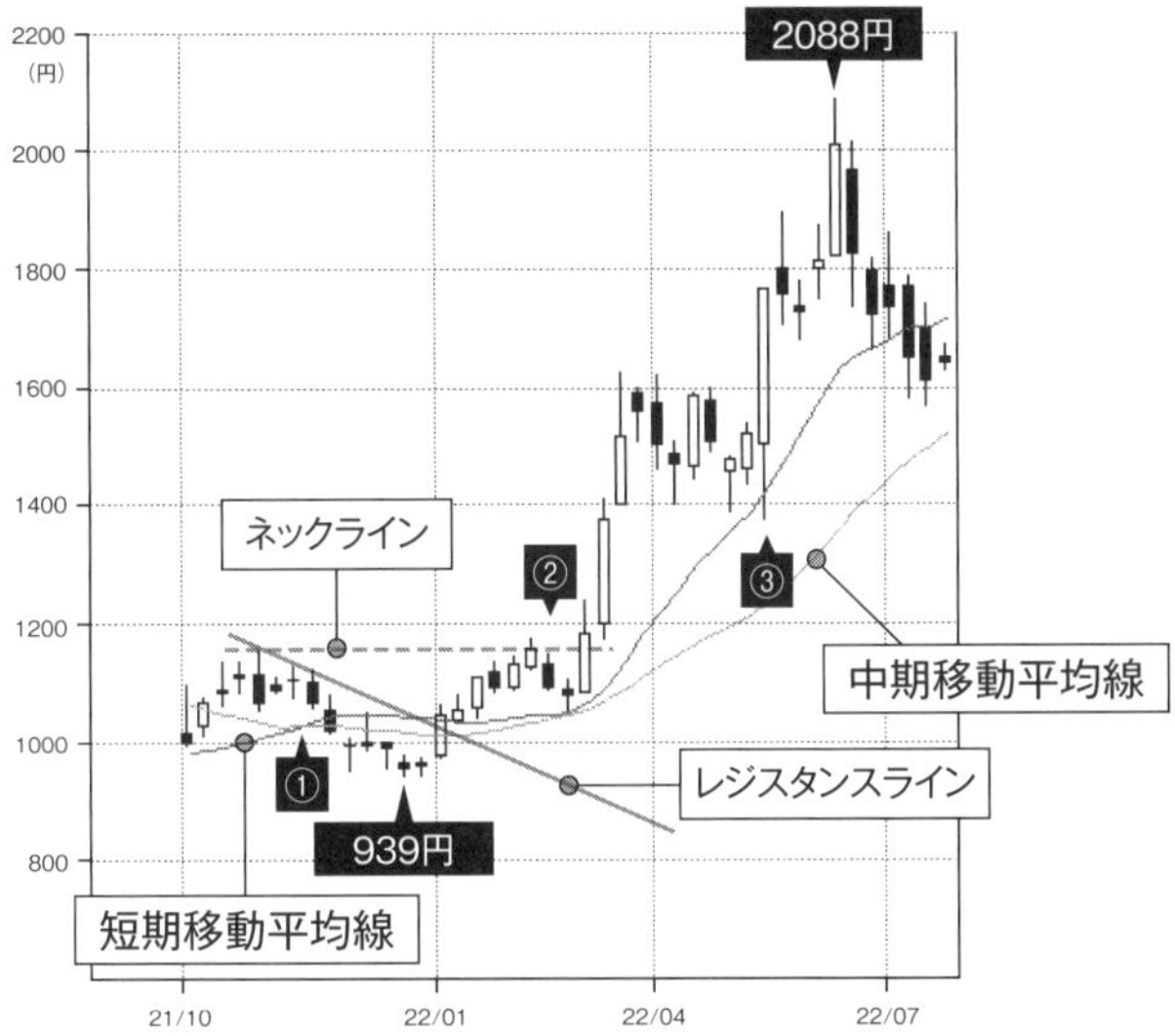

＊「すごコツ48」参照

＊「すごコツ14・15・42」参照

＊「すごコツ44」参照

POINT

レジスタンスライン、ネックラインを突破し、高値追いとなったパターンを理解する。

コスモエネルギーホールディングス

■ゴールデンクロス後に出現した弱気サインを克服

短期移動平均線が中期移動平均線を上回り、上昇相場に転換したと判断した場合でも気迷い商状がたびたび訪れます。ここが相場の難しいところで、「この上昇トレンドはダマシだったのではないか」などという疑念が生じてしまいます。

次ページのチャートは、**コスモエネルギーホールディングス（５０２１）**の週足です。①のところで短期線と中期線がゴールデンクロスし、相場はそれまでの線状ライン的な動きを一変させました。しかし、②のところで大陰線が出現します。これは全般相場の急落を**イヤ気**したものですが、このあと始値と終値がほぼ同値という「十字線もどき」のローソク足となりました。

さらに③のところでは、前の短い陽線を次の長い陰線が包み込む「抱き陰線」が出現します。これは上昇が続いたあとに出れば売りサインとなります（「すごコツ16」参照）。しかし、次にすかさず大陽線が出現し、上昇相場は継続しました。

用語解説&メモ

●イヤ気
本来は嫌だという気持ちのことを指すが、投資の世界では相場の先行きに悲観的になることをいう。株価が下がるようなニュースが出た場合、「業績の下方修正をイヤ気した売りが株価を押し下げた」などと表現される。

●コスモエネルギーホールディングス（5021）の週足

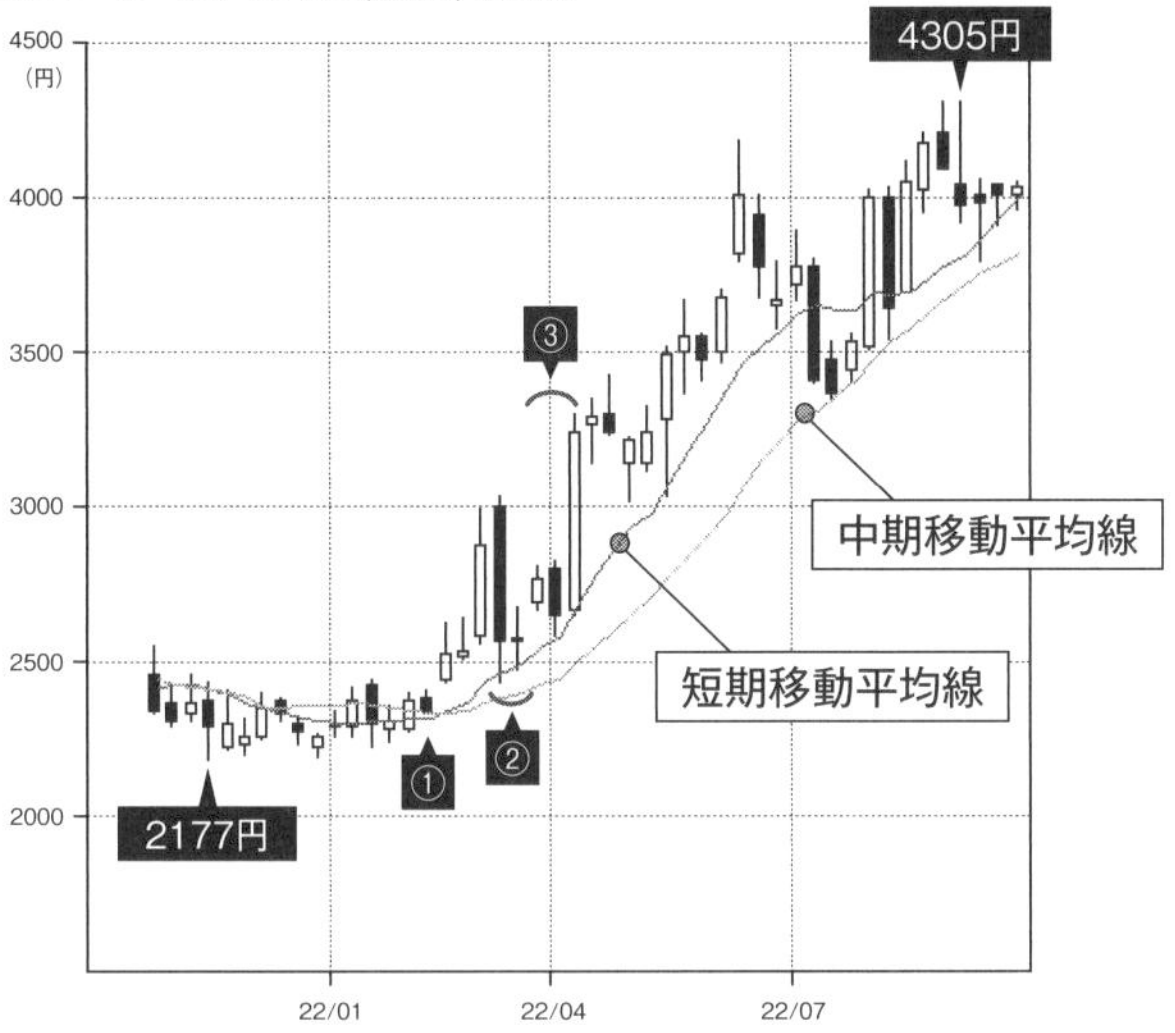

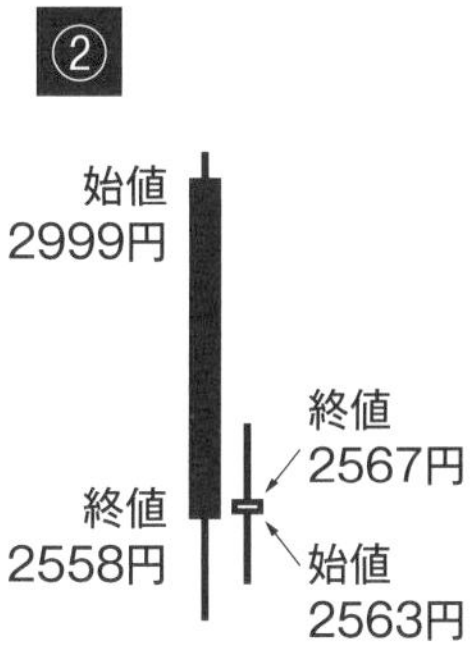

大陰線と十字線もどき

＊「すごコツ14・15・45」参照

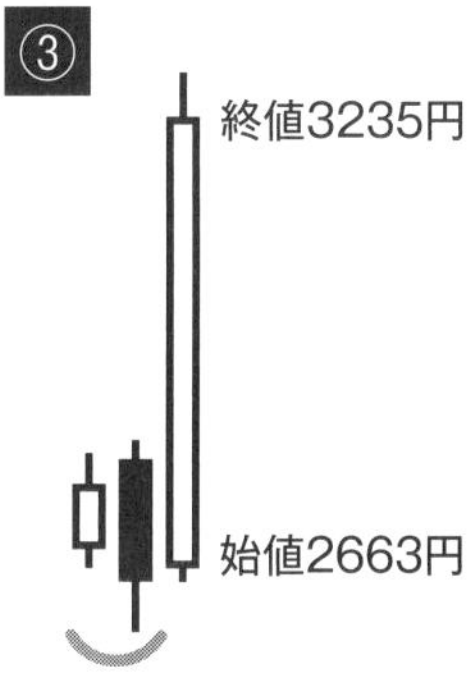

抱き陰線と大陽線

＊「すごコツ14・15・16」参照

POINT

上昇トレンド確信後の大きな下げが杞憂に終わったパターンを理解する。

日立物流

■中期移動平均線に支えられ理想的な押し目を形成

どのような急騰銘柄であっても、一本調子で上昇し続けることはありません。前項までの4銘柄を見ても、それぞれかなり激しい上げ下げを繰り返しながら上値を切り上げています。

次ページのチャートは、**日立物流（9086）**の週足です。①のところで短期と中期の移動平均線がゴールデンクロスしています。ただ、②③の近辺では株価が反落し、短期移動平均線を割り込んでいます。

しかし、中期移動平均線を見ると、終値ベースでは割り込んでいません。これは中期移動平均線に支えられ、④のところのように、理想的な押し目を形成しながら上昇しつつあることを物語っています。

このような銘柄を手がけることができれば、株式投資は楽しくなる一方です。ひと押しあっても、その下値は安心して**追加買い**することができるからです。

用語解説&メモ

●追加買い
保有している株式が上昇して評価益が出ているとき、さらに買い増すこと。上昇トレンドが続くと判断した場合、直近の高値（ネックライン）を抜いたタイミングで第2、第3の買いを入れることが多い。順張り投資の常道とされ、株価が下がったときに買い増すナンピン買いとは趣旨が異なる。

●日立物流（9086）の週足

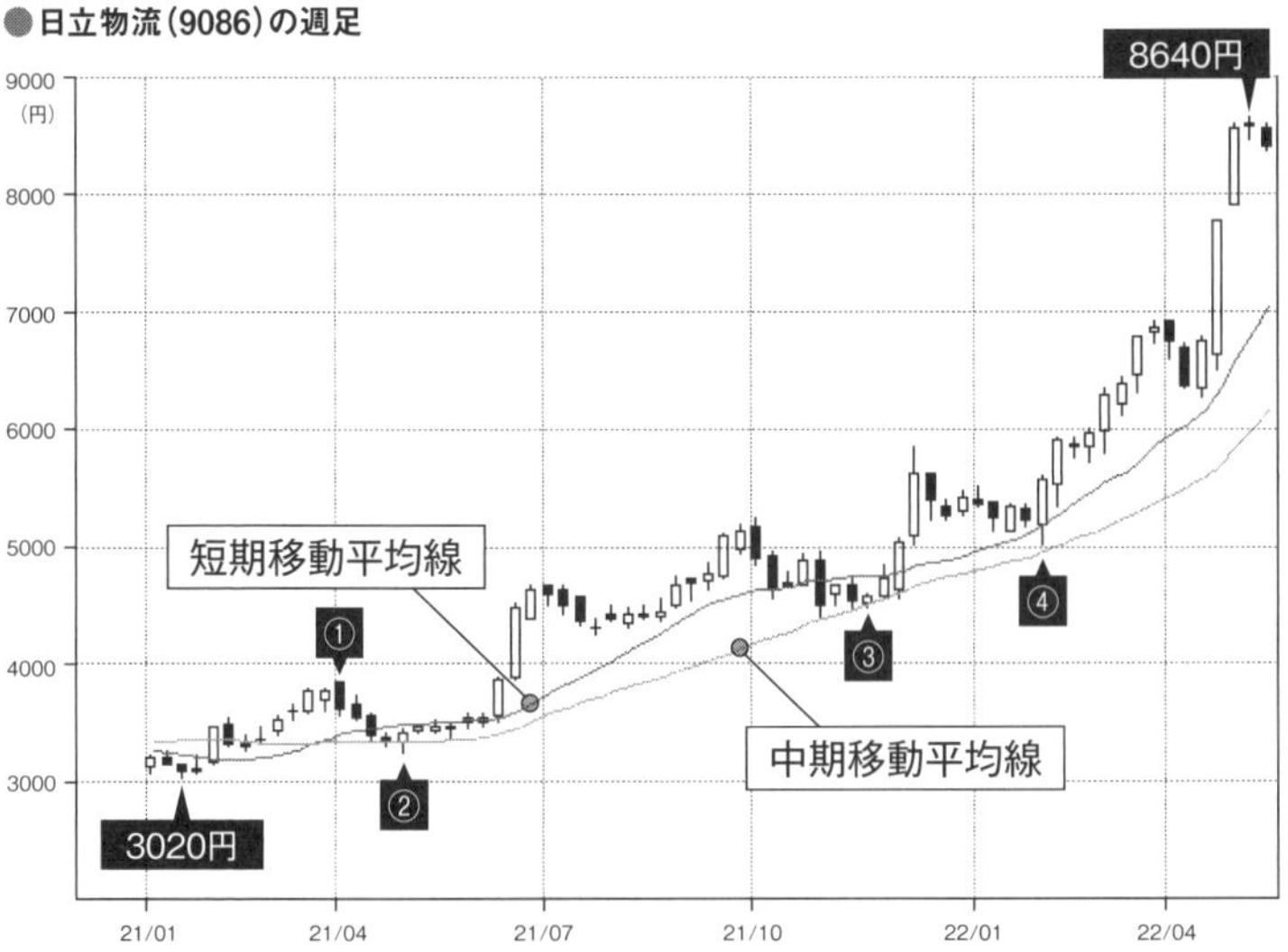

②	③	④
短期線3474.6円	短期線4731.5円	短期線5160.0円
中期線3326.5円	中期線4492.6円	中期線4936.9円
＊「すごコツ31〜33」参照	＊「すごコツ31〜33」参照	＊「すごコツ31〜33」参照

（注）このチャートの短期移動平均線は13週線、中期移動平均線は26週線。なお、同社株はTOB（株式公開買い付け）により、2023年に上場廃止となる予定

POINT

株価が短期移動平均線を割り込んでも、
安心して押し目を買えるパターンを理解する。

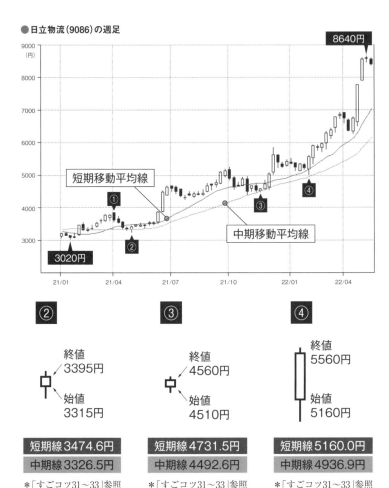

《Column》 相場格言&先人の知恵に学ぶ ……07

平均値買い増すたびに高くする、利乗せ技法は邪道と思え！

相場格言は順張り銘柄の買いについて、「扇型では危険なり、少しの押しでも元の木阿弥《もくあみ》」と教えています。

これと同じようなものに、「順張りは王道なれど欲かいて、利乗せで上げる平均値かな」、さらには「証拠金満額までの玉建てて、夢見て歩む破滅の道」などといったものがあります。要するに、これらは株価の値動き（上昇ピッチ）の速さにつられ、買い増しを行なう愚を戒《いまし》めたものです。

「初押しは買い」とよくいわれますが、これはすでにその銘柄を持っている人に買い増しをすすめるものではなく、仕掛けのタイミングをはかるモノサシと考えてください。**ティーケーピー（3479）**など、インバウンド関連の息の長いテーマ株は持続するのが肝要です。

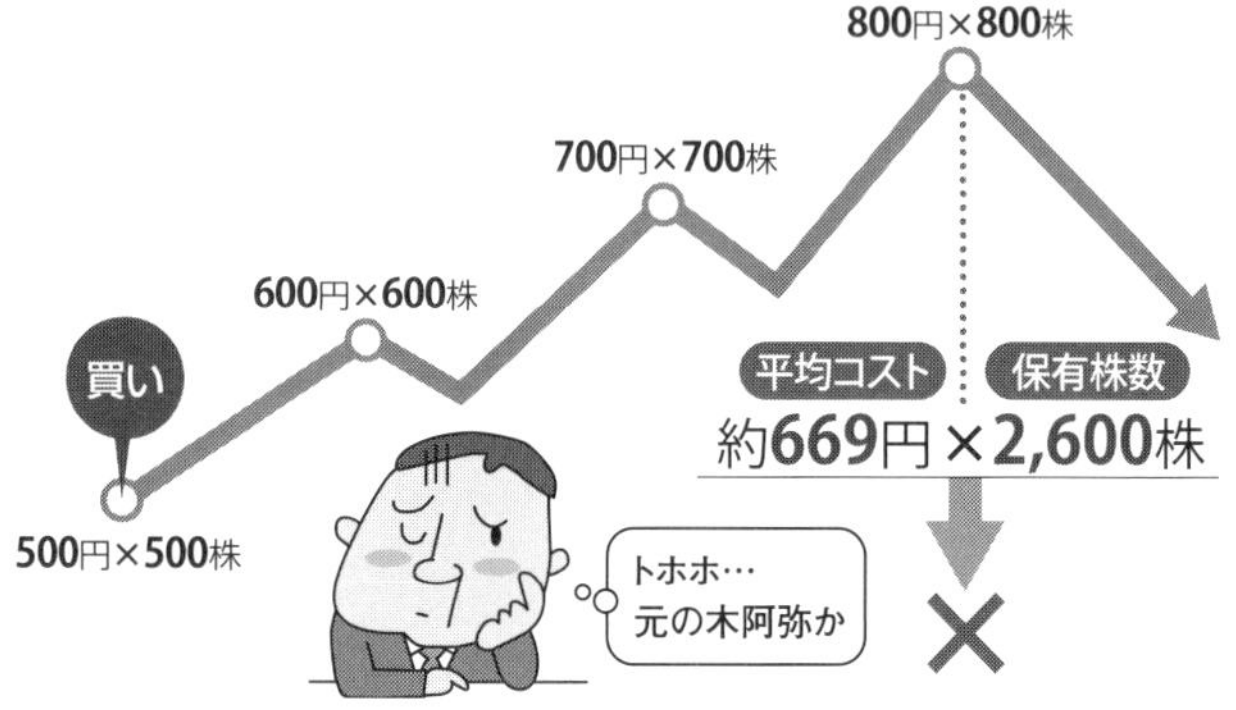

第2部〈実戦編〉

第7章

売り場到来・天井確認サイン

ローソク足の「大陰線」で高値到達を確認する

■高値圏で出現する大陰線は急反落のサインとなる

この章では、第5章（すごコツ42～50）とは対照的に、ローソク足の形状で天井を確認する方法を中心に説明していきたいと思います。まず最初は「大陰線」です。

大陰線については「すごコツ14　転換点に出る9つの基本形を覚える」でも触れていますが、これが高値圏で出ると、信頼性の高い売りサインになります。特に、株価が大きく売られたことを示す大陰線が、上昇過程において出現したどの陰線よりも長かった場合、天井形成の確率は一段と高まります。

次ページのチャートは、半導体の欠陥検査装置を手がける**レーザーテック（6920）**の週足です。このチャートでは、上昇過程において3つの大陰線が出現していますが、ローソク足の実体部分の長さを比べてみると、Ⓐの1620円、Ⓑの2750円に対し、Ⓒは3550円と最も長くなっています。同社株は3万6090円の上場来高値を**示現**したあと、セオリーどおり下降相場に転換しました。

用語解説&ローメモ

●示現

本来は宗教用語で「じげん」と読む。仏（菩薩）が民衆（衆生）を救済するため姿を変えて現世に現れること、神仏が霊験を示し現すことを指すが、相場の世界では「ストップ高を示現」など、喜ばしい出来事を強調したいときなどに使われる。

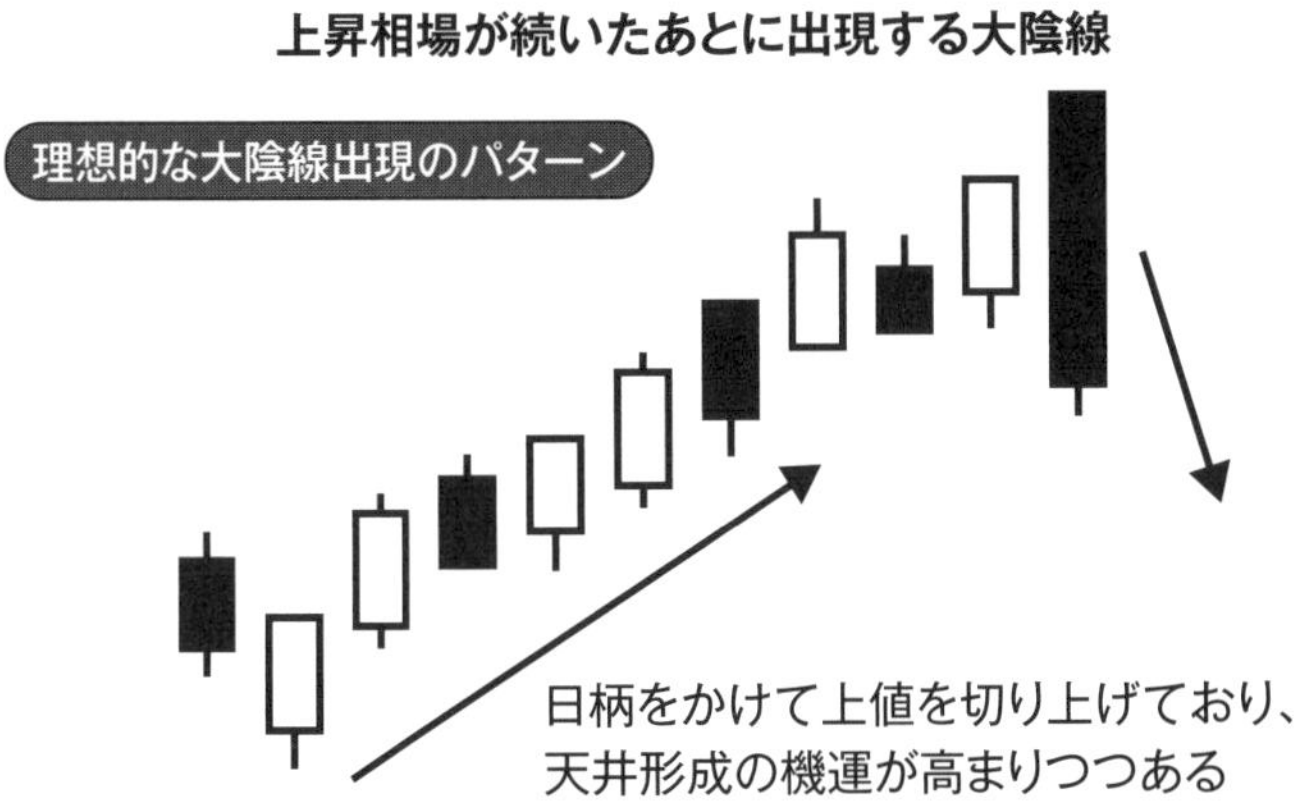

上昇相場が続いたあとに出現する大陰線

高値圏で大陰線が出現した例

●レーザーテック(6920)の週足

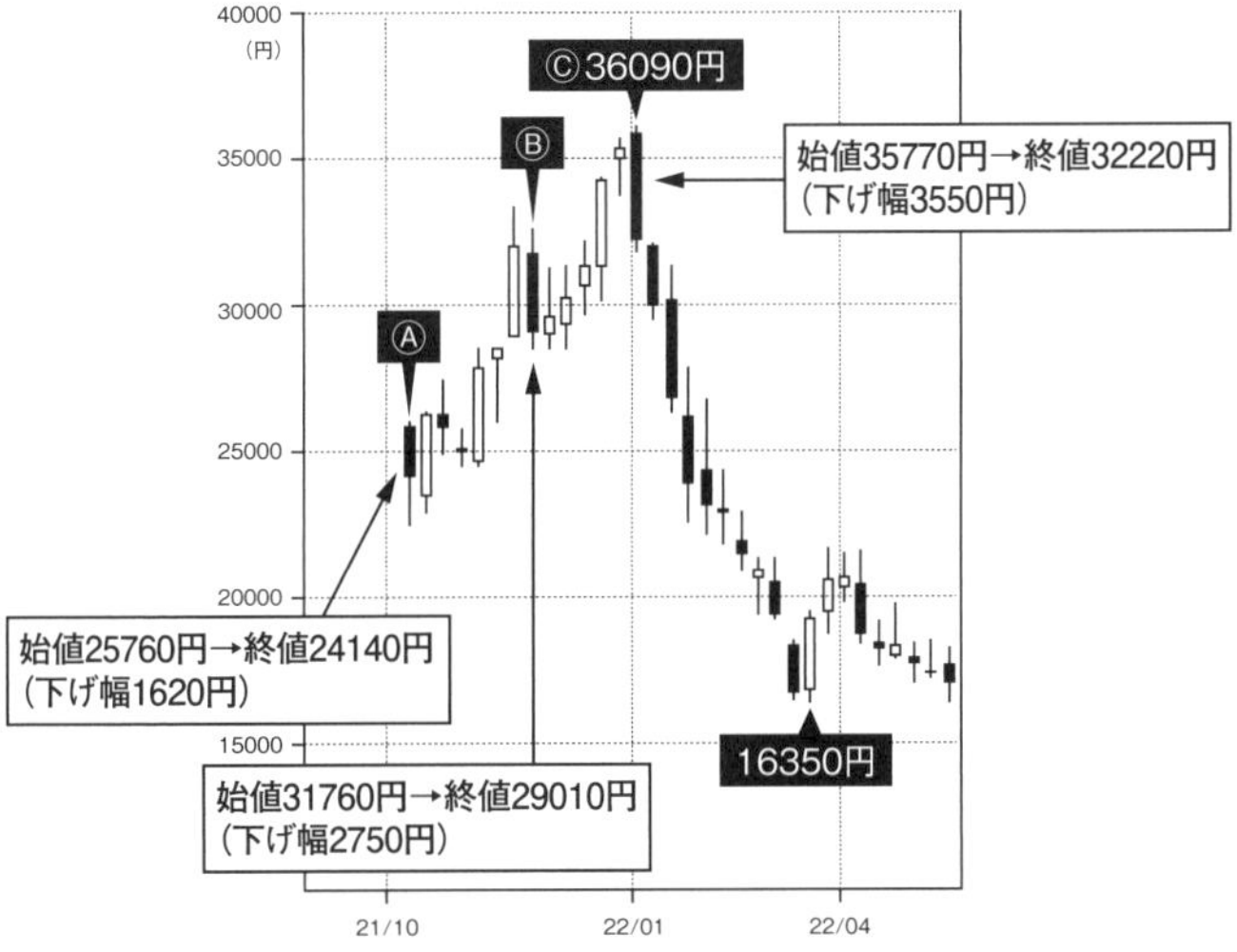

POINT

高値圏で出現する大陰線のパターンを知り、
天井確認のサインになり得ることを理解する。

ローソク足の「毛抜き天井」で高値到達を確認する

■高値がほぼ同値の毛抜き天井は信頼性の高い売りサインとなる

「毛抜き天井」は、上昇を続けてきた相場が高値圏に到達し、連続した2本のローソク足の高値がほぼ同値となったパターンです。すなわち、これは「すごコツ43」で取り上げた「毛抜き底」と真逆のパターンになります。

毛抜き天井は買い方の勢いが限界に達した高値圏で出現しますが、このあとこれらの高値を上回ることなく下降に転じれば、相場は本格的に反転したと判断できます。

次ページのチャートは半導体検査装置の大手、**アドバンテスト（6857）**の日足です。**ジリ高**が続き、株価が高値圏に到達したと思われる時点で、Ⓐと Ⓑの高値がほぼ同値になりました。

また、変則的ではありますが、Ⓒと Ⓓも間の小陽線をはさんで高値がほぼ同値となっています。結果的に、同社株は8750円を一度も上回ることなく、下げ足を速めていきました。この急落はアメリカの利上げの影響が大きかったと思います。

用語解説＆ワンメモ

●ジリ高

株価が少しずつ、ジリジリと高くなること。これとは逆に、ジリジリと安くなることをジリ安、またはジリ貧という。なお、相場の上昇の仕方は、大きくジリ高と急騰に分けられるが、ジリ高相場は急騰相場より上昇する期間が長くなることが多く、急落のリスクも低いとされる。

上昇相場のあとに出現する毛抜き天井

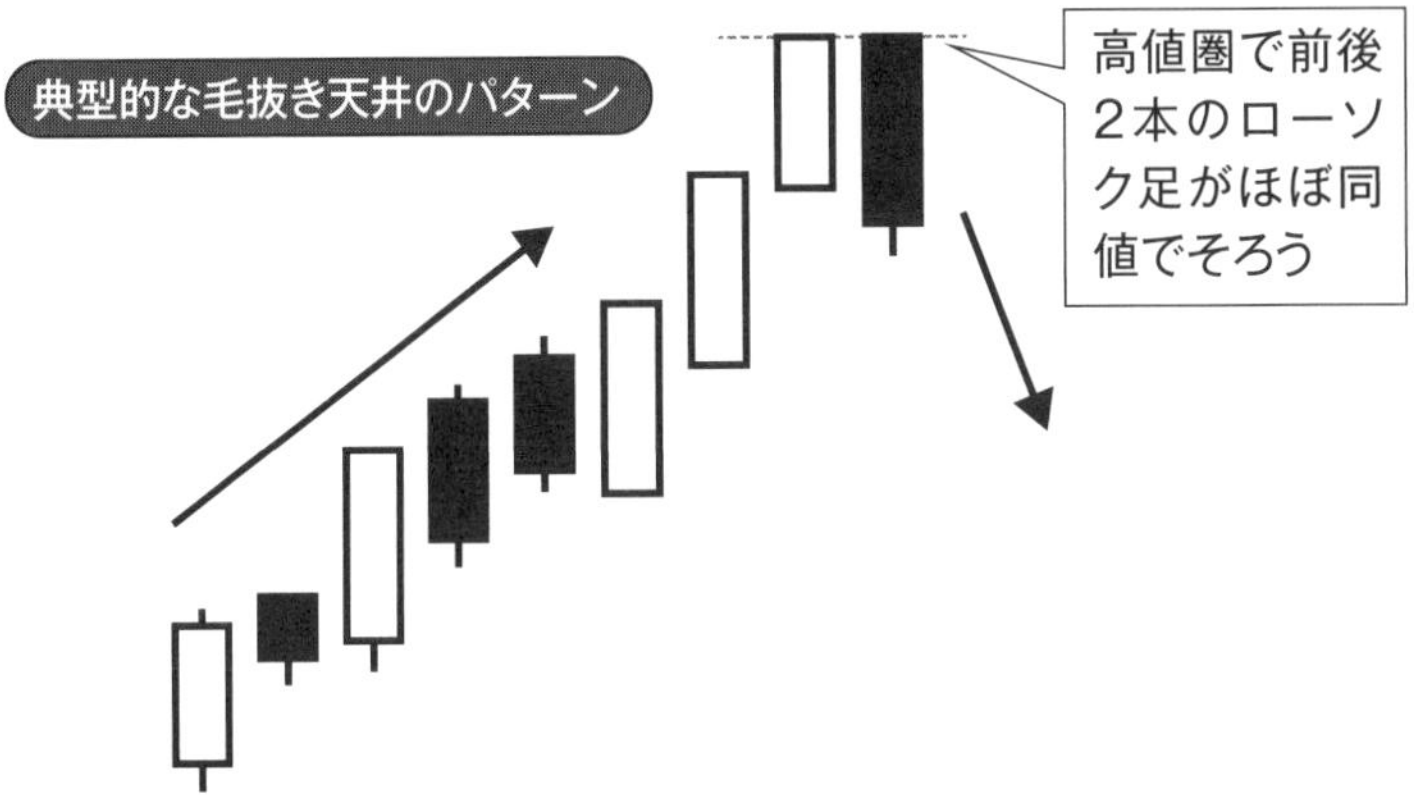

毛抜き天井が出現した例

●アドバンテスト(6857)の日足

POINT

前後２本のローソク足が、どのような形になれば毛抜き天井となるのかを理解する。

ローソク足の「長い上ヒゲ」で高値到達を確認する

■買い勢力の限界を示す長い上ヒゲは売りの有力なサインとなる

高値圏で出現する「長い上ヒゲ」も、天井確認の重要なサインとなります。これは「すごコツ44」で取り上げた「長い下ヒゲ」とは反対に、長い上ヒゲは急騰したあと大きく売り戻されたことを意味します。

この理由としては、業績の上方修正などよいニュースが出てもそれを織り込み、**材料出尽くし**となったこと、割高となった株価を警戒する投資家が増えたことなどが考えられます。この場合、上ヒゲが長ければ長いほど下降転換の可能性が高まります。

次ページのチャートは、**HOYA（7741）**の週足です。セオリーどおり、Ⓐのところで長い下ヒゲをつけたあと上昇に転じ、株価はわずか4カ月あまりで5割高となりました。しかし、Ⓑのところで870円（高値↓終値）という長い上ヒゲをつけ、ピークアウトが鮮明となりました。この見極めが肝心です。実際、その後、大陰線も出現し、戻り高値をつけたあと、株価は一気に値を崩していきました。

用語解説&メモ

●材料出尽くし

株価を変動させる材料、すなわちその要因が株価に織り込まれてしまった状態のことをいう。なお、主な材料には業績および配当の修正、新製品の開発状況などがあり、株価上昇要因となるものは好材料、下落要因となるものは悪材料と呼ばれる。

下降転換を示唆する長い上ヒゲ

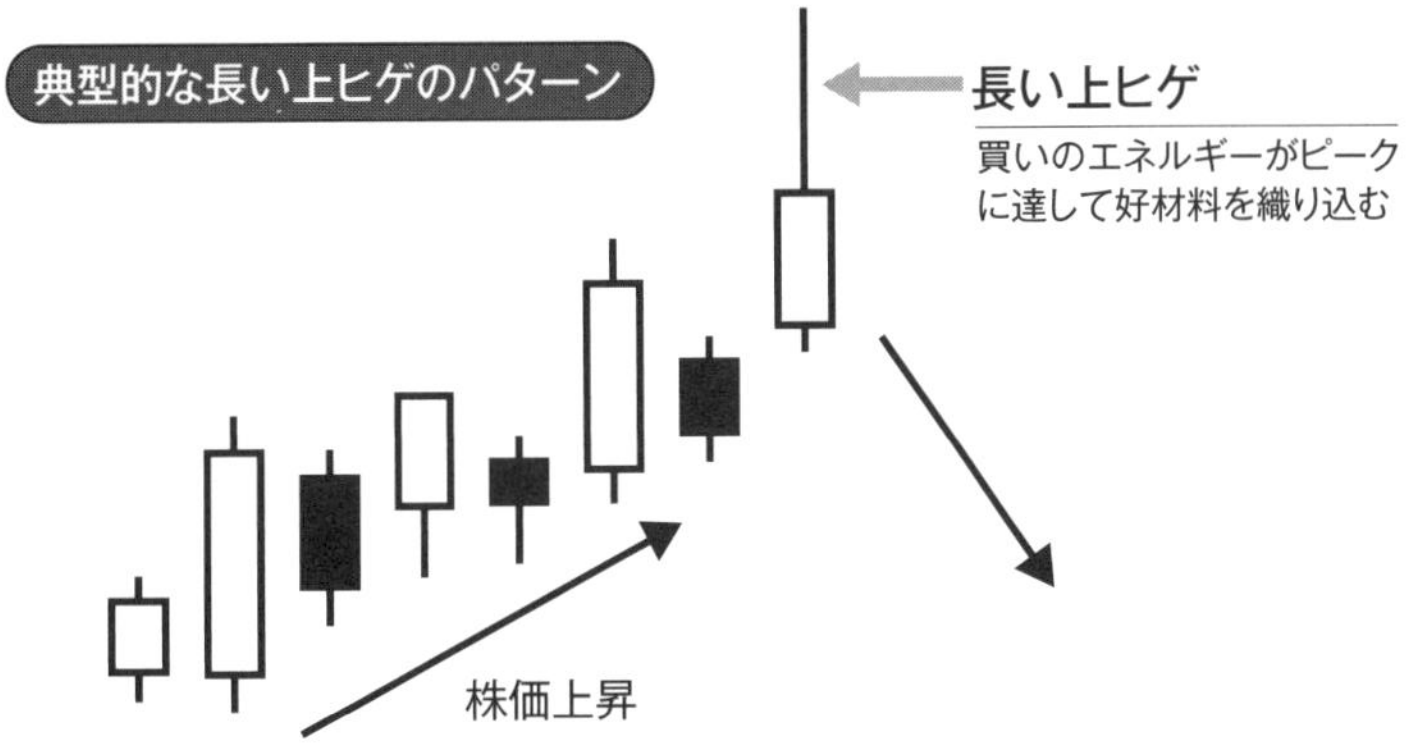

長い上ヒゲの例

●HOYA（7741）の週足

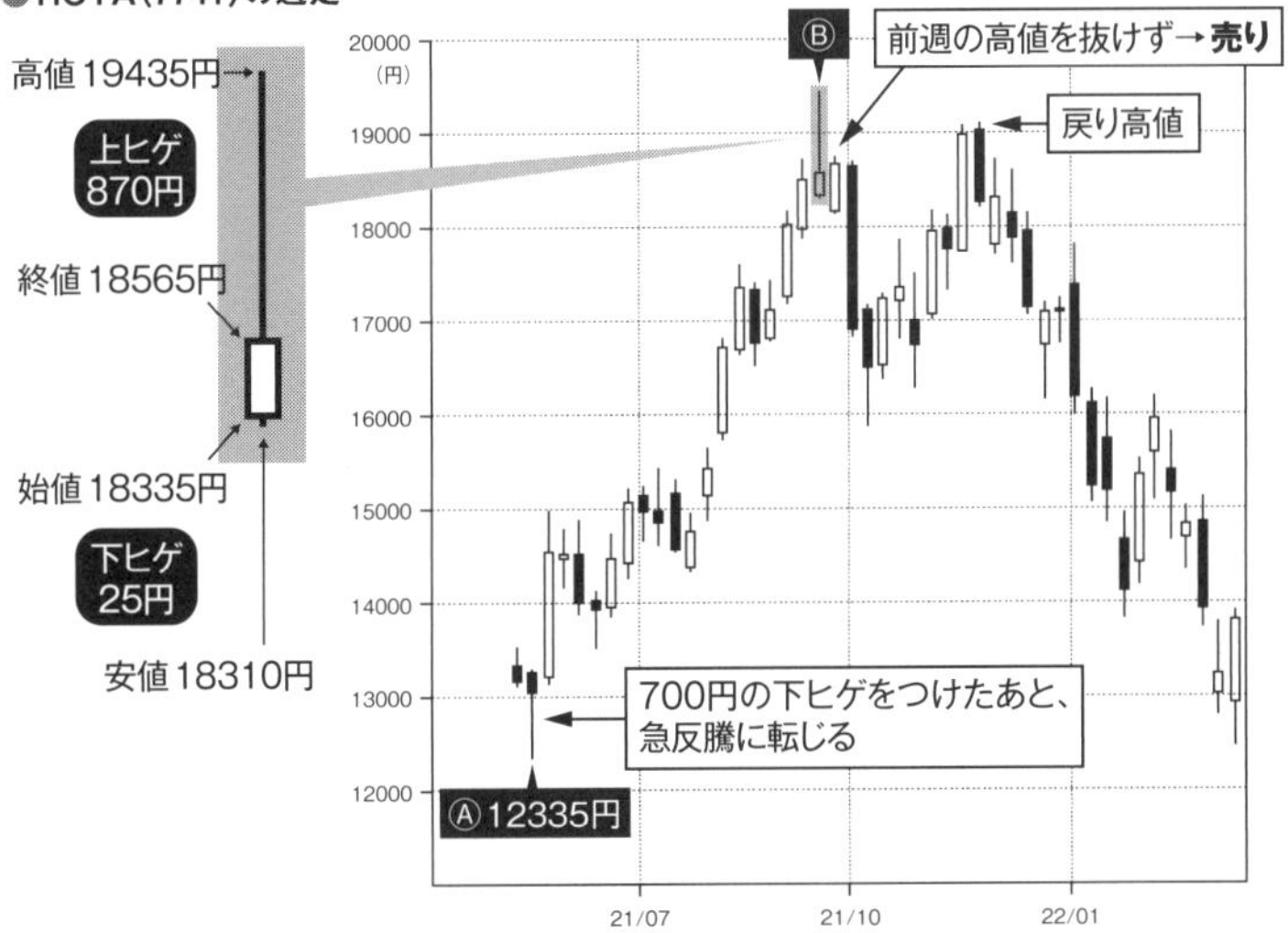

POINT

長い上ヒゲが出現する理由を知り、天井確認のサインになり得ることを理解する。

ローソク足の「十字線」で高値到達を確認する

■高値もみ合い後に出現する十字線は下降転換を暗示

株価が大きく上昇したあと高値圏でもみ合いに入り、その後、十字線が出現するパターンがあります。これは買い方と売り方のせめぎ合いが続き、上値が重くなっていることを意味します。したがって、これも天井確認の重要なサインとなります。

十字線は投資家の気迷い商状を表すため、このようなとき高値で**買い玉**を仕込んだ買い方は、徐々にあせりの色を濃くしていくと推察されます。株価がいったん下に振れれば、不安になった買い方は**ポジション調整**に迫られます。このため、高値もみ合い後に出現する十字線は、売り方有利のサインと捉えることができるのです。

次ページのチャートは、**武田薬品工業（４５０２）**の週足です。Ⓐと Ⓑのところでほぼ十字線という足が出現したあと、下げに転じています。特に、高値もみ合い後に出現したⒷのところでは、結果的に買い方の投げ売りも出て、株価は２９００円割れまで急落しました。

用語解説＆ワンポイントメモ

●**買い玉**
購入した株式のこと。株式投資における玉（ぎょく）とは売買成立後、決済されないで残っている株式のことであり、信用取引の場合は買い建玉とも呼ばれる。

●**ポジション調整**
保有する株式の一部を決済し、持ち高を減らすこと。多くの場合、相場変動リスクを軽減するために行なわれる。

下降転換を示唆する急騰後の十字線

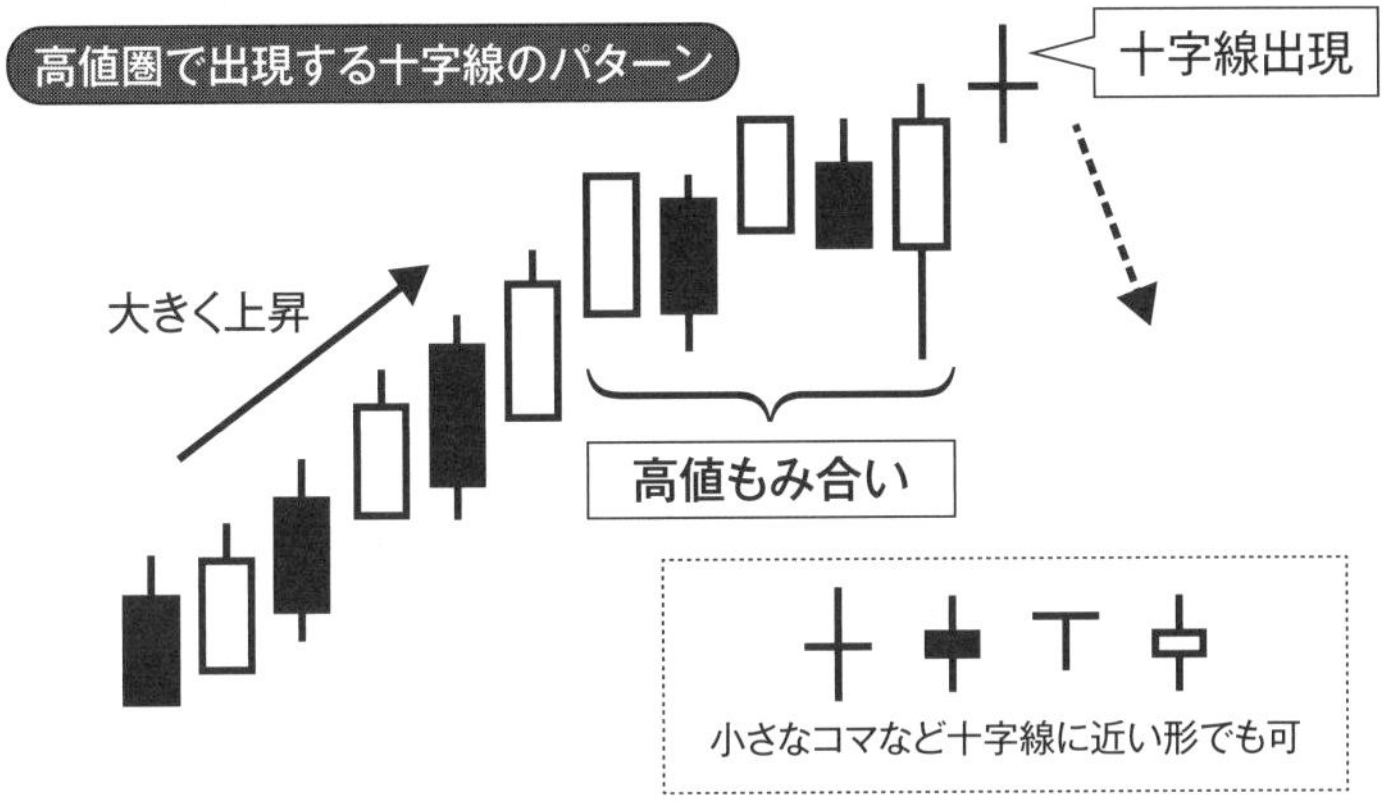

高値圏で出現した十字線の例

POINT

高値圏で十字線が出現する理由を知り、なぜ下降転換しやすいのかを理解する。

「二点天井」で高値到達を確認する

■ほぼ同値の高値2つをもとに判断できる二点天井

「二点天井」は天井圏において、同程度の高値を2回にわたってつけたチャートパターンです。これは、「すごコツ46」で取り上げた「二点底」と真逆の形状をしており、ダブルトップとも呼ばれます。

二点天井は長期にわたる上昇相場、または急騰相場のあとに形成されると、下降相場入りの可能性が高くなります。次ページの図にあるように、ほぼ同値の高値を2回つけたあと、株価がサポートラインを突破すれば、長く続いた上昇相場が転換したと判断できます。

次ページのチャートは、**三菱商事（8058）**の日足です。Ⓒのところで、Ⓐとほぼ同値の高値をつけました。しかし、株価はその後、Ⓑの3740円を起点としたサポートラインを下回ります。これによって約2カ月にわたる上昇相場の終えん→下降転換が明らかとなり、株価は**つるべ落としの下げ**となりました。

語説 用解 & 一口メモ

●つるべ落としの下げ

つるべ（井戸の水をくみ上げるための道具）が井戸を落ちていくように、相場が一気に下落していくこと。なお、「つるべ落とし」は、秋の日の暮れやすさの比喩としてもよく使われる。

二点天井（ダブルトップ）形成のパターン

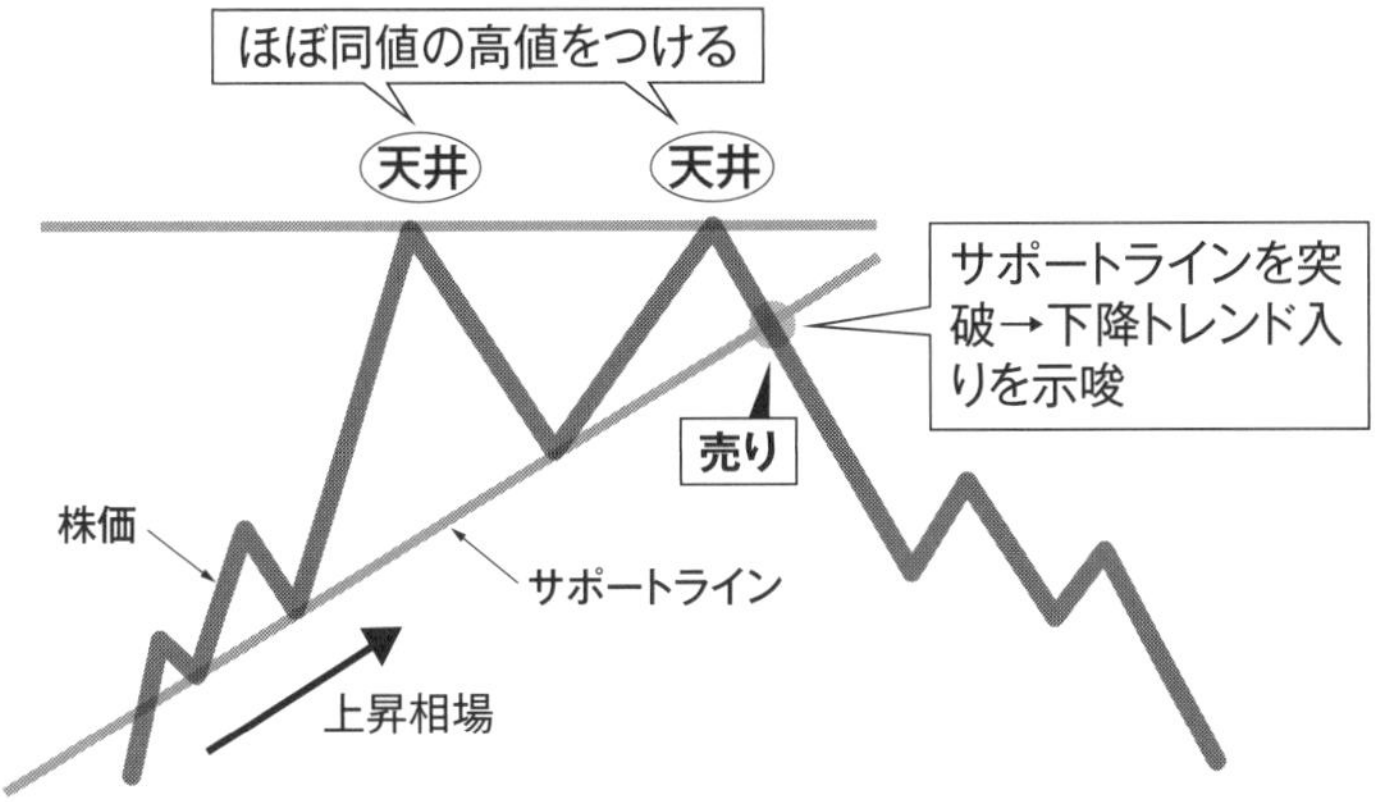

二点天井（ダブルトップ）の例

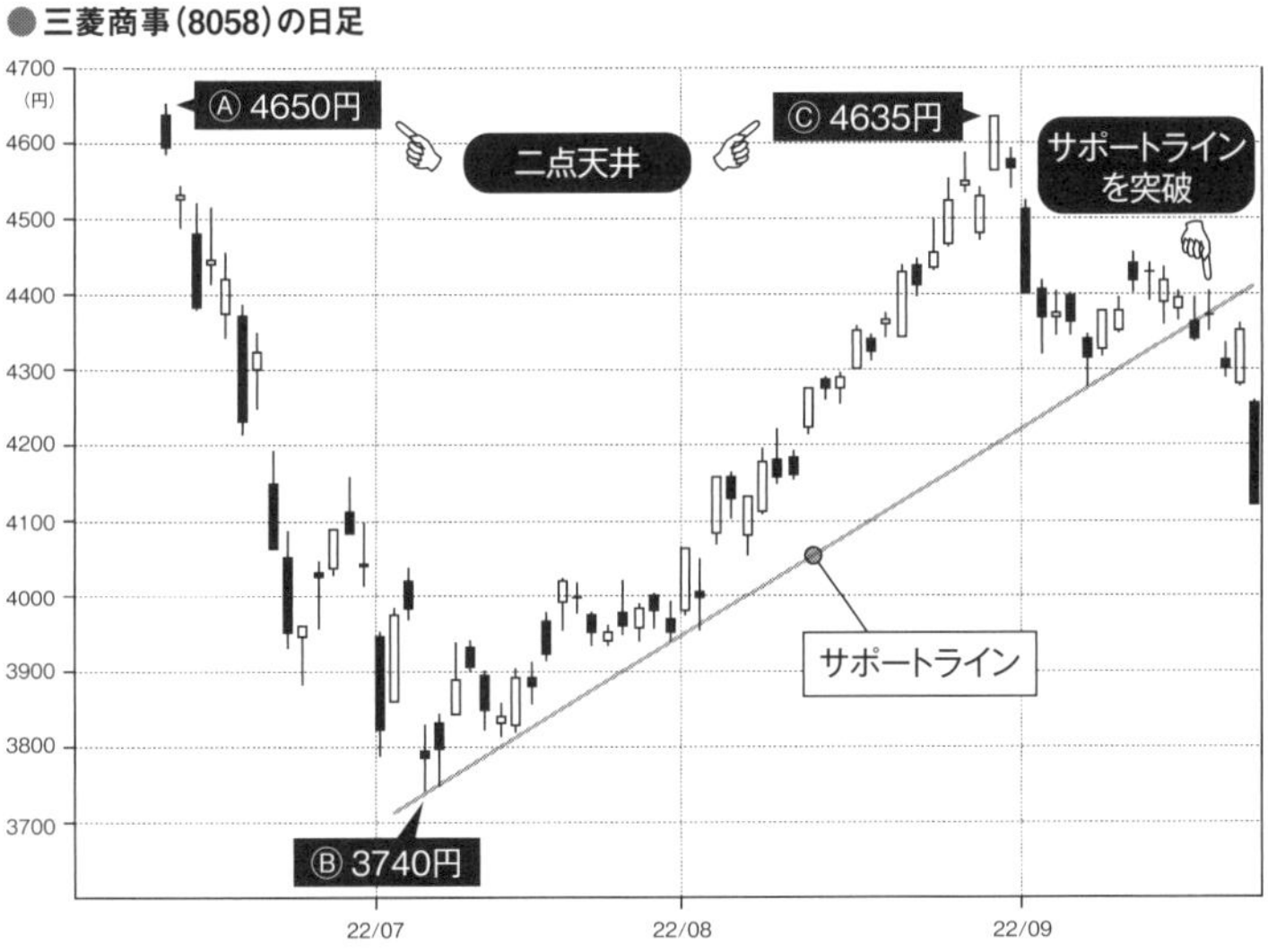

POINT

ほぼ同値の高値2つをつけたチャートに着目し、二点天井の形成で天井確認ができることを理解する。

「三尊天井」で高値到達を確認する

■3つの高値によって形成される三尊天井

「三尊天井」は、頭（ヘッド）と両肩（ショルダー）に見立てられる3つの山（**三山**）によって形成されます。これは、「すごコツ47」で取り上げた「逆三尊」と真逆の形状をしており、ヘッド・アンド・ショルダーとも呼ばれます。

左図にあるように、左側の安値Ⓐと①の高値（左肩）に対する押し目Ⓑを結ぶとサポートラインができます。これを株価が下回れば、下降トレンド入りの可能性が大きくなります。次に、Ⓑと②の高値（頭）に対する押し目Ⓒを結ぶとネックラインができます。これを株価が下回ると三尊天井の形成が確認されたことになり、追加売りのタイミングとなります。

次ページのチャートは、**キーエンス（6861）**の日足です。セオリーどおり、株価はサポートラインを下回ったあと下降トレンドに転じ、いったん大きく戻しますが（③の山）、ネックラインを突破したあと、株価は一段安となりました。

用語解説&メモ

●三山

本間宗久が考案した酒田五法の1つで、三度も突破できなかった高値は「これが限界」との見方によって天井と判断する。三尊天井の場合、3つの山の真ん中に位置するいちばん高い山が頭となる。

三尊天井形成のパターン

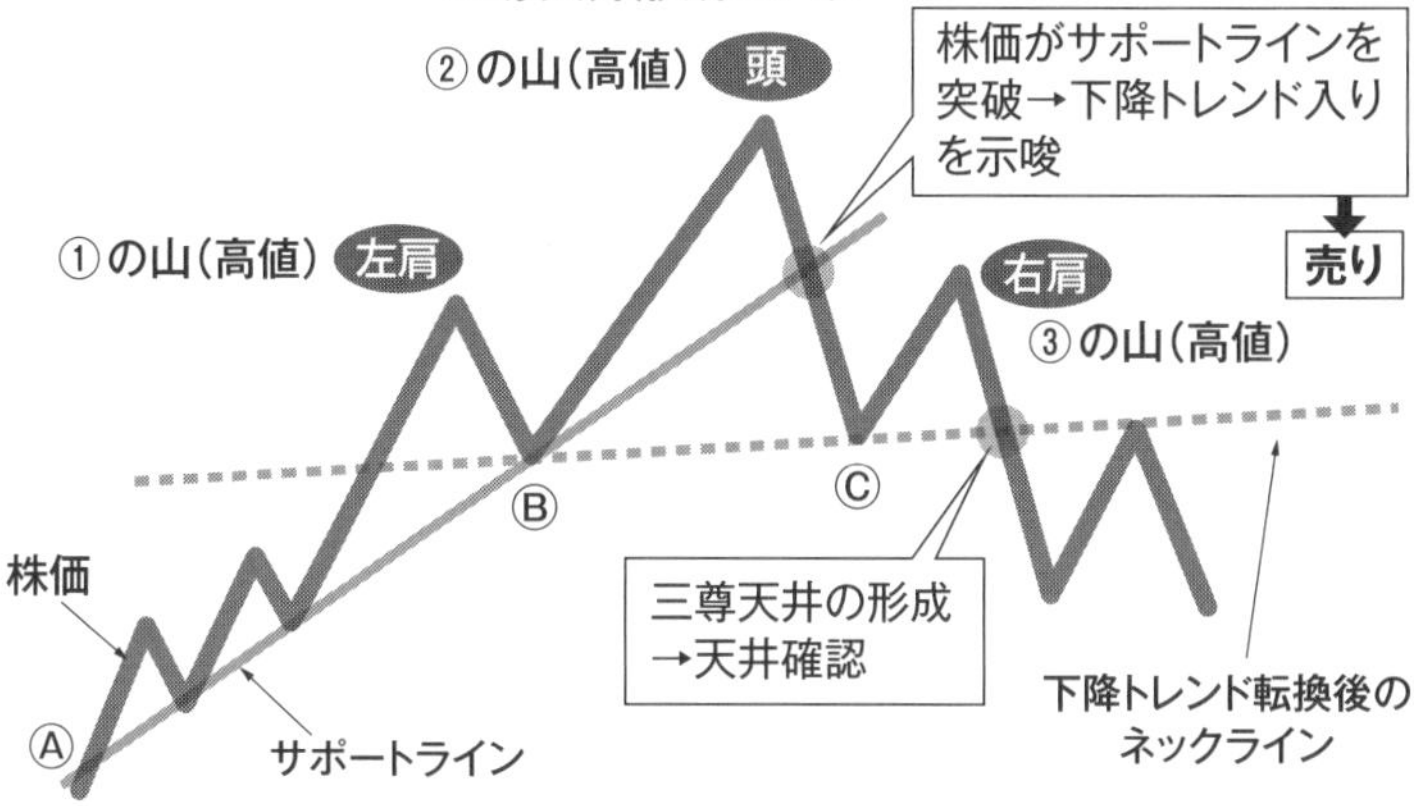

三尊天井の例

POINT

3つの高値をつけたチャートに着目し、三尊天井の形成で天井確認ができることを理解する。

「ソーサートップ」で天井到達を確認する

■上げ続けたあと横ばい状態になれば急反落の公算大

「ソーサートップ」は、「すごコツ48」で取り上げた「ソーサーボトム」と正反対の形をしたチャートパターンです。このチャートは、長期上昇相場の最終局面において出現することがよくあります。

ソーサートップもダブルトップと同じく、サポートラインを突破すれば上昇トレンドの終えん→下降トレンド入りを示唆するサインとなります。さらに、ネックラインを下回れば、一段安となる公算が大きくなります。

次ページのチャートは、建物管理の大手、**日本管財（9728）**の週足です。長期上昇を続け、Ⓐのところで2923円まで買われました。しかし、このあと、小さな上げ下げを繰り返すようになり、Ⓑとⓒのところでごくわずかな高値更新を果たしますが、上値の重さも明らかとなりました。このようなケースでは、もみ合い放れを狙って買いに出ると**曲がる**ことが多いので、注意しなければいけません。

用語解説&ワンメモ

●**曲がる**
相場の予想が外れること。相場が思い描いていたように動かなかったとき、自戒を込めて使われる。また、相場の予想が外れて失敗した人のことを「曲がり屋」などと呼ぶこともある。

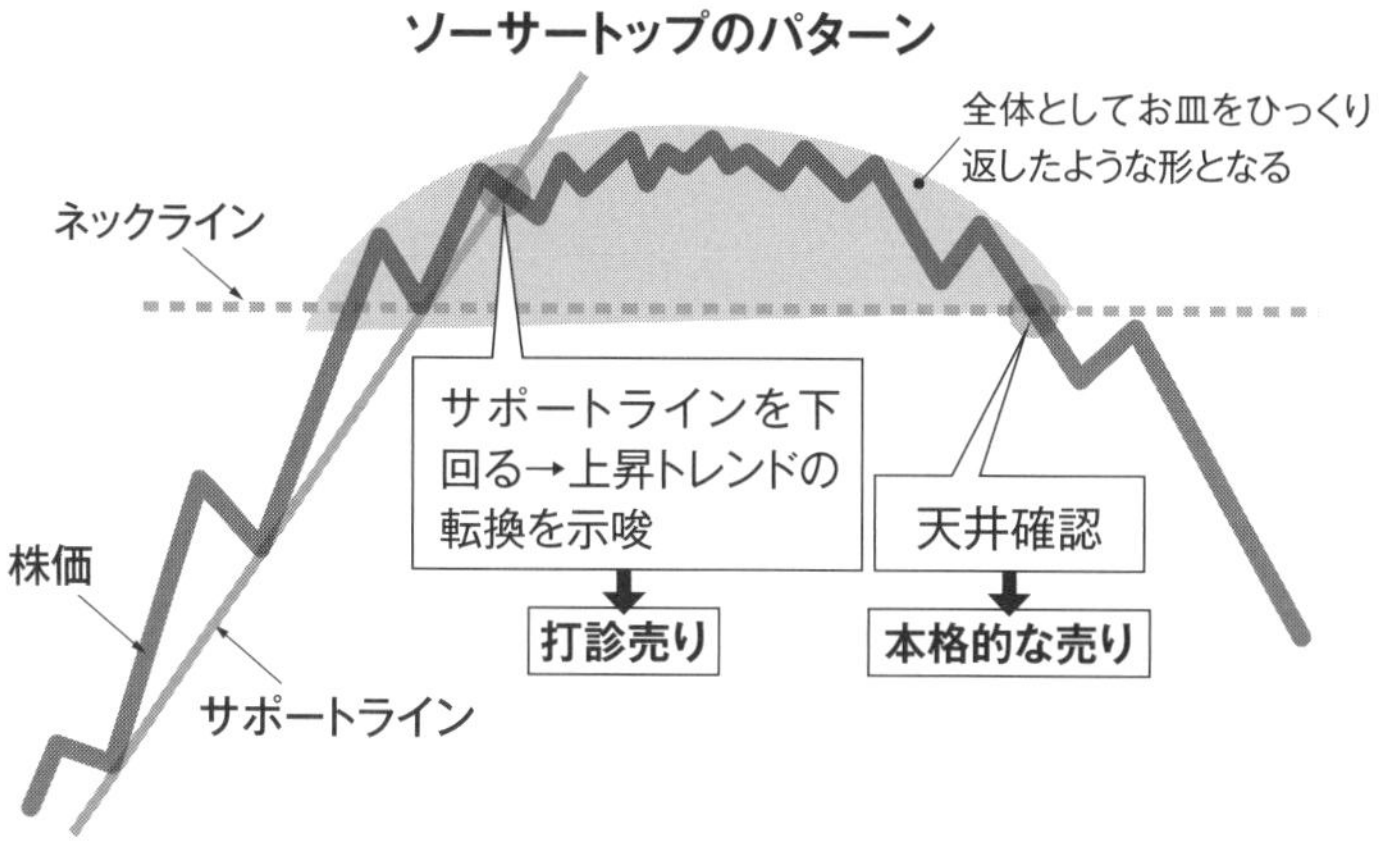

POINT

お皿をひっくり返したようなチャートに着目し、ソーサートップの形成で天井確認ができることを理解する。

上昇率にも上げ止まるフシがある

■買うより断然難しい売りのタイミング

「すごコツ50」で述べたように、暴落局面の下値のメドについてはよく語られていますが、上昇場面の戻りのメドはあまり知られていません。しかし、売り場を探ることは、買い場を探る以上に重要となります。買うのは「エイヤッ！」と即断できても、「売るタイミングは難しい」と多くの投資家が話します。

そこでここでは、売り場を探る上昇率のメドと〝法則〟について記しておきたいと思います。まず最初は「やれやれの売りゾーン」です。これは底値に対し、5〜10％上昇した場面です。ただし、本来の「やれやれの売り」は、ソーサーボトム型底打ち場面における、なべのふちの水準を指します。

しかし、これは「**売りの3悪**」の筆頭にピックアップされています。というのは「すごコツ48」で示したように、ここを抜けると本格的な反騰相場に発展する可能性が高いためです。すなわち、絶好のチャンスを逃してしまう結果となります。

用語解説&ワンメモ

●**売りの3悪**
やってはいけない3つの売りのこと。すなわち、1つ目は本格上昇前の安値売りである「やれやれの売り」。2つ目は、冷静さを欠いた売りを意味する「ろうばい売り」。3つ目は怒りにまかせた「腹立ちの売り」である。

●**2・7倍の法則**
10分の1以下になった銘柄が、その安値に対し2・7倍になること。ウォール街ではよく起きる事例として知られる。

次の「下落幅の半値戻し」「下落幅の3分の2戻し」は有名です。古来、「半値戻しは全値戻し」といわれます。しかし、最近の全値戻しは、「前の高値を奪回するのではなく、そこまでの戻りが限度」という意味で使われるケースが多くなっています。したがって、半値戻し、3分の2戻しを強気シグナルとみると失敗します。

もちろん、全値戻し、倍返しは抜群に強いパターンです。また、底値に対し、株価が10分の1になった場合の「**2・7倍の法則**」は、その後の暴騰劇につながる可能性を示しています。

天井確認のヒントになる上昇率

底値に対する上昇率	フシの呼び名
5〜10%	やれやれの売りゾーン
50%	下落幅の半値戻し
66.6%	下落幅の3分の2戻し
100%	全値戻し
2倍	倍返し
2.7倍	株価10分の1銘柄の「2.7倍の法則」

POINT

上昇率には上げ止まる水準があることを知り、それが手仕舞い売りの参考になることを理解する。

《Column》 相場格言&先人の知恵に学ぶ ……08

下がり端を売り、上がり端を買う！

古来、「天井3日、底100日」などといわれています。相場格言には「登り峠の茶屋、麓《ふもと》の温泉」というものがありますが、上昇局面は一気に駆け上がるものです。

登り峠の茶屋でのんびりしている人（旅人）はいません。日没前に峠を越えなければならないのです。

しかし、峠（箱根）を下り、「もうあと2～3日で江戸に着く」という状況になれば別です。旅の疲れをいやそうとするのです。

相場もこれと同じで、相場で確実に儲けるためには、下がり端（天井から下げ始めたところ）を売り、上がり端（底値から上げ始めたところ）を買わなければなりません。

製造請負・派遣の**ウイルテック（7087）**は、将来的に期待できます。好業績に加え、休養十分です。株価指標面での出遅れも顕著です。

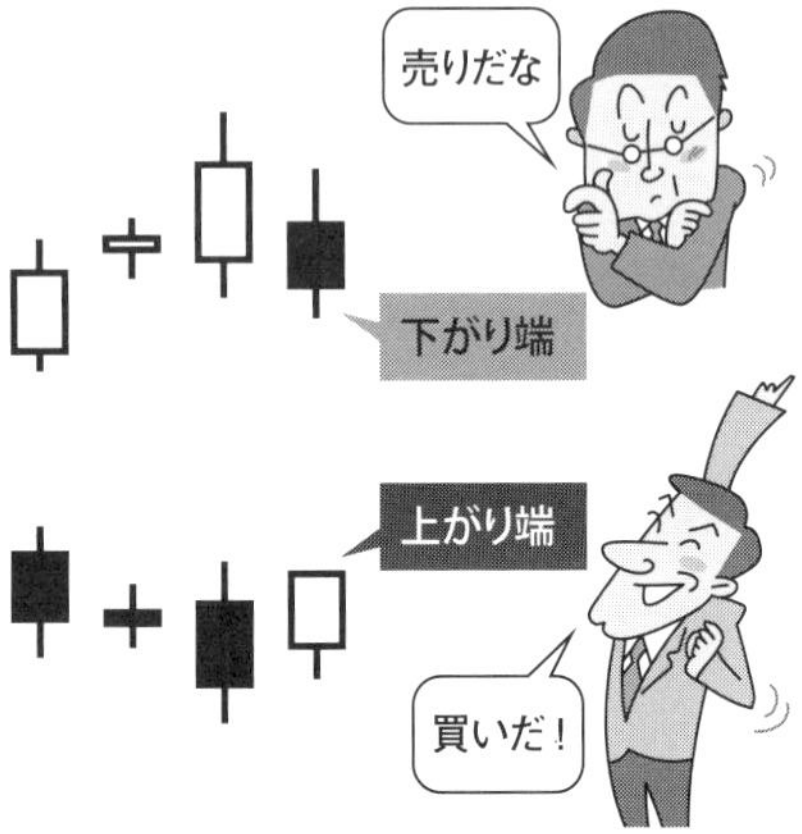

売りだな
下がり端
上がり端
買いだ！

第2部〈実戦編〉

第8章

急落銘柄のチャートパターンを覚える

楽天グループ

■出来高の急増を伴う逆V字は信頼性の高い売りサインとなる

この章では、これまで取り上げてきたローソク足の基本、天井確認サインなどを踏まえ、急落した銘柄のチャートパターンを検証してみたいと思います。

次ページのチャートは、**楽天グループ（４７５５）**の週足です。①のところで大きな上窓をあけたあと、さらに大陽線をつけました。しかし、次の週には急反落に転じ、大陰線を形成しています。

前の章では取り上げませんでしたが、このように上昇してきた相場がさらに急騰したものの、すぐに急反落するパターンは「**逆V字**」と呼ばれています。高値圏で出現した場合、この逆V字も信頼度の高い売りサインとなります。

実際、楽天グループの株価は、逆V字が出たあと冴えない展開となり、出来高も少なくなっていきました。そして、②のところに続き、再度③のところで短期移動平均線が中期移動平均線を下回ると、株価は一気に上値、下値を切り下げていきました。

用語解説＆一口メモ

●逆V字

このパターンは、買い人気が続いたあと材料出尽くしとなったり、買い方が取り残されることなどで形成される。その予兆の1つには出来高がある。出来高が急増→急減した場合は、即座に手仕舞いする必要がある。

● 楽天グループ(4755)の週足

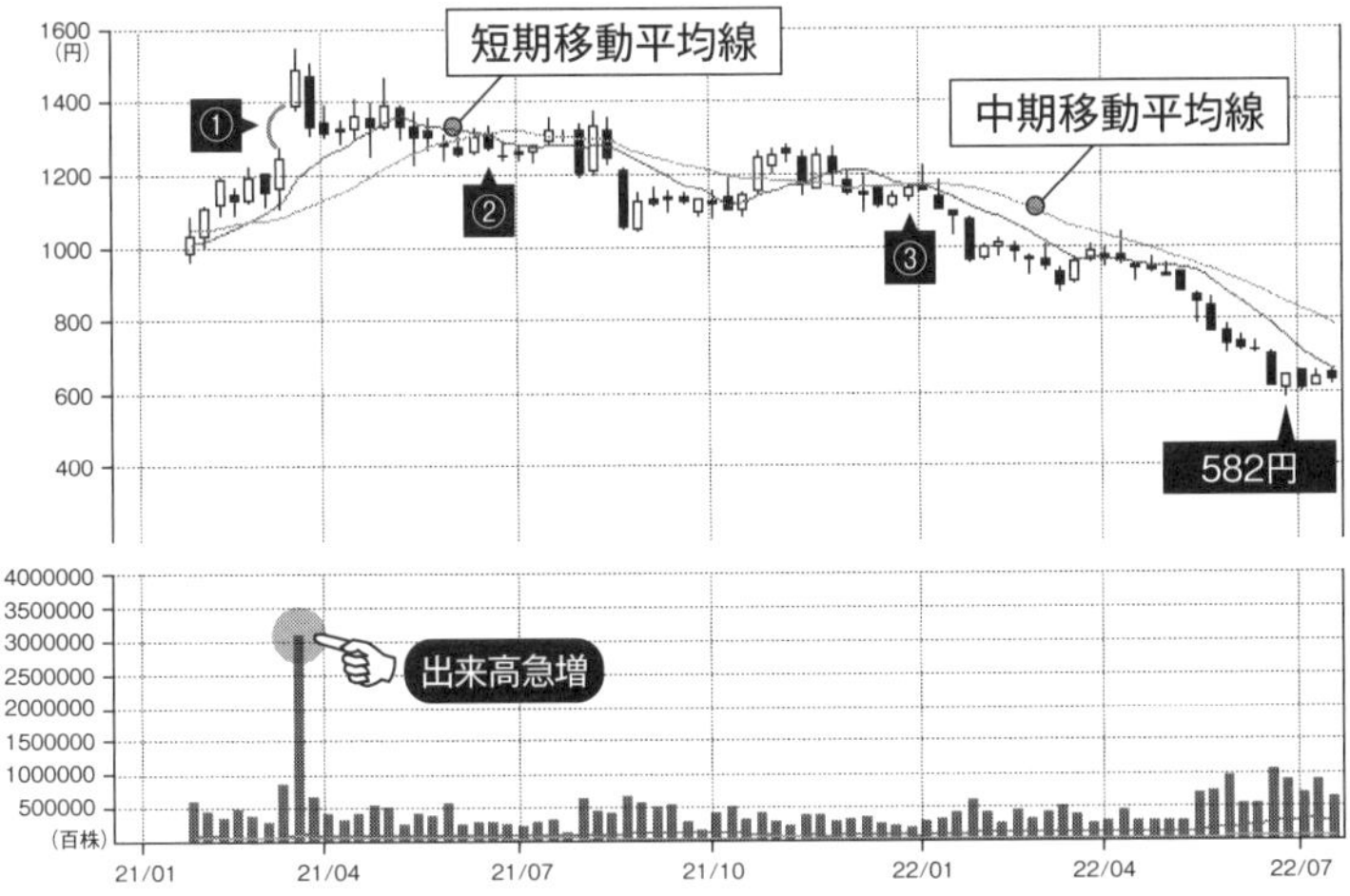

①

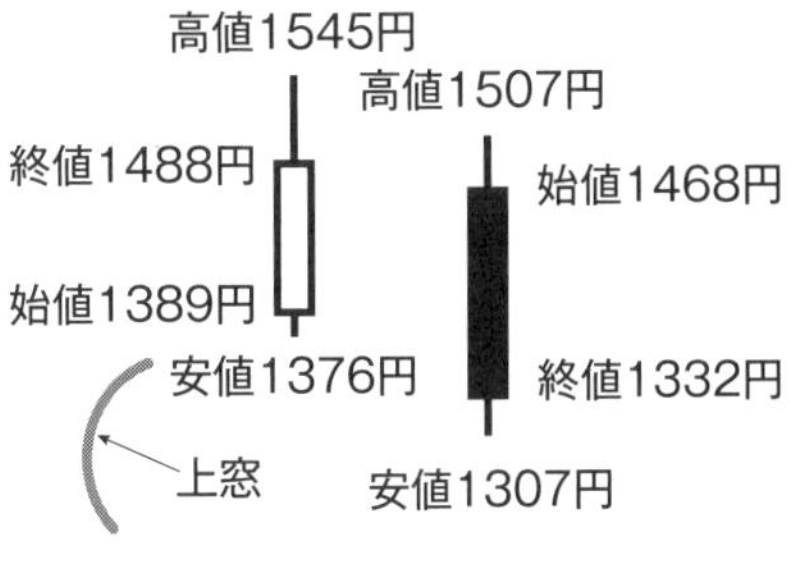

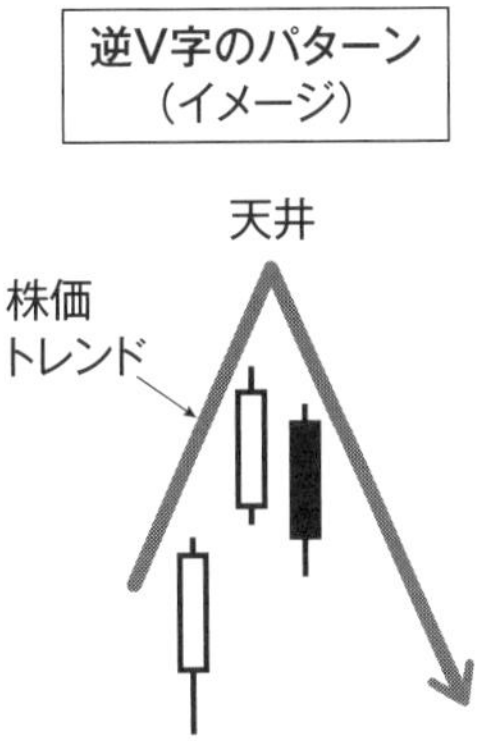

上窓のあとに出現した逆V字

*「すごコツ20」参照

POINT

株価急騰後、逆V字の出現が天井確認となるパターンを理解する。

株価チャート
すごコツ
65

Sansan

■株価4倍化達成後、長い上ヒゲが出て下値模索の展開に

日経平均株価など、全般相場の値動きを示す指数が低迷していても、長期にわたって上昇トレンドが続く銘柄はたくさんあります。その多くは目新しいビジネスモデルを有する新興企業ですが、株価が大化けしたあと急落に転じることがあるので、気をつけなければいけません。

次ページのチャートは、**Sansan（4443）**の週足です。同社は、クラウド型の名刺管理サービスを手がけるベンチャー企業ですが、このビジネスモデルが人気を呼び、株価は1年半余りの間に4倍以上となりました。

しかし、①のところで陽線が3本続く「赤三兵」が出現します。これは「すごコツ21と22」でも触れていますが、高値圏で出ると「赤三兵先詰まり」となり、天井の接近を示唆します。実際、次の週の②のところで長い上ヒゲを伴う大陰線が出現します。このあとローソク足は5本連続陰線となり、**下値模索**の展開となりました。

用語解説&一口メモ

●下値模索

投資家が株価の下値を探る様子のこと。悪材料が出たあと相場が下降局面に入り、安値と思われる圏内に到達したときに起きやすいとされる。これとは逆に、相場の高値を探る様子のことを上値模索という。

●Sansan(4443)の週足

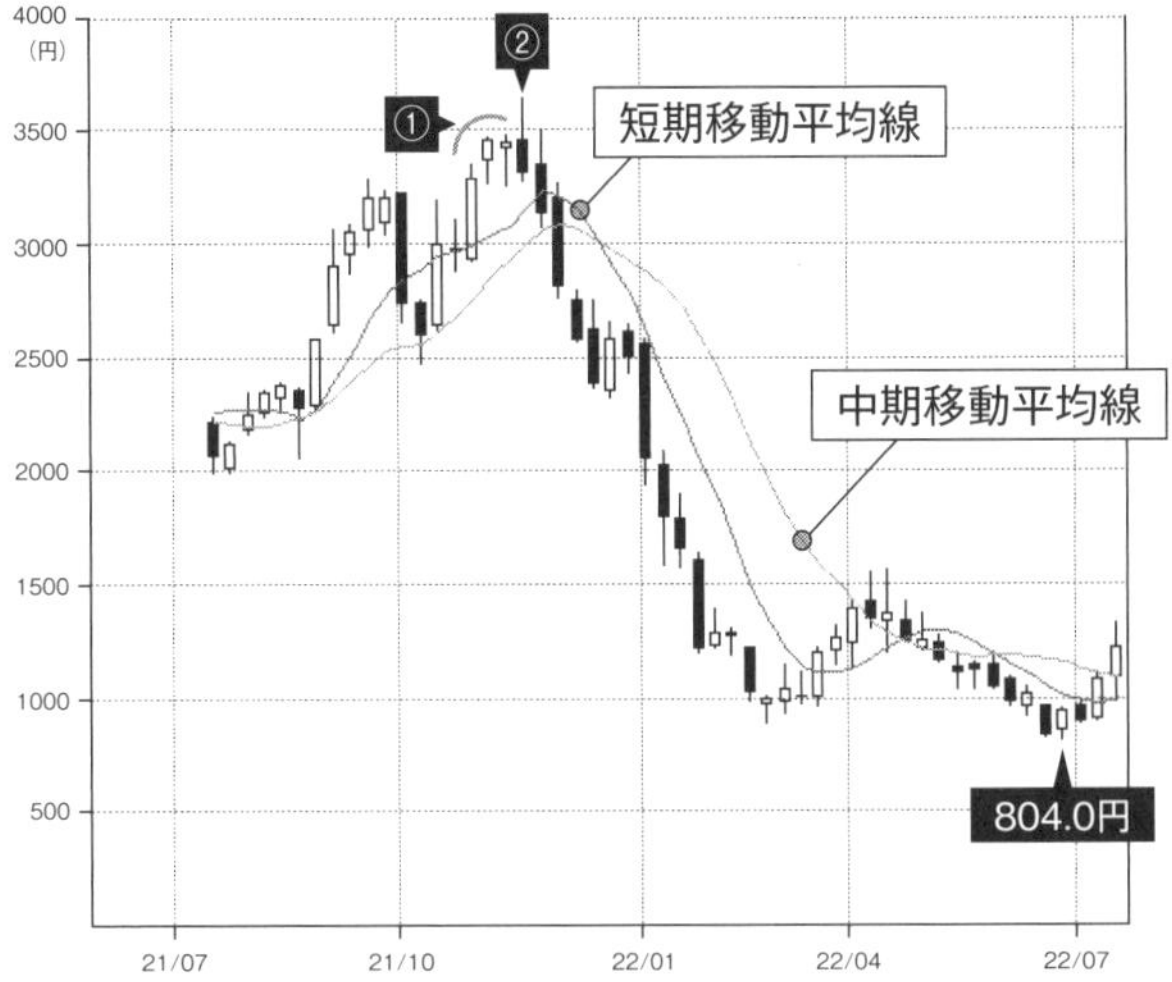

① 〈始値→終値〉

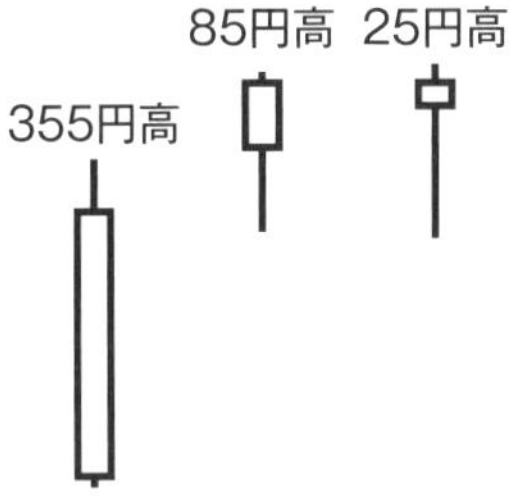

赤三兵先詰まり

＊「すごコツ21・22」参照

②

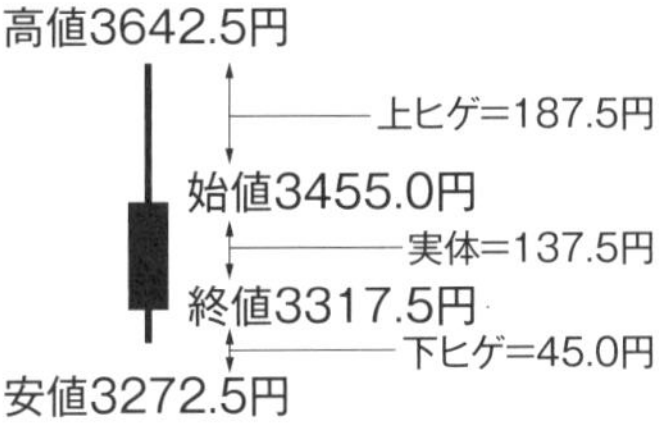

長い上ヒゲ

＊「すごコツ58」参照

POINT

株価が大化けしたあと、長い上ヒゲが出て相場が崩れるパターンを理解する。

ベネフィット・ワン

■高値圏で出現した売りサインをきっかけに大暴落

次ページのチャートは、**ベネフィット・ワン（２４１２）**の週足です。同社は公務員、大企業を中心とする社員の健康診断、福利厚生の運営代行サービスを行なっており、**パソナグループ（２１６８）**が発行済み株式数の50・7％を保有しています。

健康志向の高まりによる好業績を背景に、上場以来、株価は雄大な上昇トレンドを描いてきました。この間、何度も**株式分割**を行なっており、安値を仕込んで保有し続けた投資家は大成功したことでしょう。

しかし、このような大出世銘柄にもピークがあり、①のところで「十字線」が出現しました。しかも、このときの高値６０００円は前の足（これも十字線に近い形）の５９７０円より30円高いだけで、「毛抜き天井」に近い形となっています。

その後、同社株は②のところで短期と中期の移動平均線がデッドクロスし、70％を超える大暴落となりました。下げの途中を買ってはいけない、という典型例です。

用語解説＆一口メモ

●株式分割

1株をいくつかに分割すること。資本金の額を変えることなく、発行済み株式数を増やすときなどに行なわれる。1株を2株に分割（1対2の株式分割）した場合、理論上、株価は半値になるが、発行済み株式数は2倍に増える。このメリットとしては、投資家が株式を購入しやすくなること、株式の流動性が増すことによる株価の安定化、および上昇期待などがある。

● ベネフィット・ワン(2412)の週足

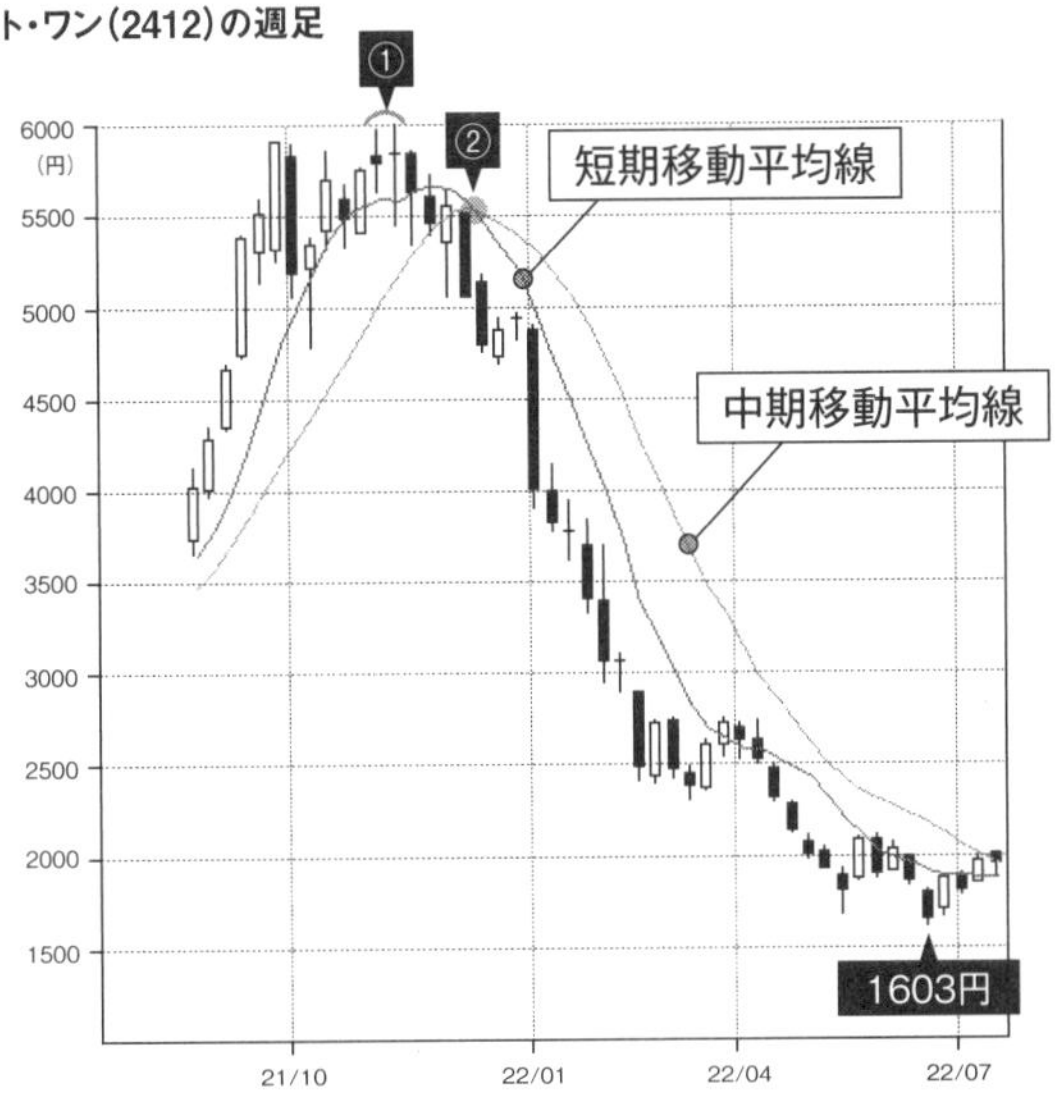

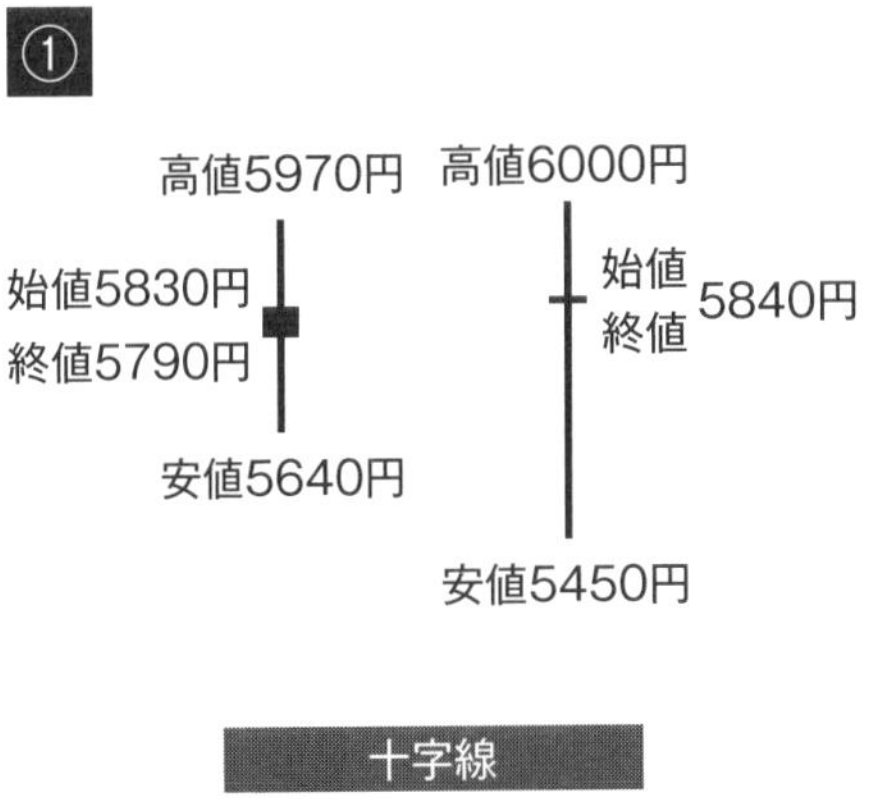

＊「すごコツ59」参照

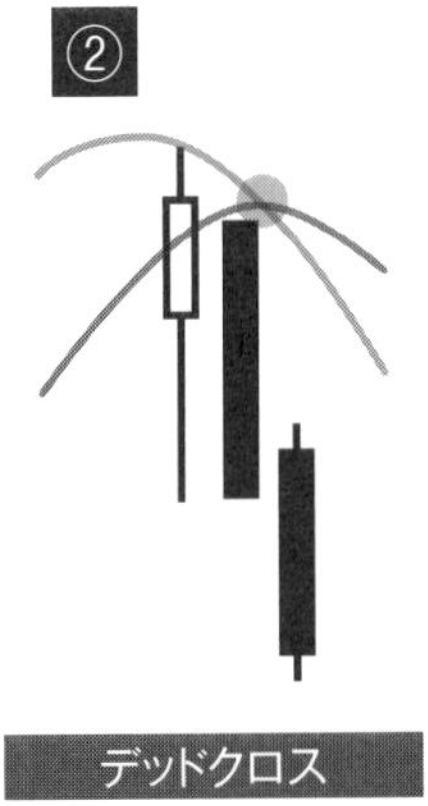

＊「すごコツ38・39」参照

POINT

長期上昇後、高値圏で現れた十字線をきっかけに暴落するパターンを理解する。

インフォマート

■株価大化け後、高値圏でかぶせ線が出て急反落の展開に

次ページのチャートは、**インフォマート（2492）**の週足です。同社はクラウドを活用したサービスを手がけており、電子請求書などに強みを持っています。株価は長期にわたり上昇を続け、2016年の210円台が2021年には1318円まで買われました。実に、6倍以上の値上がりです。

しかし、①のところで「かぶせ線」が出現しています。これは「すごコツ18」で詳述していますが、陽線のあとに陰線が上からかぶさるような状態になるチャートパターンです。同社株の場合、これが最も危険とされる高値圏で出てしまいました。

さらに、その直後、②のところで大陰線が出現していますが、これは**センチメント**の変化、すなわち上昇力の衰えを如実に表しています。これを証明するように、③のところで短期移動平均線が中期移動平均線を下回り、下降トレンドが決定的となりました。このようなケースでは、押し目買い厳禁です。

用語解説&一口メモ

●センチメント
マーケット用語では、市場心理のことを指す。株価は本来、業績・配当などをベースに形成されるが、投資家のセンチメントによって大きく動くことも多い。この市場心理（強気・弱気など）の調査をもとに行なう相場分析を「センチメント分析」という。

●インフォマート(2492)の週足

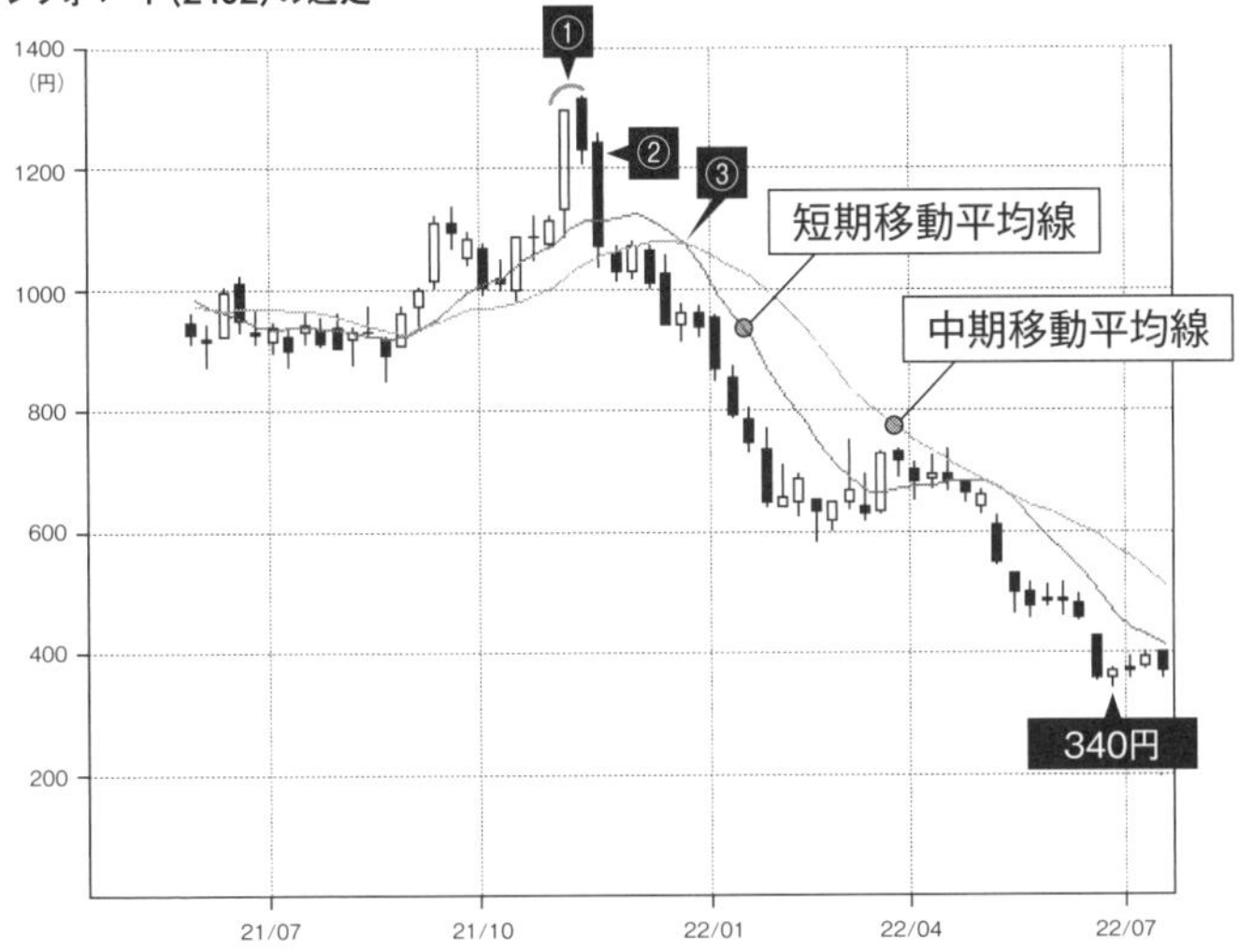

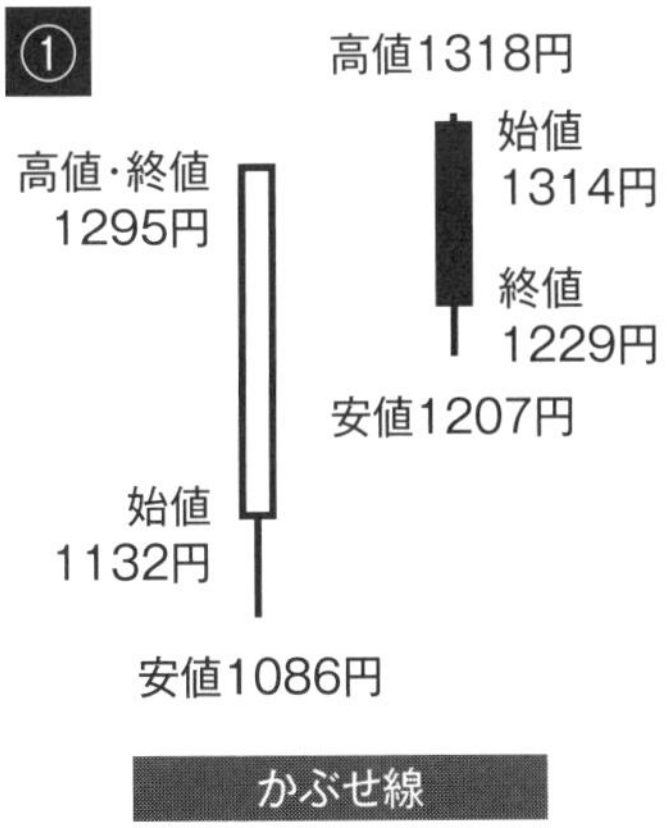

＊「すごコツ18」参照

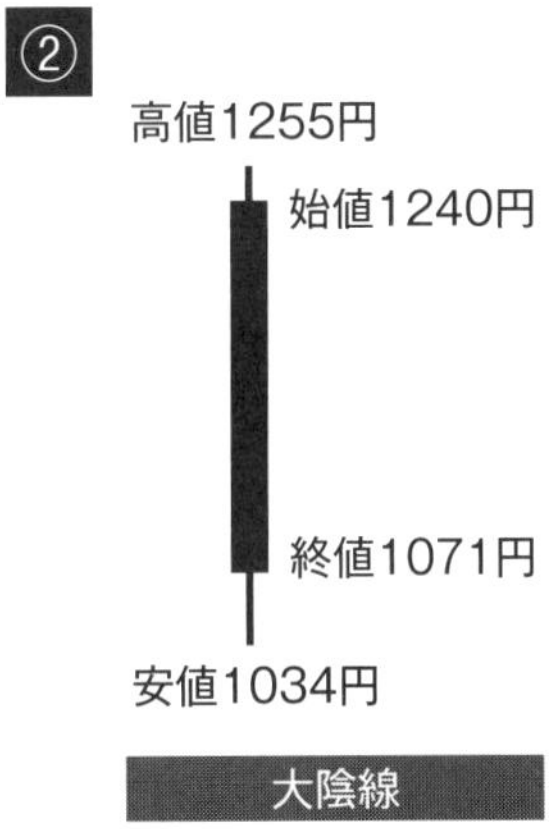

＊「すごコツ14・56」参照

POINT

株価急騰後、かぶせ線の出現をきっかけに急落するパターンを理解する。

マネーフォワード

■初値の6倍強まで買われたあと三尊天井が形成される

次ページのチャートは、**マネーフォワード（3994）**の週足です。同社は会社設立以来、クラウドサービスの開発を続け、個人向け家計簿アプリ、法人向け会計・人事クラウドを事業の柱としています。

2017年9月に**新規上場**し、1500円の初値が①の山に相当する7430円を経て、**上場来高値**9190円（②の山）まで買われました。これは初値が6・1倍になった計算です。初値を買ってそのまま持続できた人は、株式投資の醍醐味《だいごみ》を満喫できたのではないでしょうか。

しかし、株価はその後、反落に転じ、③の山に相当する8680円まで戻したあと、ネックラインを割り込んだことで典型的な「三尊天井」が形成されました。「すごコツ61」で詳述したように、これは強力な天井形成のパターンとなります。実際、株価はその後、下げ足を速め、アヤ戻しを入れたあと2781円まで売られました。

用語解説&ひとロメモ

●**新規上場**
株式を一部の少数株主に限定していた会社が株式を公開し、証券取引所にその株式を上場すること。これにより、一般の投資家も当該企業の株式を保有することが可能となる。

●**上場来高値**
当該企業の株式が上場されて以来、最も高く買われた株価のこと。これは、その企業の市場価値が最も高く評価されたことを示す。この逆は上場来安値。

● マネーフォワード(3994)の週足

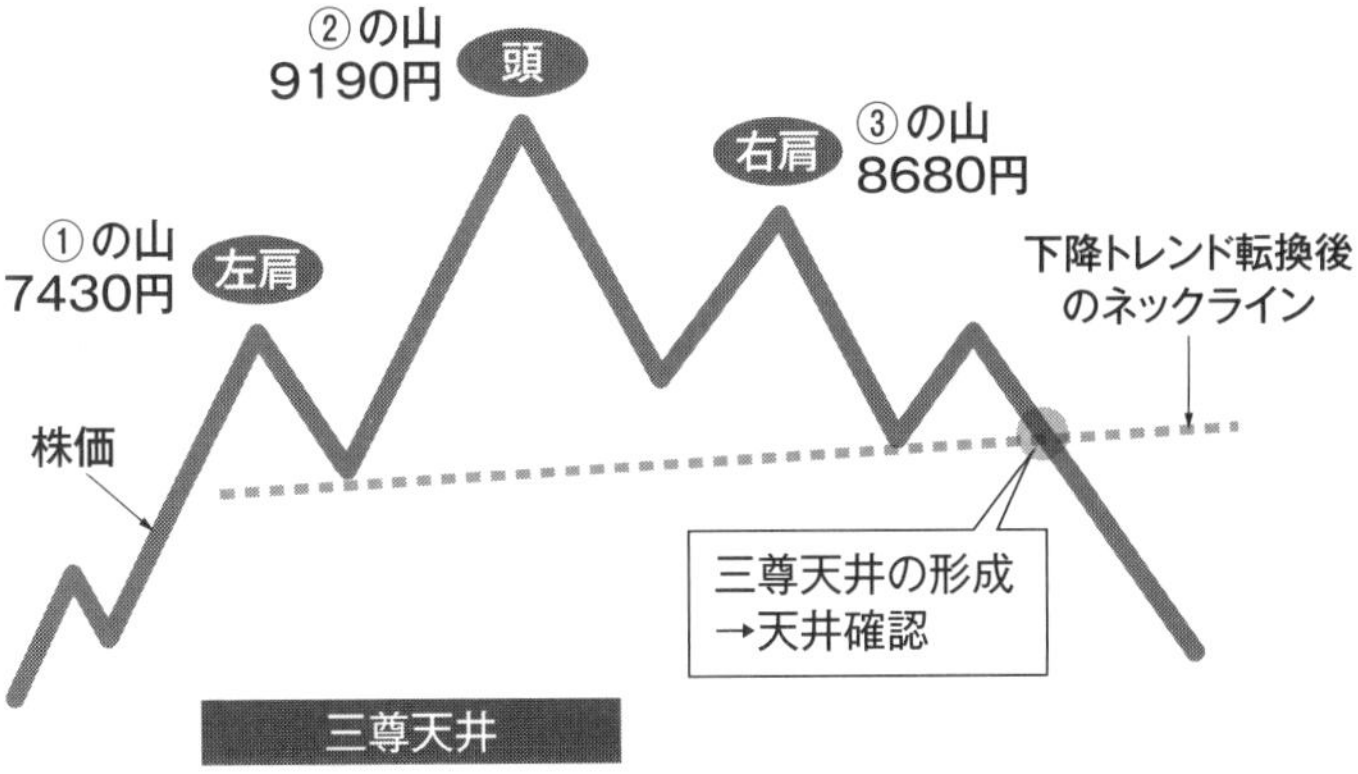

＊「すごコツ61」参照

POINT

株価大化け後、三尊天井の形成を経て急落するパターンを理解する。

《Column》 相場格言&先人の知恵に学ぶ ……09

夜明け前がいちばん暗い！

冬場の午前４～５時はとても寒く、しかもまだ暗いですね。相場格言は「明けない夜はない」とか、「山より大きなイノシシはいない」などと諭しています。相場が悪くなると、極端な見方が浮上するものです。しかし、株式は〝有価証券〟です。無価（価値がないこと）ではありません。「もうはまだなり、まだはもうなり！」も同じような意味合いです。

さらに、先人は「野も山も皆一面に弱気なら、阿呆になりて買いのタネをまけ！」とも教えています。

下げ相場の最終局面は、どん底の気分を味わうことになります。しかし、夜明け前は暗くて当然なのです。周期的に**レーザーテック（6920）**、**東京エレクトロン（8035）**など、半導体関連セクターが不人気になることがあります。しかし、そんなところはいつも仕込みのチャンスになります。これはグローバルニッチ企業の**テセック（6337）**、**シキノハイテック（6614）**なども同様です。

本当に夜明けは来るのだろうか……

第2部〈実戦編〉

第9章

チャートのダマシと対処法

チャートにはダマシがある

■「ダマシとの戦いにどう打ち勝つか」が成否を握る

「すごコツ03」でも述べたように、「チャートは投資家の杖！」であることに間違いはありません。歴史上の**相場巧者**は、その多くが国内外を問わずチャートのことを熟知しています。

また、近年は証券会社が提供するチャートのツールが進化していることもあり、個人投資家の間でも、チャートをうまく使って大きな成果をあげている人が着実に増えているようです。しかし、相場の世界には「罫線屋、足を引き引き足を出し」という格言もあります。これはチャートを過信し、頼り切っているとチャートに振り回されて足（損）を出してしまうという意味です。

すなわち、相場はチャートだけでは分からない（儲からない）という教えなのですが、それは「チャートにはダマシがある」ことが大きな要因でしょう。このため、チャートを補完する**ＳＯＸ指数**、バルチック海運指数などのチェックが欠かせません。

用語解説＆一口メモ

●相場巧者
株式市場の荒波を乗り越え、相場で巧みに利益をあげる人のこと。日本では、かつて住友金属鉱山などの相場で巨万の富を築いた是川銀蔵氏などが知られている。また、ジョセフ・ケネディ、ピーター・リンチなど歴史上の相場巧者はその多くが、バーゲン・ハンターだったとされる。

●ＳＯＸ指数
フィラデルフィア半導体指数のこと。アメリカの主要な半導体関連銘柄で構成された株価指数のため、日本の半導体関連株も大きな影響を受ける。

プロのチャーチストだけでなく、チャートに重きを置く投資家の悩み、苦労の大部分は、このダマシにあるといっても過言ではありません。そう、投資判断をチャートで行なう人は、このダマシをどう見破るか、言い換えれば「ダマシとの戦いにどう打ち勝つか」が最大のテーマとなるのです。

チャートのダマシにはさまざまなものがありますが、特に「ローソク足のダマシ」と「移動平均線のダマシ」には気をつけなければいけません。次ページ以降は、それらの具体例について検証してみたいと思います。

このチャートは
おかしいよ……
ダマシばかりじゃ
ないか！

POINT

チャートにはダマシがあることを知り、これを見破ることの重要性を理解する。

ローソク足のダマシ(1)

■押し目形成直後に出現した大陽線のダマシ

ローソク足のダマシの最初は、大陽線についてです。大陽線は、先にも述べたとおり株価の勢いが強く、始値→終値が大幅に上昇したローソク足です。

次ページのチャートは上下ともに**ヤクルト本社（2267）**の日足です。上は、結果的にダマシとなった④の大陽線までのチャート、下はその後の推移を示したチャートです。これを見ると、①（始値7330円→終値7560円＝230円高）、②（始値7680円→終値7850円＝170円高）、③（始値7890円→終値8020円＝130円高）と、大陽線を形成しながら上値を切り上げています。

その後、セオリーどおり、上ヒゲのやや長い陰線が出て反落しましたが、④のところで再度、大陽線（始値8180円→終値8540円＝360円高）が出現しました。しかし、さらなる上昇期待も、これは下のチャートが示すとおり、ダマシであることが明らかとなりました。大陽線が出ても、要は高いところを買わないことです。

用語解説&メモ

●**大陽線のダマシ**

大陽線のダマシは、出現した大陽線の安値を、それ以降のローソク足が割り込めばダマシであったと判断される。次ページのチャートの場合、④の安値（8170円）を⑤の安値8020円）が割り込み、ダマシとなった。その後、いったん底打ち→反転したが、⑥の戻り高値8530円で二点天井が形成されるパターンとなり、再度、株価は急反落に転じた。

大陽線のダマシ（例）

●ヤクルト本社（2267）の日足（1）

●ヤクルト本社（2267）の日足（2）

POINT

一段高期待の大陽線がダマシとなり、
下降トレンドに転換したパターンを理解する。

ローソク足のダマシ(2)

■上昇中と下降中に出現した大陰線のダマシ

ローソク足のダマシの2番目は、大陰線についてです。これは売りの圧力が強く、始値→終値が大幅に下落したローソク足ですが、前項の大陽線と同じく、出現する位置などによって、ダマシがよく起こります。

次ページのチャートは、上下ともにパチンコ製造大手、SANKYO(6417)の週足です。上は結果的にダマシとなった⑥の大陰線までのチャート、下はその後の推移を示したチャートです。まず、上昇中に出現した①の大陰線は、始値と高値が同値という「陰の寄り付き坊主」であり、これは非常に弱い足です。

実際、3週後までは下値追いとなりましたが、その後、株価は切り返し、②の大陽線が出現してダマシとなりました。続く③、④、⑤の大陰線は売りで正解となりましたが、下値圏で出現した⑥の大陰線は、もみ合いを経たのち上昇に転じ、ダマシとなりました。これは買い方が投げ切ったことを示しています。

用語解説&メモ

●大陰線のダマシ

大陰線のダマシは、出現した大陰線の高値を、それ以降のローソク足が上回ればダマシであったと判断される。次ページの下のチャートの場合、⑥の高値2938円を⑦の高値(3060円)が上回り、ダマシが明らかとなった。これをきっかけに株価は急反騰に転じた。

大陰線のダマシ（例）

●SANKYO（6417）の週足（1）

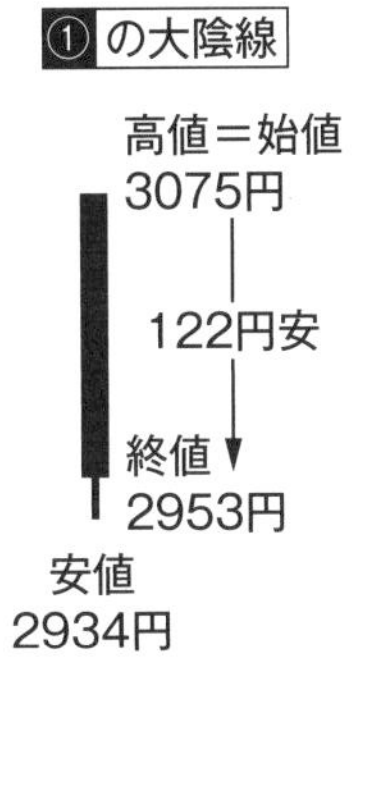

「陰の寄り付き坊主」
＊「すごコツ15」参照

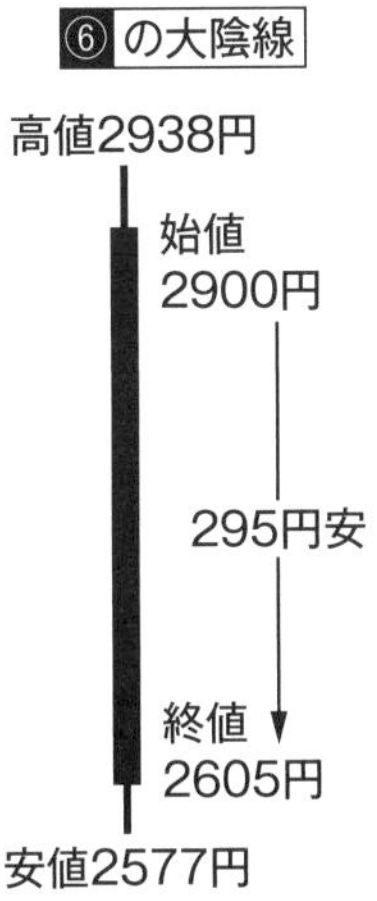

●SANKYO（6417）の週足（2）

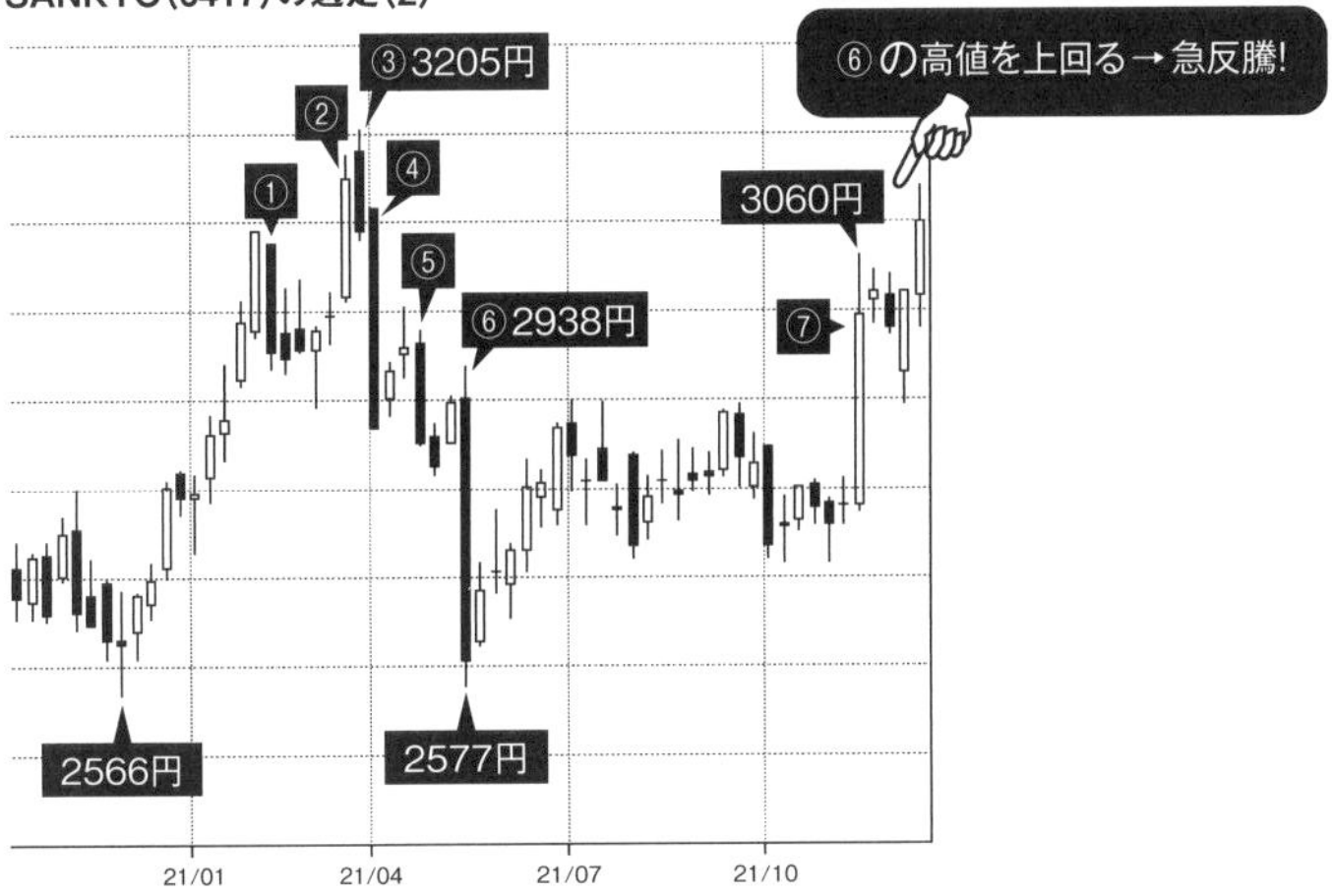

POINT

**一段安を示唆する大陰線がダマシとなり、
上昇トレンドに転換したパターンを理解する。**

移動平均線のダマシ(1)

■株価急落後の戻り過程で出現したゴールデンクロスのダマシ

次は、移動平均線のダマシについて検証してみたいと思います。最初はゴールデンクロスのダマシです。次ページのチャートは上下ともに**オリエンタルランド（4661）**の日足で、上は結果的にダマシとなった③のゴールデンクロスまでのチャート、下はその後の推移を示したチャートです。

これを見ると、①のところで5日移動平均線が25日移動平均線を上回っています。その後、株価は勢いづき、2万4850円まで急騰しました。しばらくして②のところでは、5日移動平均線が25日移動平均線を下回ります。これをきっかけに下降トレンドが明確となり、株価は**総投げ**状態となりました。これらのゴールデンクロスとデッドクロスは、いずれも買いサイン、売りサインとして正解だったことになります。これに対し、③のゴールデンクロスは押し目買いを入れる絶好の好機と思われましたが、コロナ禍の影響を受け、ダマシとなって反落してしまいました。

用語解説&一口メモ

●総投げ
信用取引で買い建てたものの、思惑に反して株価が値下がりした場合、買い方が見切りをつけて、一斉に持ち株のすべてを手仕舞いすること。投げには、損失覚悟で売る（手仕舞いする）という意味がある。

ゴールデンクロスのダマシ（例）

POINT

**ゴールデンクロスがダマシとなり、
反落に転じたパターンを理解する。**

移動平均線のダマシ(2)

■上昇局面の踊り場で出現したデッドクロスのダマシ

この項では、デッドクロスのダマシについて検証してみたいと思います。次ページのチャートは上下ともに**ファーストリテイリング（9983）**の日足で、上はダマシとなったデッドクロスまでのチャート、下はその後の推移を示したチャートです。

これを見ると、①のところで5日移動平均線と25日移動平均線のゴールデンクロスが示現し、株価はサインどおり上値追いの展開となりました。7万2990円まで買われたあと、②の踊り場で5日移動平均線が25日移動平均線を下回ります。その後、陰線が続きましたので売りを考えてもおかしくはありません。しかし、このデッドクロスはダマシとなり、③のところで**上窓**が出現して株価は急騰しました。

なお、前項のゴールデンクロスのダマシもそうですが、短期移動平均線と中・長期移動平均線がゆるやかにクロスした場合、そのサインの信頼性は低いといわれています。すべてのケースに当てはまるわけではありませんが、この点注意が必要です。

用語解説&メモ

●上窓

「すごコツ20」の説明にあるとおり、窓あけは前後のローソク足の間にできる空間だが、これは株価の急激な値動きによって形成される。上窓は上に向かって形成される窓あけであり、これは買い気の強さを示すため、株価は上値を追う。また、上窓の反対は下窓と呼ばれ、株価は下値追いの展開になりやすい。

デッドクロスのダマシ（例）

●ファーストリテイリング（9983）の日足（1）

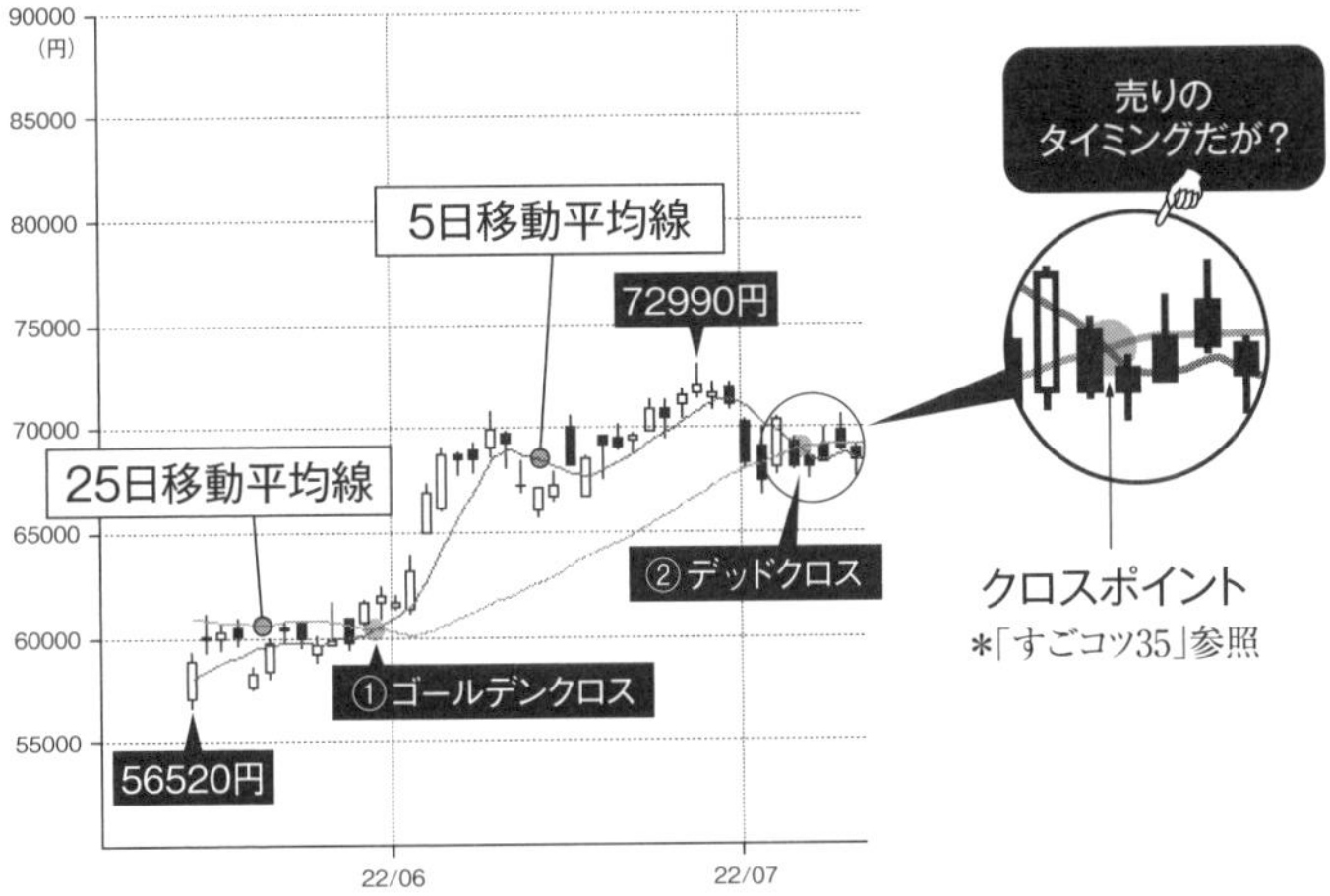

●ファーストリテイリング（9983）の日足（2）

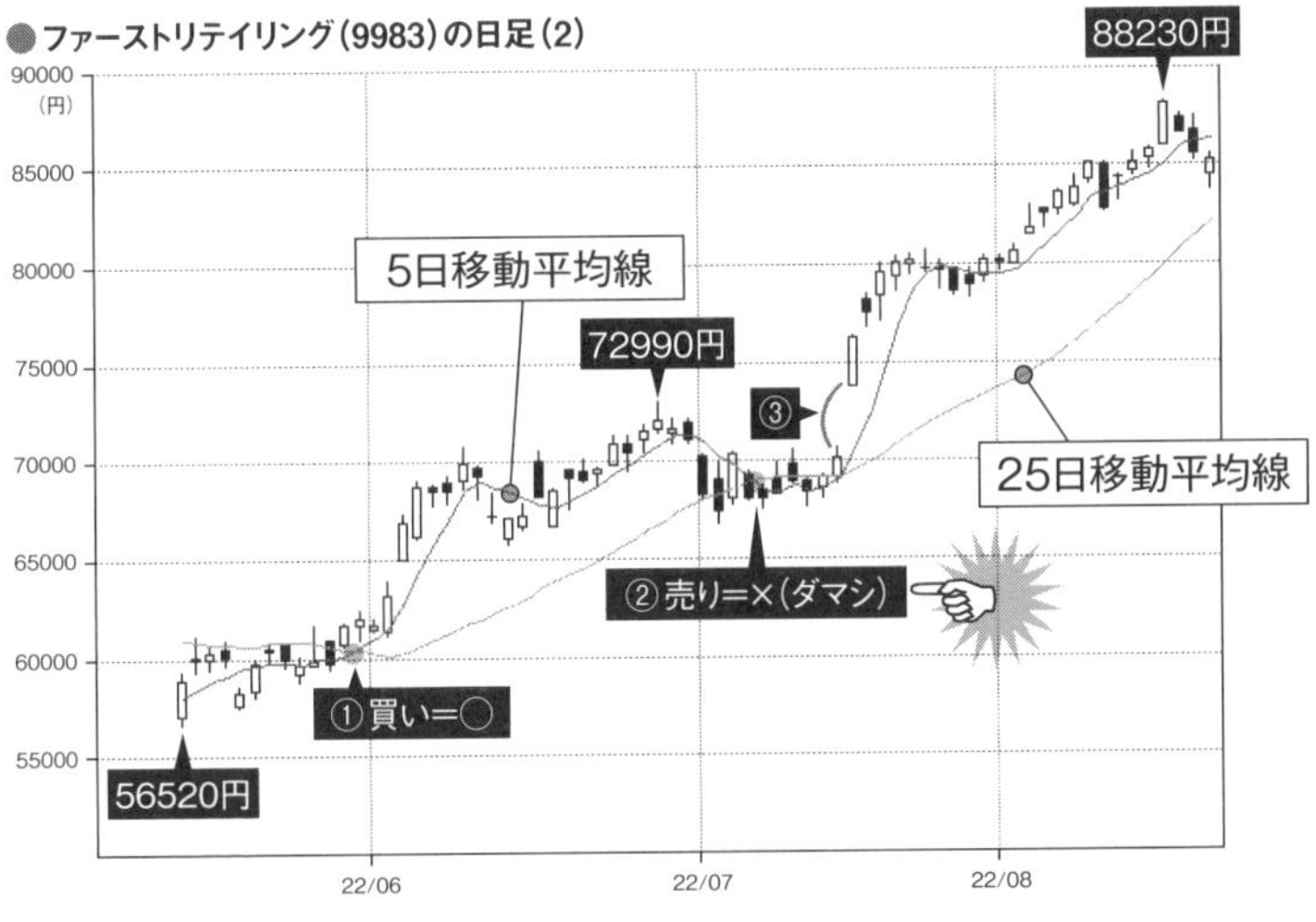

POINT

デッドクロスがダマシとなり、
急騰に転じたパターンを理解する。

移動平均かい離率のダマシ

■下降相場の途中に出現した大幅「マイナスかい離」のダマシ

最後は、移動平均かい離率について検証してみたいと思います。「すごコツ41」で述べたとおり、移動平均かい離率は、株価が移動平均線とどのくらい離れているかを見る指標です。

移動平均線に対し、株価が上に大きく離れた場合（大幅プラスかい離）は自律反落、反対に下に大きく離れた場合（大幅マイナスかい離）は自律反発しやすくなります。ただし、これにもダマシがたびたび発生します。

次ページのチャートは**新光電気工業（6967）**の日足です。これを見ると、まず①のところで大幅にプラスかい離（16・6％）したあと、急反落に転じています。結果的にこのとき売りは正解だったことになります。しかし、高値もみ合い後に**下放れ**したあとの②、③、④のケースでは、大幅マイナスかい離の状態だったにもかかわらず、株価の反発はごくわずかで、その後、再び下げに転じてしまいました。

用語解説&メモ

●**下放れ**

株価がもち合い状態にあったとき、それまでの水準を大きく下に切り下げること。例えば、1000円近辺でもみ合っていた株価が50円下げれば小幅反落などといわれるが、一気に100円以上も下げれば「下放れ」「下に放れた」と呼ばれる。これとは反対に、もち合いを続けていた株価が大きく上昇すれば「上放れ」となる。

移動平均かい離率のダマシ（例）

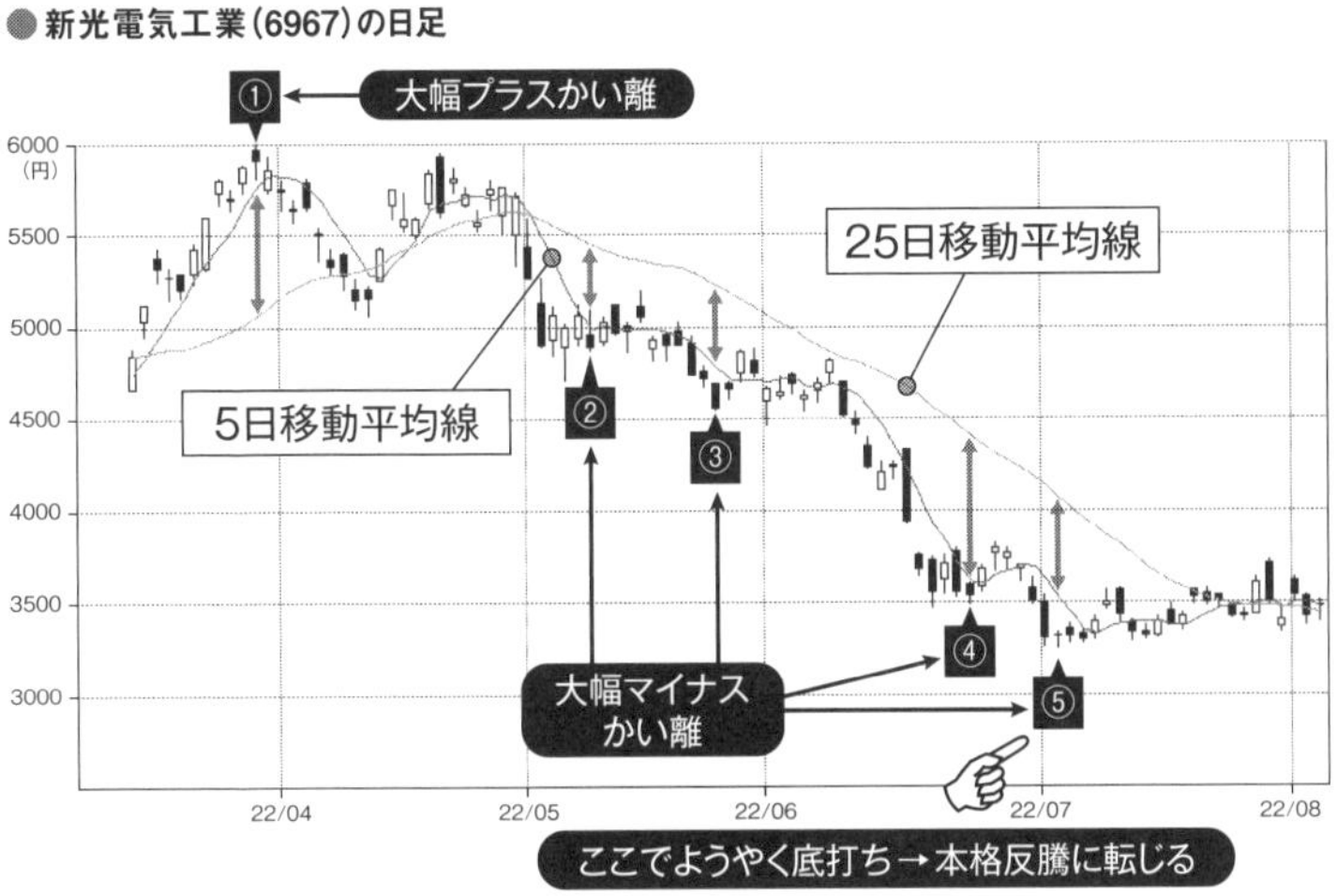

上記チャートの主な移動平均かい離率（25日線）

日付	終値（円）	25日移動平均線（円）	移動平均かい離率（%）
①	5910	5068.2	+16.6
②	4885	5437.2	▲10.2
③	4550	5208.6	▲12.6
④	3530	4388.0	▲19.6
⑤	3310	4057.0	▲18.4

（注）移動平均かい離率は（終値－移動平均線）÷移動平均線×100%で算出

POINT

大幅マイナスの移動平均かい離率がダマシとなり、株価が下げ止まらなかったパターンを理解する。

ロス・カットルールを確立する

■事前対応に限界のある株式投資。事後対応の対応は３つある

株式投資の買いの場合、常に値下がりリスクとの戦いがあります。このリスクを事前に防ぐためにも、チャート分析は必要不可欠なものとなります。

しかし、ダマシの実例を見るまでもなく、チャートがすべてのリスクを取り除いてくれるわけではありません。そう、株式投資を行なう場合、事前対応には限界があるのです。そこで、避けて通れないリスクに対処するには、事後対応が大切となります。事後対応とは、投資を行なった結果として思惑が外れたときにどうするか、ということです。

絶好のタイミングと思って買ってみた銘柄が、予想に反してズルズルと下がる——このようなとき、どうしたらいいのでしょうか。選択肢は３つしかありません。すなわち、①ひたすら戻りを待ち、持ち続ける。②即、手仕舞いする。③ナンピン買いを入れ、買いコストを下げる——の３つです。

用語解説&一口メモ

●追い証
追加保証金のこと。信用取引で担保にしている株式の損失によって、委託保証金率を割り込むことで発生する。委託保証金率とは、信用取引を行なうために必要となる委託保証金の約定代金に対する割合のことだが、法令で委託保証金は30万円以上、委託保証金率は約定代金の30％以上必要と定められている。

まず、①の対処法については、第8章で取り上げた急落銘柄のような場合、評価損が膨らむばかりです。取返しがつかないことになってしまいますので、このようなケースでは、②の即、全株売りが正しい対処法となります。

「引かれ腰は大ケガの元」といわれるように、予想が外れた場合は、すみやかな見切りが必要です。特に、仕手性の強い材料株、思惑で人気化したような銘柄は、ためらってはいけません。

すなわち、株式投資では仕掛けのタイミングもそうですが、手仕舞いの場合も「遅れた者は悪魔の餌食《えじき》」となるのです。

だからこそ、早め早めの決断が求められます。とはいえ、売る暇もなく急落したり、ズルズルと下げるケースではどうしても一手二手と遅れがちです。となると、「しばらく様子を見よう」となりますが、これは絶対にいけません。

特に、信用取引がそうですが、「**追い証**」を差し入れ、がんばる人がいます。このケースは「相場に負けた」のです。また、20ページの「用語解説&一口メモ」にあるように、「引かれ腰」の典型例でもあります。古来、「追い証は営業マンの最良のアドバイス」といわれています。負け戦《いくさ》は逃げる（すみやかな撤退）が勝ちです。抵抗してはいけません。

POINT

評価損が発生した場合には3つの対処法があり、早めの決断が必要であることを理解する。

■自分なりの損切りラインを設定し、実行する

事後対応の③、ナンピン買いを入れ、買いコストを下げるやり方はどうでしょう。この場合、ナンピン買いをしてよい銘柄、ナンピン買いが報われる銘柄は下値が限られるボックス相場のようなものに限られます。

86ページの「コラム04」でも述べましたが、原則的に**負け相場**でナンピン買いはするべきではありません。古来、「負け相場、ナンピン買いのスカンピン」という格言があるくらいです。特に、信用取引によるナンピン買いは命取りにつながります。

したがって、株式投資を続けるには、ロス・カット（損切り）ルールを確立することが必要不可欠となります。目論見が外れた場合は、即座に持ち株を処分し、撤退することです。これは、ナンピン買いを入れたケースでも同じです。

ロス・カットルールとは、手仕舞いするときのメド、すなわち損切りラインを設定することです。

損切りラインには、買い値（平均コスト）に対し、損失のパーセンテージを事前に決めておく方法があります。例えば、5%値下がりした水準であれば「5%ルール」になりますし、8%ヤラレた水準であれば「8%ルール」になります。

また、「25日移動平均線を下回ったとき」など移動平均線をメドにする方法、「直近

●**負け相場**

買いの場合の下げ相場のこと。「負け相場、ナンピン買いのスカンピン」という格言は、下降トレンドの銘柄を買い続ける愚を戒めたものであり、損失を拡大させるナンピンの危険性を示している。

安値を下回ったとき」「ネックラインを下回ったとき」に手仕舞いするやり方もあり得ます。

ただ、ロス・カットルールを多用すると、「ちぎっては投げ、ちぎっては投げ」のパターンになりがちです。野球の投手だと、肩を壊してしまいます。

肝要なことは、買ってすぐに投げを余儀なくされるような銘柄に手を出さないことです。すなわち、陽線が何本も立って、移動平均線とのプラスかい離が異常な状態になっていれば、目先の調整は必然です。

出来高もそうでしょう。一日に数万株だった出来高が一気に何百万株、何千万株に膨らんだケースは「相場のスタート」と強気に考えるのではなく、ちょっと「押し目待ち」の慎重さが求められます。

ロス・カットルールの例（買いの場合）

買い値の5%ヤラレ	株価1000円なら950円で手仕舞い
買い値の8%ヤラレ	株価1000円なら920円で手仕舞い
買い値の10%ヤラレ	株価1000円なら900円で手仕舞い
25日移動平均線を下回ったとき	その価格で即、手仕舞い
直近安値を下回ったとき	その価格で即、手仕舞い

POINT

信用取引によるナンピン買いは要注意であり、自分なりの損切りルールが必要であることを理解する。

《Column》　相場格言&先人の知恵に学ぶ ……10

裏を見せ、表を見せて散るモミジ！

相場は豹変します。それは上下にです。特に、高値圏ではより注意が必要です。「花に嵐、月にむら雲」とも形容されますが、好材料と悪材料は紙一重です。「裏を見せ、表を見せて散るモミジ」は、その心理を微妙に表現しています。

要するに、「変化の予兆を見逃すな！」ということでしょう。リスクマネジメントの大切さを訴える警句です。何事も調子に乗ってはいけません。

また、「相場のカネとタコの糸は出し切るな、見えぬ嵐が吹かぬものとは」ともいわれます。いつ嵐になるかもしれません。それに備え、相場につぎ込むおカネを出し切ってはいけないのです。

このような先人の戒めを肝に銘じつつ、表（好材料）が際立つ銘柄、すなわち人工ダイヤモンドの**イーディーピー（7794）**、Vチューバーの**ANYCOLOR（5032）**、特殊半導体の**ソシオネクスト（6526）**に注目したいと思います。しかし、裏も忘れてはなりません。

相場にも…
表と裏が
ありますからね

第2部〈実戦編〉

最終章

実戦!注目銘柄の買いと売りのタイミング

コスモスイニシア

■「線状ラインにビルが建つ」を地で行く順張り銘柄

最後の章では、この部分の原稿を執筆する時点において、筆者が以後の推移に注目した銘柄の買いと売りのタイミング、仕掛けどころについて考察してみたいと思います。5銘柄の内訳は、個人投資家の皆さんの投資スタンスを考慮し、順張り（押し目買い）銘柄2、逆張り（安値買い）銘柄2、横ばい（小すくい）銘柄1としました。

最初は、順張り銘柄の**コスモスイニシア（8844）**です。次ページの上は同社株の週足、下は日足（週足の囲み部分）ですが、実際に売り買いをする場合は、このように種類の異なるチャートを併用すると効果が上がります。

まず週足を見ると、株価が動意づく前はトレンドのない線状ラインが続いていたことが分かります。「線状ラインにビルが建つ」といわれますが、その後は連続陽線でまさにその典型例でしょう。日足を見ると、買い場は①が打診買い、③と④が押し目買いのタイミングです。一方、②と⑤はいったん利食いのタイミングとなります。

用語解説&一口メモ

●コスモスイニシア
1969年、リクルート映画社として会社設立。1974年に事業目的を不動産事業に変更し、環境開発株式会社に商号変更。1985年、リクルートコスモスに商号変更し、翌年株式を新規上場する。2013年、大和ハウス工業と資本業務提携し、大和ハウスグループとなる。新築マンションなどの販売を行なうレジデンシャル事業、不動産の開発・仲介・賃貸管理などを行なうソリューション事業が収益の2本柱となっている。

●コスモスイニシア（8844）の週足

週足のこの部分は日足ではこうなる

●コスモスイニシア（8844）の日足

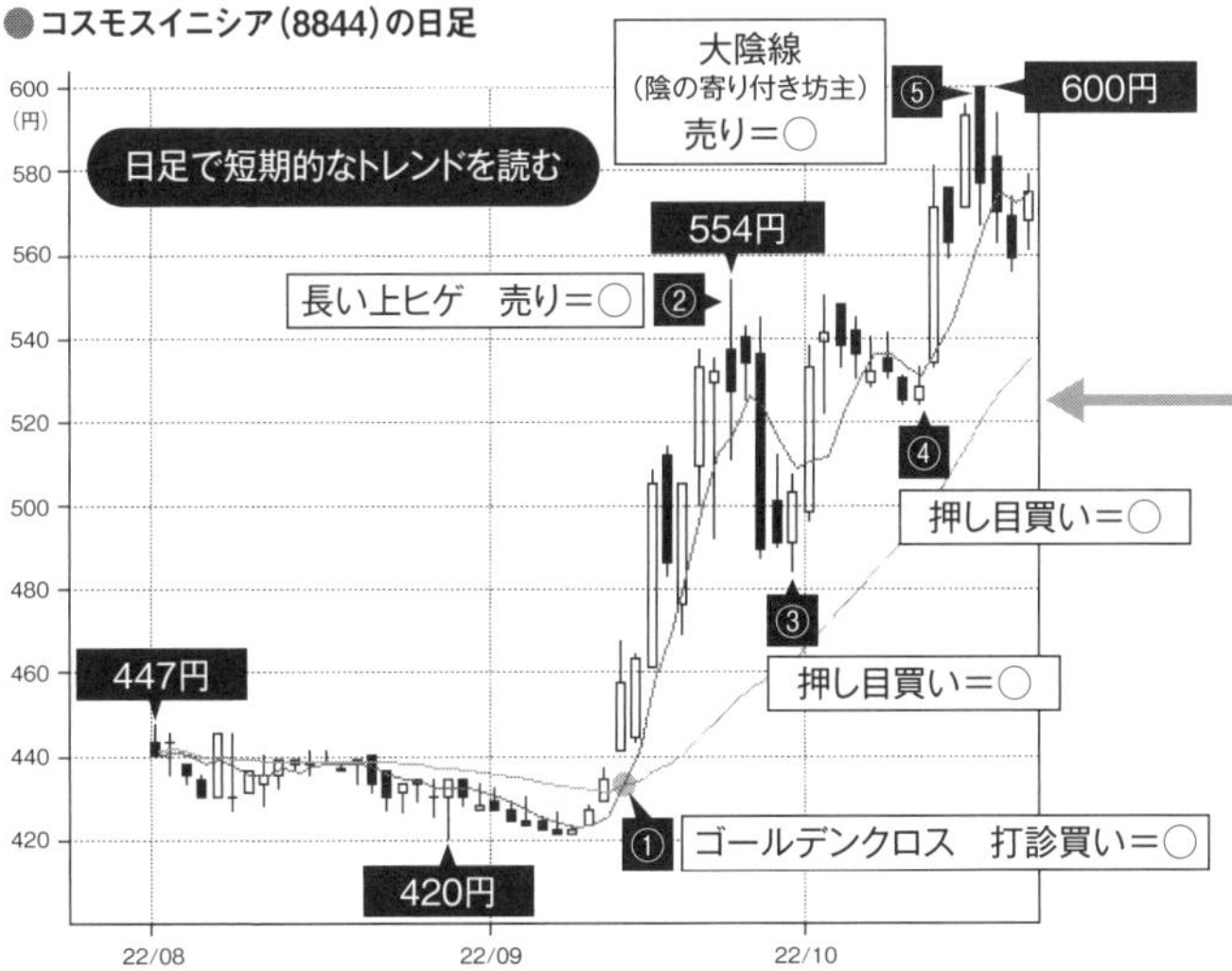

POINT

チャート分析については、種類の違うチャートの併用が効果をあげることを理解する。

K&Oエナジーグループ

■下値抵抗線に守られジリ高続く妙味株

次の注目銘柄は順張り銘柄の2番手、**K&Oエナジーグループ（1663）**です。まず上の週足を見ると、ジリ高↓押し目を入れながら上値を切り上げていることが分かります。Ⓐのところでは、連続するローソク足の安値が同値（1424円）という毛抜き底が出現したのに続き、Ⓑのところでは株価がレジスタンスラインをブレイクしています。このようなときは絶好の買い場となります。ⒸとⒹのところでも、同じようなパターンが出現しています。

下の日足に目を転じると、さらにこまやかな値動きが分かります。②と⑥のところで短期線が中期線を上に突き抜けており、買いのタイミングです。反対に③のところでは二点天井が形成され、目先的な売り場となりました。また、④のところで短期線が中期線を下に突き抜けましたが、①と⑤の安値を結んだ下値抵抗線に守られ、株価は反転しました。**INPEX（1605）**と並ぶエネルギー関連の期待銘柄です。

用語解説&ロモーメ

●K&Oエナジーグループ
2014年、関東天然瓦斯開発（天然ガス開発のトップ企業）と大喜多ガス（千葉県に都市ガスを供給）が経営統合し、両社の完全親会社となるK&Oエナジーグループを設立。収益の柱であるガス事業は、クリーンエネルギーとして注目される天然ガスの開発、都市ガス・LPガスの供給まで一貫して行なっている。また、もう1つのヨウ素事業は、日本のヨウ素生産量が世界第2位であり、放射能被害を抑える効果もあるため、その将来性に期待が高まっている。

●K&Oエナジーグループ（1663）の週足

●K&Oエナジーグループ（1663）の日足

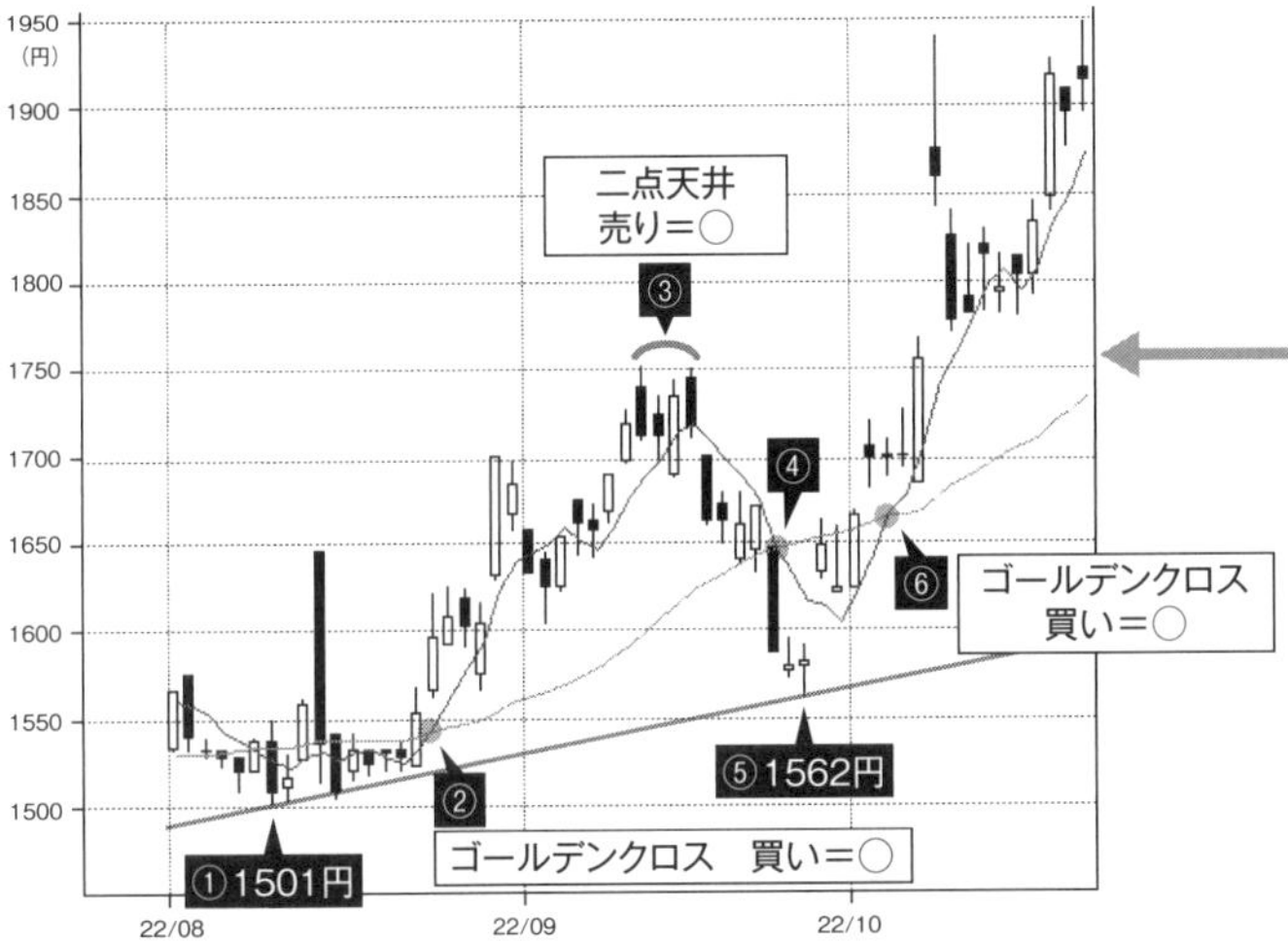

POINT

順張り銘柄では下値抵抗線に守られ、ジリ高→高値追いになっていることを理解する。

テックファームホールディングス

■相場つきに大変化の兆しが出た長期低迷銘柄

次は、右肩下がりのトレンドが長く続いた銘柄に注目してみたいと思います。すなわち、逆張りが奏功しそうな銘柄です。逆張りは、下降トレンドの銘柄であっても、反発が期待できそうな局面で安値を買い、大きく利が乗ったところで売却（手仕舞い）します。特に、長期低迷銘柄は相場つきが一変し、大化けすることがあります。

この分野の一番手は、**テックファームホールディングス（３６２５）**です。同社株は、次ページのチャートが示すとおり、長期にわたり下げが続きました。週足を見ると、13週移動平均線が26週移動平均線の下にあり、これらがともに重しとなって上値と下値を切り下げたことが分かります。

しかし、Ⓐとⓑのところで連続して大陽線が出現し、先行きが楽しみになってきました。日足を見ると、３９１円→３７６円と続いた安値更新の流れが終了し、株価は反騰態勢に入ったと判断することができます。

用語解説＆一口メモ

●テックファームホールディングス

１９９１年、イベント企画・運営会社として設立。その後、１９９８年に商号をテックファームに変更し、主たる事業目的をインターネット関連のソフトウェア開発、コンサルティングに変更。２００６年、読売新聞東京本社と業務・資本提携し、２００８年、株式を新規上場した。２０１５年、現社名に商号変更し、持ち株会社体制に移行している。先進的なＩＴ企業だが、農産物の輸出事業にも注力している。

● テックファームホールディングス（3625）の週足

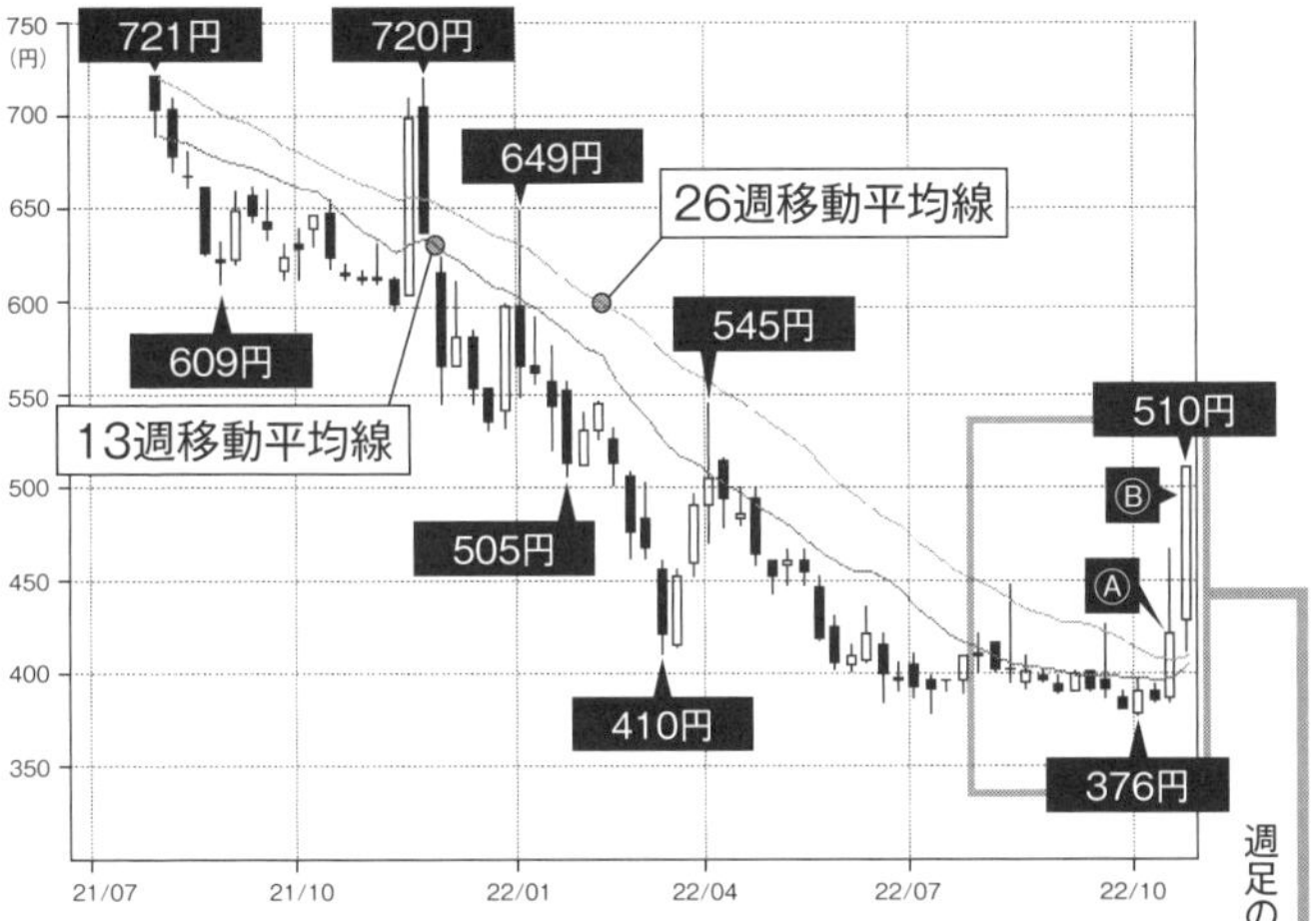

● テックファームホールディングス（3625）の日足

POINT

長期低迷を脱し、先高期待が持てるようになった理由を理解する。

三菱ケミカルグループ

■上げ下げの波動にサイクルがある長期・逆張り銘柄

ここでは下降相場が継続中であっても、長期的な日線で安値を仕込んでみたい銘柄をピックアップしました。

三菱ケミカルグループ（４１８８）は、原稿執筆時において、前項のテックファームのような相場つきに変化の兆しはありません。しかし、次ページ上の月足チャートを見ると、長期的なサイクルで上げ下げのトレンドが発生していることが分かります。

そして、売り買いのタイミングは、短期移動平均線と中期移動平均線のクロスポイントがかなりの成功率でそれを示しています。すなわち、Ⓐ とⒸのゴールデンクロスは買い、Ⓑ とⒹのデッドクロスは売りで成功したことを表しています。

下の週足を見ると、①のところで13週線が26週線を下回って以来、株価は下値を切り下げています。しかし、市況に左右されやすいこの銘柄には、上げ下げの明確なサイクルがあります。その点、長期・逆張りに適しているのではないでしょうか。

用語解説&メモ

●三菱ケミカルグループ

総合化学のトップ企業。２００５年、三菱化学と三菱ウェルファーマ（現在の田辺三菱製薬）が株式移転により、三菱ケミカルホールディングスを設立。その後、２０１０年に三菱レイヨン、２０１４年に大陽日酸を連結子会社化。２０１７年、三菱化学、三菱樹脂、三菱レイヨンが統合し、三菱ケミカルとなる。２０２０年に田辺三菱製薬を完全子会社化し、２０２２年、現社名に商号変更した。

●三菱ケミカルグループ(4188)の月足

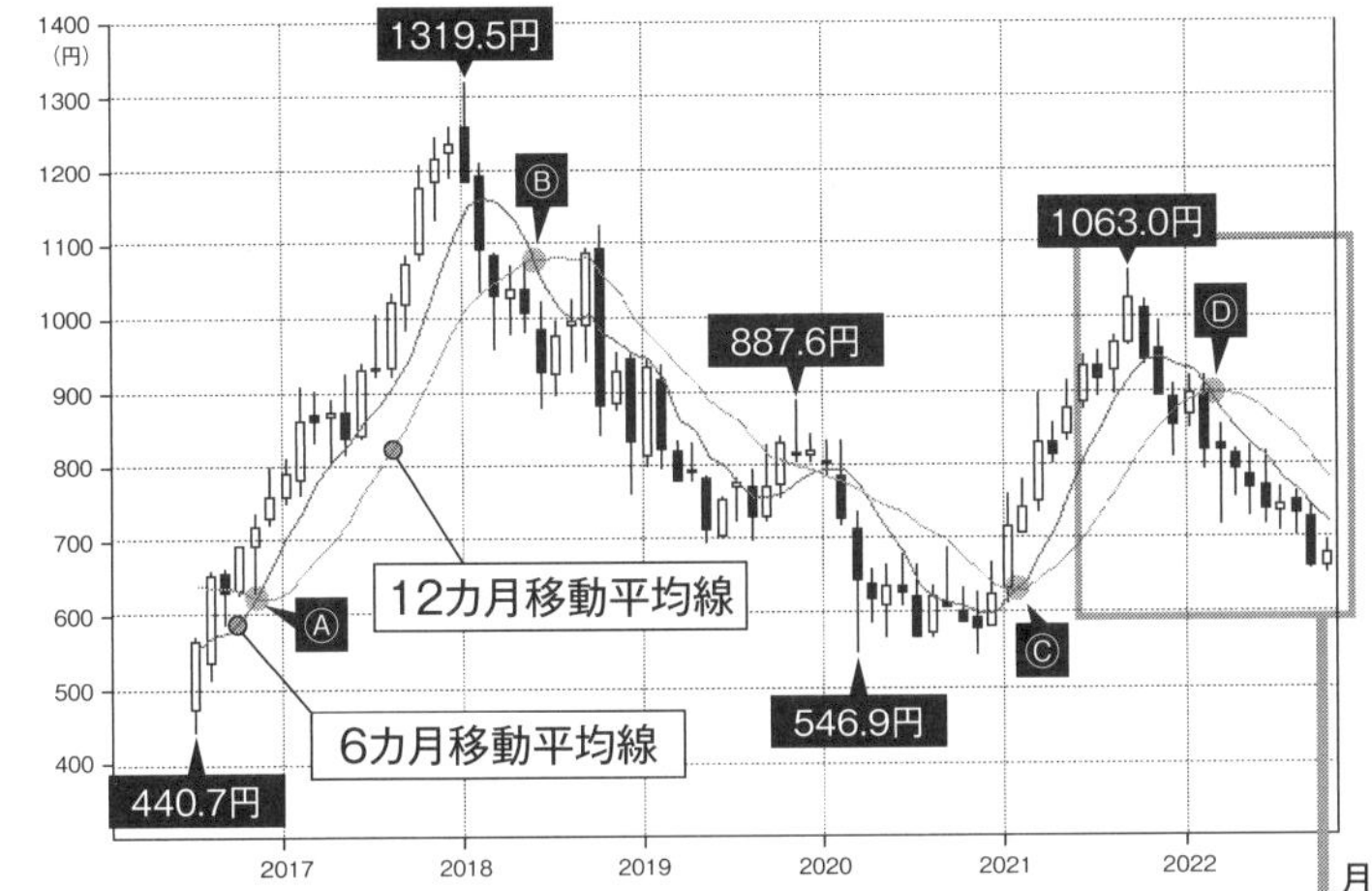

●三菱ケミカルグループ(4188)の週足

POINT

低迷相場が続く銘柄でも、長期姿勢で逆張りができる理由を理解する。

ルネサスエレクトロニクス

■**上値下値ともに限定、小幅な利ザヤ取りに向く銘柄**

最後は、横ばい（ボックス）銘柄です。横ばい銘柄の特徴と売買手法については、「すごコツ27」で詳述していますが、狭いレンジのなかでの下値買い→上値売りに妙味があります。もちろん、信用取引でカラ売りをする場合は、上値を売り建て→下値で買い戻しをします。

ボックス銘柄は上値と下値が限られているため、トレンドが発生するまでは、このような小すくい戦法で利ザヤを積み重ねることができます。

次ページは、**ルネサスエレクトロニクス（6723）**のチャートです。上の週足を見ると、ボックスの上限が1577円、下限が1080円という約500円幅のなかで上げ下げを繰り返していることが分かります。下の日足を見ると上値、下値を切り下げていますが、売り買いともに50～100円程度の利ザヤ取りであれば、十分可能な銘柄だと思います。

用語解説&メモ

●ルネサスエレクトロニクス

車載用マイコンなどを主力とする半導体の大手。2002年、日本電気の100%子会社としてNECエレクトロニクスを設立。同年、日立製作所と三菱電機がルネサステクノロジを設立。2010年、ともに親会社から分社化されたNECエレクトロニクスとルネサステクノロジが経営統合し、現社名の半導体新会社が誕生した。パワー半導体の生産能力増強に将来的な関心が集まっており、2024年に新工場が稼働する予定となっている。

《索引＆相場用語ミニ解説》

この巻末では、「用語解説＆一口メモ」欄で取り上げた用語、銘柄などの索引を掲載します。また、これに加え、株式投資を行なうにあたって理解しておきたい相場用語、市場関係者がよく使う基礎的な用語などについても、ページが許す限り掲載しました。読者の皆様の投資力向上に、少しでもお役に立つことができれば幸いです。

あ～お

アク抜け
悪い材料がすべて出尽くし、株価の下げが一段落した状態のこと。

アノマリー
常識や原則からは説明のつかない不思議な出来事、市場の経験則のこと。

インカム・ゲイン
株式など資産を保有することによって得られる収益のこと。株式（有配株）では配当金、預貯金や債券では利子（利息）、不動産では賃貸収入（家賃）がこれに相当する。

上値慕い
株価が上に行きたがっているさま。株価だけでなく、出来高などでも判断する。

裏口上場
株式を公開していない企業が上場企業を買収、または合併したりして実質的に上場企業になること。

上放れ
好材料が出現するなどして、もち合い相場から一段上に買われること。

SQ（エスキュー）
スペシャル・クォーテーションの略で、特別清算指数のこと。株式先物、オプションの最終的な決済価格であり、それを決める日をSQ算出日という。

大商い
株式の売買が活発に行なわれ、売買代金、出来高が大きく膨らむこと。

大型株
東京証券取引所では、TOPIX（東証株価指数）構成銘柄のなかから、時価総額と流動性の高い上位100銘柄を「大型株」としている。また、大型株についで時価総額と流動性の高い上位400銘柄を「中型株」、大型株・中型株以外の全銘柄を「小型株」に分類して、それぞれの株価指数を算出して

いる。

大崩れ ……58

大底 ……48

大天井 ……48

大引け ……38

押し目
上げ相場の途中で株価が少し安くなること。「押し」「押す」とは安くなる状態を示す。

踊り場 ……84

恩株
購入コストがゼロになった株のことで、恩人の株という意味がある。例えば、ある銘柄を500円で2000株買い、2倍の1000円に上昇したところで半分の1000株を売れば、残りの1000株は購入コストゼロとなる。これを大天井まで持続すれば、資産形成の礎《いしずえ》とすることができる。

か～こ

買い玉 ……154

価格優先の原則
証券取引所は、売りの注文では最も安い指し値注文を優先させて取引を成立させ、買い注文では最も高い指し値注文を優先させて取引を成立させる。この売買注文を成立させる際の優先順位の考え方を「価格優先の原則」という。ただし、値段を指定する指し値注文より、値段を指定しない成り行き注文が優先される。

株式分割 ……170

カラ売り ……96

カラカサ ……52

機関投資家
巨額の資金を株式や債券などで運用する大口投資家のこと。具体的には、生命保険会社、損害保険会社、銀行、投資信

託、年金基金、政府系金融機関、外国人投資家などの法人のことをいう。

期日
株式の信用取引を決済する日（信用期日）のこと。取引所が期日を定めている制度信用取引では、「買い」「売り」ともに約定日から6カ月以内に建て玉を反対売買（決済）する必要がある。

キャピタル・ゲイン
株式などの値上がり（カラ売りの際の値下がり）で得た売買差益のこと。これとは反対に、株式などを売買することで損失が出た場合は、キャピタル・ロスと呼ばれる。

金融相場
金融緩和、カネ余りなどを背景に株価が上昇する相場のこと。これに対し、企業業績の上昇に伴って買われる相場は「業績相場」と呼ばれる。

崩れる
下げ基調だった株価が一段安となった状態のこと。いったん相場が崩れると、下値のメドがつきにくくなる。

小動き
株価の動きが乏しい相場のこと。ベタなぎ相場などともいう。

さ～そ

下げ渋る
売られ続けていた銘柄の株価が下げ止まり、それ以上、下がらなくなった状態のこと。

ザラバ（ざら場）
証券取引所において、前場の寄り付きから後場の大引けまで行なわれる取引時間中のこと。ザラバ高値とは、始値あるいは終値がその日の高値にならなかったとき、取引時間中に付いた最高値のことをいう。なお、ザラバは「いくらでもざらに（普通に）ある場」という意味で命名されたといわれている。

塩漬け
値下がりした保有株をズルズルとそのまま持ち続けてしまうこと。「塩漬け株は涙味」などともいわれるように、保有株を塩漬けにしないことが、株式投資の成功の秘訣である。

締まる
軟調な展開だった相場に明るさが出て、株価が小高くなること。

循環物色
物色されるテーマや業種、銘柄が順ぐりに浮上すること。交互に買われていくため、相場に過熱感が生まれにくい。これは強調相場のパターンである。

信用取引
一般的な株式の信用取引では、証券会社に一定の現金（委託保証金)、保有株などを担保として預けることで手持ち資金の約3倍の取引が可能となる。また、買いから入る買い建て（値上がり益を狙う）だけでなく、売りから入る売り建て（値下がり益を狙う）ができることも特徴である。

ストップ高
制限値幅の上限額で売買が成立すること。上場株式は、株価の乱高下を防ぐために値幅制限が設けられており、ストップ高になると、一時的に取引停止や売買停止の措置がとられることがある。

ストップ安
制限値幅の下限額で売買が成立すること。ストップ高と同様、一時的に取引停止や売買停止の措置がとられることがある。

スペキュレーション
投機的な取引のこと。ハイリスク・ハイリターンな取引であり、主に短期的な利益を狙う。

Zホールディングス ……18

センチメント ……172

全面高、全面安
全面高とは、ほぼすべての銘柄が値上がりすること。逆に全面安はほぼすべての銘柄が値下がりすること。かつて全面高は赤札一色、全面安は青札一色とも呼ばれた。

総合証券
金融商品取引法で認められている4つの証券業務（自己売買業務、委託売買業務、引き受け業務、募集・売り出し業務）すべてを行なうことができ、なおかつ資本金が100億円以上の会社のこと。

増資
株式会社が資本金を増やすため、新しい株式（新株）を発行すること。これには、第三者割り当て増資などの有償増資と、株式分割などの無償増資がある。

総投げ ……184

相場巧者 ……178

底入れ ……108

底値固め ……116

SOX指数 ……178

た〜と

大陰線のダマシ ……182

大発会、大納会 ……44

大陽線のダマシ ……180

高値覚え、安値覚え
高値覚えとは、昔の高値をいつまでも覚えていて「いつか戻るだろう」と期待し、損切りに踏み切れないさまをいう。安値覚えはその逆。「なんでこんなに高いところを買わなければいけないんだ」と以前の安値にこだわるあまり、大きな上昇相場を逃してしまう。

高値引け、安値引け
日足の場合、その日の終値が高値となったときを「高値引け」、逆に終値が安値になったときを「安値引け」という。

ちょうちん買い
著名な投資家、当たり屋筋などが手がける銘柄に便乗して買いに出ること。「ちょうちん買い」が入ると、「ちょうちんが付いた」などといわれる。

ツレ高
ある会社の株価が急伸すると、それにつられてライバル会社の株価も上昇すること。この反対はツレ安。ただし、同じ業種でも株価が連動しやすいセクターとそうでないセクターがあるため、チェックが必要となる。

テクニカル指標　……88

テックファームホールディングス　…200

出直る　……60

テーマ株
将来性、話題性などに富んだテーマに基づく銘柄群のこと。例えば、防衛関連、脱コロナ関連など、その時々の世相を反映したテーマが物色の中心となりやすい。ただし、それだけに株価の変動率が大きく、テーマ株はハイリスク・ハイリターンとなる傾向が強い。

動意づく　……118

東京電力ホールディングス　…44

騰落率
株式や指数などの価格が、上下にどれだけ動いたかを表す変化率のこと。例えば、1,000円だったある株価が1,100円になれば10％の上昇、900円になれば10％の下落となる。

騰落レシオ
株式市場の過熱感、強弱感をつかむために使われる指標で、値上がり銘柄数÷値下がり数×100％で算出する。基本的にこの数値が120％を超えると「買われすぎ」とされ、自律反落しやすくなる。逆に70％以下になると「売られすぎ」と判断され、自律反発の可能性が出てくる。通常、短期的な過熱感をつかむ場合は5日間、中期的な過熱感を見る場合は25日間の合計数で判断する。

独歩高
株式市場に大きな動きがないとき、ある銘柄だけが大きく値上がりすること。異彩高ともいう。市場が全面安のとき値上がりする逆行高とともに投資家の関心を集めるため、その後も継続的な買いが入りやすくなる。

トレンド　……18

ドン安値　……122

な〜の

内部要因
株価に影響を与える要因は、市場の内部要因と外部要因に大別される。内部要因には企業の業績、大口投資家の動向、信用取引の残高などがある。これに対し、外部要因にはマクロ的な国際情勢や政治・社会の動き、金利・為替の動きなどがある。

は〜ほ

売買代金
各銘柄の株価に出来高をかけて算出する。一般的に売買代金は株価との関係性が深く、底値圏で増えれば相場反転、高値圏で減少すれば下落の可能性が高くなるとされる。また、すべての銘柄の売買代金を合計すると、市場全体の売買代金となるため、これをチェックすれば、その日の株式市場でどのくらいの資金が動いたかをつかむことができる。

配当落ち
配当の権利確定日がすぎたあと、株価が下がること。この場合、理論的には配当の金額分だけ下がることになるが、市場全体の動きなどにも左右されるため、理論どおりにならないことが多い。

半値戻し
下落を続けていた相場が上昇に転じ、それまでの下落分の半分程度まで値上がりすること。例えば、1,000円の株価が500円まで下げた場合、その半値戻しは750円（安値500円＋下げ幅500円の半値＝250円）になる。

PER（ピー・イー・アール）
Price Earnings Ratioの略で、株価収益率のこと。株価を1株当たり純利益（税引き後利益）で割って算出する。これは株価が1株利益の何倍に買われているかを知るための指標であり、通常は予想利益をベースにする。この数値が高いほど割高、低いほど割安となるが、業界によって成長性が異なるため、株価が割安かどうかを判断する際には、その企業が属する業界、企業間で相対比較する必要がある。

PCFR（ピー・シー・エフ・アール）
Price Cash-Flow Ratioの略で、株価キャッシュフロー倍率のこと。株価を1株当たりキャッシュフロー（税引き後利益＋減価償却費）で割って算出する。これは株価が1株当たりキャッシュフローの何倍まで買われているかを知るための指標であり、この数値が高いほど割高、低いほど割安となる。この指標は企業の現金を生み出す力を示すものとして重要視されているが、世界的に異なる会計制度の影響を受けにくいため、企業を国際的

に比較するときなどにも使われている。

PBR（ピー・ビー・アール）
Price Book-value Ratioの略で、株価純資産倍率のこと。株価を1株当たり純資産で割って算出する。これは株価が1株当たり純資産の何倍まで買われているかを見るための指標であり、この数値が高いほど割高、低いほど割安となる。なお、1株当たり純資産は株主にとって文字どおり1株当たりの取り分であり、「解散価値」でもある。このため、PBRが1倍を下回ることは理論上、解散価値より株価が安くなっていることを示す。

風説の流布
株価に影響を与える目的で、根拠のない虚偽の情報を流すこと。このような行為は金融商品取引法で禁じられており、違反者は処罰の対象となる。しかし、ネット社会の広がりとともにこのような事案は増加傾向にあり、対策が求められている。

ヘッジファンド
機関投資家や富裕層などから巨額の資金を集め、それを運用するファンドのこと。基本的にはリスクをヘッジ（避ける）しながら利益をあげることを目的とするが、株式だけでなくデリバティブ（金融派生商品）を活用して高い収益を狙うものなど、さまざまなタイプのファンドがある。

棒上げ
株価が一本調子で大幅に上がること。そのときのローソク足は棒が立っているように見えるため、「棒立ち」という言

い方もある。業績の大幅上方修正、配当の大幅増配などサプライズ的な買い材料が出現したときに起きやすい。

ポートフォリオ
金融資産の構成内容、組み合わせのこと。株式投資においては資金をいくつかの銘柄に分散し、リターンの追求とともにリスクの低減をはかる。この組み合わせに関する考え方がポートフォリオ理論であり、分散投資の必要性については、「卵は1つのカゴに盛るな！」という相場格言がそれを明示している。

ま〜も

ミニ株
通常の株式（単元株）は売買単位が100株であるのに対し、1株から購入できる株式（単元未満株）のこと。公的な制度ではなく、各証券会社がそれぞれ開発・提供しているサービスのため、ミニ株取引ができる証券会社、および対象銘柄は限られている。また、配当金などは保有する株式数に応じて配分されるが、株主総会の議決権は行使できない。

蒸し返す
同じ買い材料、売り材料を再び言いはやして相場を動かそうとすること。このような材料を蒸し返していても、市場の反応がなくなることが多い。

持ち合い解消
株式の持ち合いとは、事業会社とメインバンク、主要な取引先企業などが株式を相互に保有し合うことであり、この関係を止めることを持ち合い解消という。株式の持ち合いは戦後以降、日本特有の慣行として続けられてきたが、その閉鎖性、不透明性、非効率性などが指摘されたため、これを解消する動きが続いている。

戻り高値
1,000円だった株価が700円まで下落。その後900円まで戻し、さらに800円まで下げた場合、900円が戻り高値となる。のちにこの900円を上回れば戻り高値を更新して相場は強含みとなるが、上回らなければ上値限定となり、相場は弱含みとなる。

や〜よ

安寄り
前場の寄り付きの株価（始値）が前営業日の終値より安くなること。同じく、後場の寄り付きの株価が前場の終値より安くなること。この反対は「高寄り」と呼ばれる。

弱含み
強含みの逆で相場が小安く、さらにこの先も安くなりそうな状況のこと。

ら〜ろ

乱高下
株価が上下に激しく動くこと。「荒れる」ともいう。このような相場は高値圏で起こりやすく、短期的な需給の偏りによってもたらされることが多い。売り買いとも、うまくいけば

目先的な利益を手にすることができるが、長期姿勢の場合は静観するのが無難である。

利食い売り ……96

利食い千人力
投資における利食い（利益確定）の大切さを教える相場格言。「利益を確定させることは千人の力を得るのに等しい」ことを示すもので、含み益が出たとき、欲を出してさらに利益を追い求めることを戒めている。

利乗せ
売り買いを仕掛けたあと、含み益が出た場合にポジションを増やすこと。利乗せは、より大きな利益を得る可能性がある一方、図に乗ると失敗することも多いので注意したい。「利乗せは最後にやられる」との格言もある。

利回り
株価に対する１株当たり配当金の割合で、「配当利回り」ともいう。配当を預貯金の利子と同じように捉え、投資価値をはかる考え方である。

ルネサスエレクトロニクス ……204

レジスタンスライン ……76

レーティング
格付け（等級）のこと。株式投資におけるレーティングは、証券会社のアナリストが対象銘柄に対して調査・分析を行ない、その結果をランク付けしている。目標株価が提示されることも多いため、株価に対するインパクトが大きくなっている。

レンジ ……78

ロス・カット ……132

●ルネサスエレクトロニクス(6723)の週足

週足のこの部分は日足ではこうなる

●ルネサスエレクトロニクス(6723)の日足

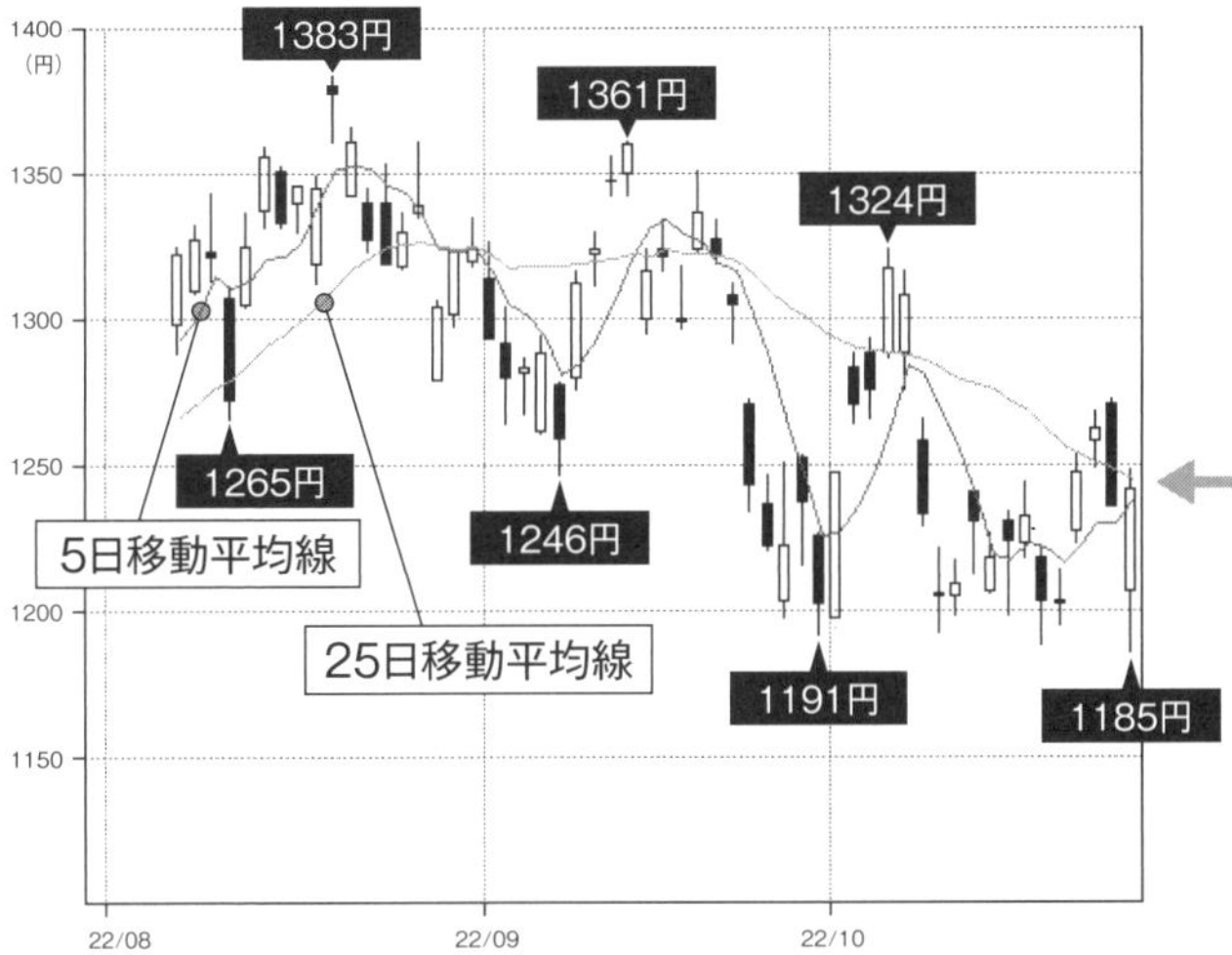

POINT

トレンドのない銘柄でも、小さな利益を積み重ねられることを理解する。

〈著者略歴〉　**杉村 富生**（すぎむら・とみお）

◎――経済評論家、個人投資家応援団長。
◎――1949年、熊本生まれ。明治大学法学部卒業。「個人投資家サイドに立つ」ことをモットーに掲げ、軽妙な語り口と分かりやすい経済・市場分析、鋭い株価分析に定評がある。兜町における有望株発掘の第一人者といわれ、事実、数々のヒット銘柄を輩出している。金融・経済界に強力なネットワークを持ち、情報の正確さや豊富さでは他を圧倒している。
◎――ラジオNIKKEI『ザ・マネー』などにレギュラー出演中。株式講演会も好評を得ており、全国各地に熱烈な"杉村ファン"がいる。
◎――主な著書は『ウィズコロナ→ポストコロナはこの「厳選株」で攻略せよ！』『株は100万　3点買いで儲けなさい！』『新成長株で勝負せよ！』『老後資金2000万円はこの株でつくりなさい！』（いずれも小社）など。これまでの著書は110冊以上、累計100万部を超える。

【杉村富生の兜町ワールド】 https://www.e-stock.jp/

装丁 ……………………………… 菊池 祐（ライラック）
本文デザイン・イラスト … 笹森 識
本文校正 ……………………… 相良 孝道

株価チャートのすごコツ80

2023年　1月21日　第1刷発行
2024年　4月11日　第2刷発行

著　者――杉村 富生
発行者――徳留 慶太郎
発行所――株式会社すばる舎
〒170-0013　東京都豊島区東池袋3-9-7 東池袋織本ビル
TEL　03-3981-8651（代表）　03-3981-0767（営業部）
FAX　03-3981-8638
URL　https://www.subarusya.jp/

印　刷――株式会社光邦

落丁・乱丁本はお取り替えいたします

ISBN978-4-7991-1097-3

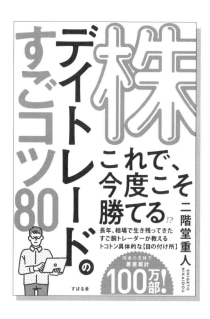